PETITE KORRIG

DU MÊME AUTEUR

Du terroir à la scène : la tradition de danse bretonne et le spectacle, War'l Leur, 1998

La Danse bretonne (avec Alan Pierre), Coop Breizh, 1999

Le Sonneur des halles, roman, Coop Breizh, 2004, Grand Prix du roman produit en Bretagne, 2005

La Musique en bandoulière, roman, Coop Breizh, 2005, Prix 2005 des Ecrivains de l'Ouest/Conseil général d'Ille-et-Vilaine

La Complainte de la grive, roman, Coop Breizh, 2006

L'Or de la Séranne, roman, Editions du Rouergue, 2007

« Un funeste manuscrit » in *Nouvelles de Bretagne*, Editions Livre et Lecture en Bretagne, 2008

Le Brodeur de la nuit, roman, Coop Breizh, 2008

La Guerre des Trotte-menu, roman, illustré par Daniel Goiset, Coop Breizh, 2009

La Miaulemort, roman, Presses de la Cité, 2010

Les Habits de lumière, roman, Coop Breizh, 2010

Le Bal des âmes perdues, roman, Presses de la Cité, 2011

La Parure du cygne, roman, Coop Breizh, 2011

Coup d'Etat chez les Trotte-menu, roman, illustré par Daniel Goiset, Coop Breizh, 2011

La Maison des frères Conan, roman, Presses de la Cité, 2012

Les Moissonneurs de l'Opale, roman, Presses de la Cité, 2013

Au grenier, roman, Palémon, 2014

La Camarde, nouvelles, Locus Solus, 2014

Valse barbare, roman, Palémon, 2014

Le Dragon des Michelet, roman, Palémon, 2014

Les Coiffes rouges, roman, Presses de la Cité, 2014

Daniel Cario

PETITE KORRIG

Roman

Terres de France

PRESSES DE LA CITÉ

ISBN 978-2-258-11593-4

Presses de la Cité — un département **place des éditeurs**

place des éditeurs

LIVRE PREMIER

LE VIOL

1

La volée de chevrotines l'avait atteint au garrot, et sa patte avant droite se dérobait à chaque bond. Alors son encolure s'affaissait, mais le temps de reprendre ses appuis, il repartait de plus belle. Il reculait la limite de ses forces et refoulait la souffrance, mais combien de temps soutiendrait-il encore ce train infernal ?

Le chevreuil parvint à une croisée de sentiers ; d'instinct, il s'enfonça parmi les fourrés touffus, préférant la pénombre aux trouées de lumière. Il filait tête baissée, s'égratignant le mufle aux ronces et aux aubépines acérées. Ses pattes se prenaient dans l'enchevêtrement des fougères rouillées, les mousses arrachées voltigeaient sous ses sabots cornés, et les bruyères des clairières crissaient sur son passage comme un carillon de minuscules clochettes. Soudain, il crochetait à angle droit : le daguet avait déjà l'expérience des vieux cervidés quand il s'agissait de s'enfuir. Aussi n'emprunta-t-il le découvert de l'allée centrale qu'une dizaine de mètres, le temps d'atteindre l'endroit le moins large du fossé ; de toute la force de ses pattes valides, il s'envola par-dessus, afin de retrouver la pénombre ; aussitôt il bifurqua sous les frondaisons des résineux où les plantes clairsemées retiendraient moins son odeur. La jonchée d'aiguilles glissait sous ses appuis et l'obligeait à ralentir et à relancer sa course, ce qui finissait de le harasser. Au bout d'une cinquantaine de mètres, les sapins laissèrent place à une futaie de feuillus.

La forêt alentour se taisait, effrayée du drame en train de se jouer.

Le silence n'était pourtant pas complet : au loin jappaient des chiens. Ils n'étaient que quatre, des épagneuls, novices en chasse à courre, mais qui tempêtaient autant qu'une meute entière, ne cessant d'aboyer que pour flairer la trace de leur proie. Ils parvinrent à la même allée, vide à perte de vue ; désorientés, ils s'arrêtèrent au milieu, et leur hargne se transforma en gémissements plaintifs. Ils tournaient en rond, la truffe collée au sol, reniflant en vain l'odeur évanouie. L'un d'eux se risqua dans le fossé, fouilla les feuilles en train d'y macérer. Ses congénères l'imitèrent et passèrent de l'autre côté. La frange de pinède n'avait pas retenu la trace du chevreuil, et celui-ci avait eu le temps de prendre le large. Les chiens fouinaient d'un bord et de l'autre, élargissant leur cercle au fur et à mesure. Des myrtilles sauvages buissonnaient la limite de l'ombre froide, et les épagneuls y retrouvèrent enfin le fumet. Leur férocité aussitôt ressourcée, ils reprirent la poursuite.

Les quatre chasseurs parvinrent à leur tour au milieu de l'allée forestière, et ils hésitèrent comme leurs chiens.

— Ecoutez ! Ils sont partis par là.

Le vent portait en effet les jappements lointains. S'empêtrant dans les ronces et les fougères, les chasseurs franchirent le fossé, encore gorgé des dernières pluies, puis ils se mirent à courir en serrant leurs fusils. Eux non plus n'étaient pas habitués à cet exercice cynégétique réservé d'habitude aux cavaliers, et leurs bottes les lestaient de plomb. Bien que dans la force de l'âge, ils soufflaient et suaient sous leurs lourdes gabardines. Bientôt il fallut tendre l'oreille pour percevoir encore les chiens.

C'était leur première incursion dans les bois du Faouët ; ces quatre-là venaient de loin, appâtés par les rodomontades d'un autre quidam. Au début, ils l'avaient pris pour un Tartarin, mais ils avaient débusqué un chevreuil après le casse-croûte de midi. Un chevreuil, c'était autre chose que les lapins, les pigeons et les perdrix... Et même que les imprévisibles bécasses. A condition de ne pas le perdre...

Soudain, les aboiements se firent plus distincts. Ou les chiens avaient perdu la trace de la bête ou ils l'avaient rattrapée, et il convenait alors de se presser avant qu'ils n'en fassent de la charpie.

Le chevreuil s'empêtrait dans les fourrés, ralentissait, obligé sans cesse de s'arrêter, puisque trop faible pour sauter. Il n'irait plus bien loin, mais cette orée lui était familière. Là-bas, entre les bosquets, après les deux néfliers et les pommiers tors, se nichait en effet une chaumière : le faon y avait été recueilli, orphelin à cause de charognards du même acabit. Une femme l'avait nourri ; elle était décédée, mais sa fille habitait encore là. Rendu si près du but, l'animal recouvra un peu de force ; par la barrière ouverte, il s'engouffra dans le jardinet et s'effondra aux pieds de Korrig. Celle-ci poussa un cri d'effroi.

— Oh, mon Dieu ! Qu'est-ce qui t'arrive, Mabig ?

Korrig s'agenouilla, souleva la tête du chevreuil dans ses petites mains et vit qu'il était blessé.

— Ce sont encore ces salauds de chasseurs ! Ça leur suffit pas d'avoir tué ta mère... Il y en a un qui t'a tiré dessus ?

Korrig entendit alors les aboiements.

— En plus ils ont des chiens ! Viens, il faut pas rester là.

Le chevreuil s'était calmé. Les yeux ivres de détresse, il écoutait Korrig et semblait la comprendre, puisqu'il essaya de se relever. Lui soulageant le flanc, elle l'aida à se remettre sur ses pattes graciles et le guida dans l'allée qui, le long du pignon droit, menait au potager sur l'arrière.

— Je vais te cacher pour que ces saletés de clébards te retrouvent pas.

Au fond, un appentis ; dedans des clapiers dont un assez spacieux pour héberger sept ou huit lapins. Korrig incita son protégé à s'y fourrer en lui poussant la croupe.

— Là, Mabig... Tu restes tranquille. Je viendrai te soigner quand le danger sera passé. En attendant, tu bouges pas.

Au moment où Korrig revenait devant la chaumière, les chiens débouchaient de la forêt, ventre à terre, forcenés et écumant. Ils se jetèrent contre les croisillons de la barrière qu'elle avait pris soin de fermer. Se tenant à distance, elle leur cria de ficher le camp, en pure perte. Elle saisit alors un bâton et les en menaça en le faisant tournoyer devant elle, ce qui ne fit que décupler leur rage. Ils se dressaient contre le grillage, le grattaient, y cherchant une faille où se faufiler. Si ces bâtards en avaient eu l'agilité, ils auraient sauté la barrière pour bondir sur elle. Leur proie, ce n'était plus le chevreuil, mais la femme face à eux, et celle-ci commençait à avoir peur.

Leurs maîtres arrivèrent enfin, en nage, cramoisis et à bout de souffle. Aussitôt Korrig se sentit soulagée. Allons.... elle s'était alarmée pour rien. Un détail figea cependant son sourire : les quatre hommes avaient le regard allumé, pas seulement à cause de la fatigue ; les chasseurs avaient l'habitude de casse-croûte bien arrosés, et on était en début d'après-midi... Ceux-ci, elle ne les connaissait pas : des gens d'ailleurs, mais pas des miséreux de toute évidence, car leur tenue sentait le riche, et chacun de leurs fusils valait une petite fortune.

Korrig espérait encore qu'ils retiennent leurs fauves...

— Où il est, ce salopard ? lança d'une voix forte un gaillard brun arborant une moustache noire.

Korrig hésita.

— Je n'ai vu personne.

— On te parle pas de quelqu'un, mais de la bestiole à quatre pattes qui nous a filé entre les doigts.

— Ouais, renchérit un rouquin râblé, dont l'index n'en finissait pas de tripoter la détente de son arme. Même qu'il est blessé et qu'il a pas pu aller bien loin. Dis-nous où il est !

— Mais de quoi parlez-vous enfin ?

— D'un cerf, d'une biche ou d'un chevreuil… Enfin d'une bestiole de ce genre-là.

— J'ai jamais vu d'animaux comme ça par ici. S'il en est passé un dans les parages, il aura évité la maison.

— Tu mens, petite garce ! Les chiens savent bien qu'il est là. Sinon, ils auraient continué à le poursuivre.

Celui qui avait parlé était une sorte de dandy basané au nez aquilin. Un peu en retrait, le quatrième paraissait plus timide ; lui était corpulent, son regard fuyait entre ses paupières grassouillettes, et son fusil tremblait entre ses mains boudinées.

— Ils auront flairé mes lapins dans les clapiers, fit Korrig.

— Te fous pas de nous. C'est pas après un lapin que couraient nos chiens. Ce gibier nous appartient. Montre-nous où il est.

— Si je vous dis qu'aucun animal n'est venu chez moi !…

— Puisque tu sembles si sûre de toi, laisse-nous donc jeter un coup d'œil dans ton gourbi.

Ce disant, ils s'apprêtaient à ouvrir la barrière.

— Vous, je veux bien, mais pas les chiens. Comme je vous l'ai dit, j'ai des lapins et aussi quelques poules.

Les chasseurs hésitèrent, se demandant si une telle concession ne prouvait pas qu'ils se trompaient.

— Toi, tu essaies de nous rouler dans la farine, intervint le rouquin d'un ton doucereux. Faut pas l'écouter, les amis, on fonce avec les chiens et après on verra.

Korrig comprit que son protégé n'aurait alors aucune chance.

— En ce cas, tout le monde reste dehors. Je suis chez moi ici, et vous n'avez pas le droit de forcer ma porte.

— Eh bien, le droit, on le prend !

Korrig tenta de s'interposer, mais elle ne faisait pas le poids. Le rouquin la bouscula en arrière. La serrant au collet, il la releva et la fixa droit dans les yeux.

— Puisque tu veux pas nous dire où est passé notre chevreuil, on pourrait peut-être s'occuper de toi.

Les trois autres ricanèrent en fermant la barrière au nez des chiens, inutiles pour leur nouvelle traque.

— C'est vrai que ça n'a pas dû lui arriver souvent, fit celui qui avait le plus de classe.

— A mon avis, ce serait même la première fois, renchérit son voisin. En quelque sorte, c'est un service à te rendre.

Ils n'allaient quand même pas s'en prendre à une fille comme elle ! Korrig recula vers la grange ouverte à gauche de la chaumière. Les yeux brillants, les hommes marchèrent sur elle.

— N'approchez pas, laissez-moi tranquille ! Vous voyez bien comment je suis !

— Rends-nous notre chevreuil.

— Je vous dis que je l'ai pas vu !

— Alors, tant pis pour toi.

Korrig s'était arrêtée sur le seuil de la grange : y entrer, c'était se jeter dans le piège. Les chasseurs se tenaient à moins d'un mètre.

— Fais-nous donc visiter. Comme on n'a plus de chevreuil à cavaler après, on n'a rien d'autre à faire.

Déjà une main la poussait en arrière. Coincée par les corps aigres de sueur, elle n'eut d'autre choix que de reculer et se retrouva dans la pénombre. Le dernier tira les lourds battants derrière lui. Ils posèrent leurs fusils.

— Tu veux pas jouer avec nous ? fit le rouquin.

Il bouscula Korrig vers un de ses compagnons, qui en fit de même. Ils se la passaient comme une marionnette, et la tête lui tournait. Sous une bourrade plus violente, elle s'affaissa sur la jonchée de paille. Aussitôt, ils la maintinrent face contre terre.

— Tu sais toujours pas où il est passé, notre chevreuil ?

Korrig sut qu'il était inutile de répondre. Déjà, on lui avait retroussé sa jupe par-dessus sa tête.

— Dis donc, ma belle, tu nous avais pas dit que tu avais de tels trésors ! Petite cachottière... Qui commence ?

Dénudée jusqu'à la taille, le visage écrasé contre le sol sous l'obscurité de la jupe, Korrig ne pouvait voir ce qui se passait dans son dos. Deux mains rustaudes la saisirent par les hanches et la soulevèrent à genoux, tandis que d'autres pognes la maintenaient fermement.

— En levrette, ma jolie ! Ou en chevrette, si tu préfères... Normal pour des chasseurs.

Ils s'esclaffaient. Korrig hurla quand un de ces salauds s'enfonça en elle en une seule poussée, sans ménagement, déchirant sa virginité.

— Vous voyez qu'elle aime ça, haletait celui-là, en lui soulevant les hanches au gré de ses coups de boutoir.

Korrig n'avait pas la force de lutter, et ses gémissements de douleur pouvaient laisser croire en effet qu'elle prenait du plaisir. Soudain, le violeur s'immobilisa au tréfonds de son ventre. Elle le sentit gicler en elle, tandis qu'il grognait d'aise comme une bête repue. Quelques secondes, il resta ainsi arc-bouté, finissant de dégorger sa semence. Déjà ses compagnons le tiraient en arrière afin de se régaler à leur tour de l'aubaine. Korrig profita de ce moment de flottement pour se propulser sur le côté. En se relevant, elle empoigna une fourche dont elle darda les trois dents vers ses bourreaux.

La frayeur de Korrig avait laissé place à une haine farouche ; sa jupe en accordéon sur ses hanches, le sang de la défloration mêlé de sperme coulait le long de ses cuisses, mais c'est elle maintenant qui se montrait menaçante. Les héros hésitaient, conscients que de continuer leur vile besogne les obligerait à supprimer leur proie… Le dénouement inéluctable de toute chasse à courre… A condition de ne pas se tromper de gibier…

A ce moment-là surgit un des chiens, assez agile pour avoir sauté la barrière. Aussitôt il bondit vers Korrig comme si elle était le chevreuil. Elle pointa sa fourche en avant, sur laquelle il s'empala ; l'épagneul retomba sur le sol en couinant, le poitrail transpercé.

— A qui le tour ? fit Korrig en relevant son arme. Si vous voulez profiter de mon cul l'un après l'autre, il faudra d'abord se battre.

Dégrisés par la détermination de leur victime, les butors se sentirent soudain moins conquérants. De toute façon, après ce qui venait de se passer, aucun des trois autres n'avait plus la vigueur nécessaire. Ramassant leurs fusils, ils sortirent à reculons.

— Et emportez votre sale corniaud avant que je l'achève.

2

En breton, *ar korriged* désigne les lutins, mais aussi les nains. Korrig faisait partie de ces derniers, ce qui lui avait valu son sobriquet. Sa mère l'avait appelée ainsi dès qu'elle avait été persuadée que sa fille ne grandirait pas comme les autres enfants ; ses camarades ne la connaissaient que sous ce nom-là, et ce fut aussi celui qu'employa plus tard la maîtresse d'école, à qui l'institution éducative préconisait pourtant d'éviter toute familiarité humiliante, surtout dans la langue vernaculaire.

Humiliée par ce surnom, Korrig ne l'avait jamais été, et elle n'aurait sans doute pas répondu à son vrai prénom, auquel son oreille n'avait été que peu habituée. Un prénom pourtant charmant : Violette.

Violette naquit le 13 juillet 1900 au Faouët. Tâcheron de ferme en ferme, le père disparut le lendemain matin, craignant sans doute d'être assujetti à domicile et obligé à une tempérance contre nature. Sa désertion ne chagrina pas la mère ; au contraire même, puisque d'une part son maigre salaire ne serait plus ponctionné par ses libations et que d'autre part elle ne l'aurait plus à traîner entre les pattes.

Rien au cours de la grossesse n'avait laissé deviner la singularité dont Violette serait affectée. Dès la naissance, la mère eut cependant l'intuition indicible de quelque chose d'anormal. Elle examina sa fillette sous toutes les coutures, ne remarqua rien de particulier, sans parvenir toutefois à dissiper l'impression désagréable qui la taraudait. Il faut croire qu'elle était déjà hantée par une forme de prémonition, et elle développa d'instinct la tendresse exacerbée de toute mère à l'égard d'un enfant handicapé. Elle considérait Violette comme une poupée et non comme une véritable fillette. Une poupée parfaite, qui souriait, pleurait et babillait, qui pissait pour de vrai.

Francine Lescoët n'interrompit son activité de lavandière que pendant deux semaines, le temps de baptiser la gamine et de reprendre des forces ; plus longtemps, les autres laveuses de linge lui auraient chipé ses clientes. Se posa alors un problème crucial : impensable de laisser sa petiote seule à la maison. Mais l'emmener au lavoir de Ster-Groez, c'était affronter la communauté des commères, aux langues bien pendues et toujours à fouiner. Elles approcheraient le bébé, le regarderaient comme une bête curieuse, le toucheraient, demanderaient à le prendre, essaieraient de l'embrasser de leurs lippes baveuses ! Ne se douteraient-elles pas elles aussi de quelque chose ? Mon Dieu, ce n'était pas possible ! Violette était à elle, et à personne d'autre, il fallait la protéger coûte que coûte…

Le père Louchouarn avait accepté d'être le parrain de Korrig. Dans le fond de sa prairie serpentait un ruisseau qui rejoignait l'Ellé au creux de la vallée. Au passage, il alimentait plusieurs lavoirs, dont celui de sa défunte épouse. Baptiste était un brave homme, et ce fut avec plaisir qu'il accorda à Francine l'usage des lieux ; il l'aida à remettre en place la pierre plate, et à la caler à l'oblique ; dans sa charrette, il apporta sa caisse à laver et sa lessiveuse, sans oublier un bon stère de bois pour faire bouillir le linge. Francine était rassurée : à l'abri des regards indiscrets, elle et sa fillette seraient tranquilles, et ce n'était pas trop cher payé de devoir parcourir matin et soir un trajet deux fois plus long.

A peine remise de ses couches, la nouvelle maman prit donc avec entrain la direction du bourg pour aller chercher son balluchon de linge. Dans un grand panier d'osier, elle avait soigneusement emmitouflé Violette bien qu'on fût en été, et sa brouette faisait office de poussette. Lavandière consciencieuse, Francine n'avait aucun mal à trouver ses pratiques ; les fidéliser était plus difficile, car les bourgeoises exigeaient un linge d'une propreté parfaite. La discrétion aussi était de mise : laver les dessous de ces messieurs-dames, c'était accéder à leur intimité, et découvrir des secrets qu'elle devait taire, au même titre que le médecin et le curé. Elle faisait la lessive des pharmaciens depuis leur installation au Faouët – des gens « propres sur eux » et dont il n'y avait rien à redire ; celle du quincaillier – dont l'épouse portait des combinaisons suggestives sous une apparence extérieure plutôt austère ; celle du notaire – un vieux garçon désorienté depuis le décès de sa mère, et qui demandait à Francine de lui repriser ses chaussettes –, et aussi la lessive du boucher et du boulanger. Ce jour-là, c'était chez ce dernier qu'elle passait prendre son ouvrage, emballé dans une solide toile de jute.

En compagnie de sa gamine, Francine descendait le chemin du lavoir ; elle avait le cœur guilleret et, à plusieurs reprises, elle se surprit à chantonner, et même à siffloter comme un jeune homme. Bercée par les cahots, Violette dormit tout le long du trajet et ne réclama à boire qu'arrivée à destination.

— Tout à l'heure, petite gourmande, fit Francine. Il faut d'abord allumer le feu si on veut mettre le linge à bouillir. J'en ai pour cinq minutes.

Le foyer était constitué de trois hautes pierres disposées en U. Francine en bourra la cavité de feuilles sèches sur lesquelles elle entrecroisa des brindilles, puis quelques branches plus grosses et une ou deux bûches fendues par le parrain. Elle craqua une allumette, et des volutes jaunes l'enveloppèrent dès qu'elle souffla sur la flamme. Alors seulement, elle donna le sein à sa petiote qui se mettait à couiner. Elle était chavirée de bonheur de voir les petites lèvres serrées sur le mamelon, les menottes crispées sur la peau diaphane à travers laquelle se dessinaient les veines : des outres de femelle qui prodiguaient la vie. Au bout de quelques minutes, Violette ferma doucement les paupières, et un filet de lait suinta aux commissures de ses lèvres, elle était rassasiée. En fredonnant un bout de berceuse, Francine la fit roter, puis la remit dans son berceau ; estimant qu'il faisait encore frais, elle plaça la corbeille d'osier à proximité du feu, du côté d'où venait le vent pour lui éviter la fumée.

La lavandière pouvait maintenant s'occuper de son linge. En premier lieu, il convenait de mettre les plus grandes pièces à tremper dans l'eau claire du lavoir, débarrassé par le parrain des feuilles mortes, des algues verdâtres et de quelques limaces gonflées qui s'y étaient sans doute suicidées. D'un coude énergique, elle ne lésina pas sur le savon afin d'attaquer la crasse ; elle répéta l'opération, faisant exsuder à chaque fois l'eau laiteuse à grands coups de battoir. Toutes les trente secondes, elle jetait un coup d'œil sur Violette : celle-ci dormait comme un angelot.

A l'aide d'un seau, Francine emplit à moitié la lessiveuse placée sur le feu qui crépitait ; elle ajouta une bonne dose de lessive et y enroula les draps, les torchons et les serviettes. Les couleurs, qui risquaient de déteindre, seraient lavées à froid et à la main.

Midi sonna au clocher du bourg. C'était bientôt l'heure de la seconde tétée ; la mère mit à tiédir son pot de soupe sur une des pierres du foyer. Puis elle prit le temps de souffler. Violette commença à gigoter et entrouvrit les paupières. Difficile d'être certain, mais il était fort probable qu'elle eût les yeux bleus, comme sa mère et sa grand-mère. Francine se déboutonna et lui tendit l'autre sein, émue de voir les lèvres avides en chercher la pointe, émue aussi de cette communion vitale, avec le sentiment d'accomplir la première tâche fondamentale de sa misérable existence.

Francine déjeuna de bon appétit, fourrant de temps à autre une bûche sous la lessiveuse, dont le couvercle clapotait en laissant échapper des bouffées de vapeur. Bientôt elle tira les draps avec le bâton prévu à cet effet : une tâche périlleuse. Aurait pu en témoigner la mère Pochat qui avait renversé le grand récipient sur ses pieds ; le médecin avait dû l'expédier à l'hôpital et, brûlée jusqu'aux genoux, la malheureuse en avait gardé une vilaine peau boursouflée qu'elle dissimulait sous des bas épais, même l'été. Francine rinça longuement les larges pièces de lin ; à Ster-Groez, une copine lui donnait la main afin de tordre les draps ; ici, elle devait se débrouiller seule.

Les draps étendus sur l'herbe de la prairie – après avoir prié le ciel qu'un oiseau n'y larguât pas quelque fiente –, Francine s'occupa des pièces plus délicates, sourit au caleçon marbré du boulanger, un géant ventru et bonasse, d'une truculence aussi bien physique que verbale ; elle contempla avec envie la chemise de nuit bordée de dentelle de son épouse : le pain et les gâteaux, ça rapportait bien.

L'après-midi se déroula dans la même sérénité, et si le temps menaça un bref instant, les nuages renoncèrent à se délester, et traînèrent leurs ventres noirs un peu plus loin. Les paysans affirmaient pourtant qu'un peu de pluie ferait du bien, mais ceux-là n'étaient jamais contents. Quand tout fut lavé et rincé, Francine refit un balluchon serré qu'elle plaça sur la brouette ; puis elle reprit le chemin du bourg, épuisée, mais heureuse, consolée de toute façon par la vue de sa petiote qui s'était rendormie dans sa corbeille ; elles étaient bien ensemble !

Le soir, Francine Lescoët pratiquait une autre activité, plus rentable en périodes de fête et moins éreintante : la lavandière devenait repasseuse de coiffes, tard dans la nuit et parfois même jusqu'à l'aube.

Violette était son premier bébé, elle fut le seul. Les semaines et les mois s'écoulèrent, sans problèmes particuliers. La petite mâchonnait les tétons maternels avec toujours autant d'ardeur, provoquant des bruits de succion qui faisaient rire la mère malgré la douleur ; elle dormait bien, et connut les inévitables diarrhées suivies de constipations qui la faisaient grimacer. Mais Violette ne profitait pas comme elle l'aurait dû. La mère n'accepta cependant pas encore la vérité… Allons, c'était son lait qui n'était pas assez riche ! Celui des vaches coupé d'un peu d'eau ferait l'affaire : elle mit sa petiote au biberon. Violette se montra aussi goulue, rotant fort, honorant ses langes et dormant profond, mais elle ne grandissait guère. Francine refusa encore de s'alarmer outre mesure : la gamine allait se mettre à pousser d'un coup, comme ces boutures repiquées qui peinent à démarrer. Au bout d'un an, les craintes initiales de la mère commencèrent à se confirmer : la petiote avait les bras et les jambes plus courts que les bébés ordinaires. Deux années s'écoulèrent, la pauvre Francine dut se rendre à l'évidence : Violette était de ces gens de petite taille qu'on hésite à désigner sous le terme de nains.

Francine décida alors de l'appeler Korrig, comme si d'afficher ouvertement la différence de sa gamine était le meilleur moyen de l'assumer : avec son minois de petite fée et ses yeux bleus, sa façon de trottiner comme une souris, elle serait quand même la plus belle. Et puis, c'était son bébé, et elle était comme elle était : un point c'est tout !

3

Un lundi matin, Francine descendait au lavoir ; elle se sentait le cœur moins léger que de coutume : la semaine précédente, on avait porté en terre Baptiste Louchouarn, le parrain de sa gamine. Le brave homme avait passé les soixante-dix ans, et perclus de rhumatismes, il était dans le cours des choses que la mort vînt le chercher – la charrette de l'Ankou, comme on disait en Bretagne. Il n'est de gaies funérailles, mais à celles-ci on ne pleura que ce qu'il fallait, surtout que les légendes prétendaient que trop se lamenter sur le sort du disparu lui coûtait des années supplémentaires de purgatoire. Baptiste avait un fils d'une quarantaine d'années, un homme dur que Francine ne portait pas dans son cœur ; il garda les yeux secs durant toute la cérémonie, et même au cimetière, quand le cercueil de son père résonna contre les flancs de la fosse, et que les cordes crissèrent en glissant des poignées.

Korrig allait sur ses six ans, et elle ne mesurait pas encore soixante centimètres. Elle était toujours aussi jolie avec ses grands yeux bleus qui lui mangeaient le visage. Elle babillait à longueur de journée, mêlant sa voix claire aux trilles des passereaux qui voletaient dans les saules sans se soucier de la lavandière. Etait-ce compensation du destin ? Bien qu'elle ne fréquentât que sa mère, Korrig faisait déjà preuve d'un vocabulaire élaboré et d'une réflexion en avance sur son âge. Elle tenait des conversations entières avec la lavandière, curieuse de tout, du linge qu'on lavait, des oiseaux qui chantaient au loin ou dont le vol rasait le bas-fond de la prairie, des libellules qui hochaient leurs longues queues vernissées sur les ombelles des ciguës. Elle apprenait le métier et ne rechignait pas à donner la main. Pauvrette... elle n'avait pas beaucoup de forces.

— Tu vois, maman, que j'arrive à porter le seau quand il n'est pas trop plein.

— Certainement, ma chérie.

Ce matin-là, Korrig avait décidé de perfectionner les moulins qu'elle installait dans le cours impétueux du ruisseau. Aussi tenait-elle serré dans la poche de son sarrau le canif que sa mère lui avait acheté, à condition de faire attention à ne pas se couper. Il fallait insérer davantage de pales sur l'axe central pour les faire tourner plus vite, que celles-ci, taillées dans du châtaignier, soient fines et longues. Il convenait aussi d'arrondir et de bien polir le creux des fourches soutenant l'ensemble de la mécanique afin de réduire les frottements qui ralentissaient la rotation. Korrig expliquait tout cela de ses mots d'enfant, avec un sérieux surprenant qui dissuadait la mère de sourire. Francine n'en avait d'ailleurs nulle envie, et elle écoutait en opinant du chef et en guidant la roue de sa brouette parmi les ornières qui ravinaient la pente.

— Tu feras bien attention à tes doigts, hein, Korrig ?

— Puisque je t'ai promis. Tu n'as plus confiance en moi ?

— Si bien sûr, mais personne n'est à l'abri de se blesser.

Soudain, Francine aperçut sa lessiveuse et sa caisse à laver posées à l'entrée de la prairie.

Allons, se dit-elle. Des gamins ont joué avec.

Elle s'avança dans la trouée entre les deux talus et faillit tomber à la renverse : l'excavation de quatre mètres sur quatre qui lui servait de lavoir avait été comblée, et la pierre plate avait disparu. Elle sut tout de suite ce qui s'était passé...

Seul héritier, le fils Louchouarn était désormais propriétaire de la ferme et des champs qui l'environnaient. Depuis que Francine vivait sans bonhomme, il lui tournait autour, et il lui aurait manifesté un empressement plus direct sans la petiote toujours à les observer. A plusieurs reprises, il s'était permis cependant des avances plus ou moins déguisées, qu'elle avait repoussées sans brusquerie, mais avec la fermeté nécessaire pour ne lui laisser aucun espoir. Quelques jours avant la mort de son père, ses assiduités avaient pris une tournure différente : il s'était approché à pas de loup, alors qu'elle était agenouillée dans sa caisse à laver. La gamine était occupée à construire un village en argile dont les toits des maisons seraient des brins de genêt. Il avait dû rester un bon moment à observer la lavandière, dont la croupe se relevait et tendait le tissu à chaque fois qu'elle trempait les draps. Sans doute émoustillé de voir se trémousser les fesses sur lesquelles il fantasmait depuis si longtemps, il avait soudain plaqué ses mains sur les hanches relevées, feignant de s'amuser à faire peur. Francine avait poussé un cri et avait failli basculer la tête la première dans l'eau du lavoir. Elle s'était relevée précipitamment, offusquée de découvrir l'auteur de cette plaisanterie douteuse. Elle n'avait cependant rien dit, fixant Firmin Louchouarn d'un œil interrogatif ; lui riait niaisement avec le même regard concupiscent.

— Ah Francine ! Si tu acceptais de te montrer moins farouche… avait-il marmonné afin de dissiper le malaise.

— Moins farouche ?…

— Eh bien, eh bien… Tu sais que je suis encore célibataire. Mon père a une ferme et de la terre, dont tu profites depuis des années, soit dit entre parenthèses. La solitude commence à me peser ; toi, tu as ta gamine à élever…

— J'y arrive toute seule, le coupa-t-elle.

— Parce que tu es une femme courageuse. Mais la petiote, peut-être qu'elle a besoin d'un père. Surtout que plus tard… Chétive comme elle est…

— Son père, il est parti, et c'est très bien comme ça.

— Je sais… Ton Alexis, il avait le coude leste et le gosier en pente. Moi, c'est pas le cas, et je veux bien le remplacer. En tout bien tout honneur. On essaiera de savoir où il est passé, et si le pauvre n'est plus de ce monde, peut-être qu'on pourrait se mettre ensemble.

La proposition en soi n'était pas déplacée : un homme seul, une femme abandonnée par son mari… Francine avait parfois pensé à se remarier, et certaines nuits la taraudait un violent désir qui l'empêchait de trouver le sommeil, mais de là à se laisser caresser par les mains d'un homme qu'elle n'aimait pas, sournois de surcroît… Et puis, de quel droit aurait-elle imposé un étranger à sa petite Korrig ? Elle n'hésita pas une seule seconde :

— Alors là, certainement pas !

Firmin resta un moment interloqué.

— Pourquoi ? Tu préfères rester une miséreuse toute ta vie ?

— D'abord, je suis pas une miséreuse. C'est gentil, monsieur Louchouarn, d'avoir pensé à moi, mais je n'ai besoin d'aucun homme dans mon lit, ni de vous ni d'un autre. J'ai déjà donné.

Le ton était péremptoire, et le joli cœur comprit que beaucoup d'eau devrait encore couler dans le ruisseau avant qu'elle ne changeât d'avis. Ce qui lui échappait par la douceur, le Firmin essaya de l'obtenir par la menace. Baissant la tête, le regard torve, il marmonna d'une voix mielleuse :

— J'ai toujours dit à mon père qu'il était trop gentil avec les gens.

Puis il s'adressa directement à elle :

— C'est pas parce qu'il est le parrain de ta « pissousse » que tu as le droit de profiter de lui. Je vais lui toucher deux mots à propos de ton lavoir. Puisque sa prairie te permet de gagner des sous, il serait juste de payer un petit loyer pour en avoir l'usage.

Puis il avait planté là Francine et sa fille, avec une dernière volte-face cependant avant de quitter la place.

— Réfléchis bien avant de trop faire la fière. Le lavoir, il est pas à toi.

Quelques jours plus tard mourait le père, et le fils avait mis à exécution ses menaces sous-entendues, espérant sans doute que la lavandière changeât d'avis et vînt le supplier.

Francine restait assise entre les deux longerons de sa brouette, catastrophée, avec son ballot de linge, celui des quincailliers justement, dont l'épouse n'était pas commode. La lavandière l'entendait d'ici :

— Et nous, qu'est-ce qu'on va mettre si nos affaires sont pas lavées ?

Non… Il fallait trouver une solution tout de suite. Combien de fois les lavandières de Ster-Groez ne lui avaient-elles pas demandé les raisons de son exil dans ce trou perdu !

« Tu crois peut-être qu'on a la peste ! »

Francine souriait.

« Vous savez bien que non, mais j'ai mes habitudes avec ma petiote. Elle a besoin qu'on s'occupe tout le temps d'elle, et elle est plus jacasse qu'une pie. Elle en finirait pas de vous casser les oreilles. Mais je dis pas qu'un jour... »

Ce jour était arrivé, puisque, hormis la rivière au Grand-Pont bien trop éloignée, il n'existait pas d'autre endroit public où laver le linge.

La petite s'inquiétait de la perplexité de sa mère.

— Qu'est-ce qui se passe ? Ils ont bouché le lavoir ?

— Comme tu vois. Mais ça fait rien. Il y a longtemps que j'avais envie de retourner à Ster-Groez. Là-bas, tu auras des camarades pour t'amuser. Il est temps que tu voies du monde.

Elle empoigna sa lessiveuse, la planta sur sa brouette, mit son balluchon dedans, la caisse à laver par-dessus, et toutes deux remontèrent vers l'autre lavoir.

4

La désertion de Francine revenait souvent dans les conversations ; il fallait bien trouver de quoi occuper les langues après avoir épuisé la gazette locale. De plus, la naissance d'une naine était un sujet qui prêtait à épiloguer.

« C'est à cause de sa petite, disait-on. Elle est pas bien. »

« Pas bien », cela voulait tout dire dans le monde paysan. Quand quelqu'un en bonne santé était « pas bien », c'est qu'il était « patraque », c'est-à-dire un peu malade ; quand quelqu'un de déjà malade était « pas bien », il était temps de sortir le costume de l'armoire pour se rendre bientôt à son enterrement. Ceux qui avaient l'esprit dérangé étaient « pas bien » eux aussi. Celui ou celle qui sortait une bêtise, ou une vacherie, était toisé par son interlocuteur et se voyait gratifier d'un :

« Il est “pas bien”, çui-ci. »

Bref tous ceux chez qui clochait quelque chose faisaient partie des « pas bien ». Donc Korrig.

« Elle doit être affreuse pour que sa propre mère ait honte de la montrer ! »

Ce jour-là, quand la silhouette de la lavandière apparut au bout du chemin, avec sa fille qui trottinait à côté d'elle, toutes les lavandières se dressèrent à genoux dans leurs caisses à laver.

— Mon Dieu, c'est pas possible ! Regardez qui arrive. La Francine et sa gamine !

— Oui, tu as raison, c'est bien elles. Mais qu'est-ce qu'elles viennent faire ici ?

— Elle a sa brouette. Laver son linge comme nous.

— A cette heure-ci ? Il est bientôt onze heures… Elle a dû rester dormir.

— Un enfant qui est « pas bien », c'est beaucoup de travail. Vous avez vu comme elle est menue, la naine ?

Tout au long du trajet, Francine avait préparé une explication. Pas facile après un si long exil. Le mieux serait de dévoiler la vérité le moment venu : les commères n'auraient de cesse de la connaître.

— Il reste une petite place pour moi ? lança Francine en posant sa brouette.

Chacune feignait de s'activer sur son linge, et personne ne leva la tête.

— Parle plus fort, fit Korrig. Tu vois bien qu'elles t'ont pas entendue.

La voix cristalline de la gamine décrispa la situation.

— Tiens donc… Francine ! T'es plus fâchée ?

— J'ai jamais été fâchée. J'avais besoin d'être seule avec ma petiote.

— Tu sais, on l'aurait pas mangée, fit Marie Morwenn, qu'on surnommait Quat'sous, parce qu'elle avait souvent le porte-monnaie grippé.

Les commères n'avaient jamais eu loisir d'observer la fillette sous toutes les coutures.

— Elle est jolie, convint Babonne Houelgat.

— Il y a pas besoin d'être grande pour être jolie, répondit Francine, enchantée de la tournure de l'accueil.

Korrig suivait la conversation d'un air amusé, fronçant les sourcils à tour de rôle en direction de celle qui parlait. A vrai dire, d'être un objet de curiosité était son lot quotidien. Ces femmes, elle en avait déjà rencontré quelques-unes, même si Francine les évitait.

— Ma mère avait peur que vous vous moquiez de moi, fit-elle en souriant. Elle a voulu me protéger.

— Nous, se moquer d'une infirme ! se fourvoya Rosine Le Boulch. Grands dieux, c'est mal nous connaître.

— Je suis pas infirme. Si tout le monde avait la même taille que moi, c'est vous qui seriez trop grandes, et vous aimeriez pas être traitées d'infirmes.

— Tu as raison, se rattrapa la fautive. Une naine, c'est plus petit que les autres, mais c'est pas pour ça que t'es pas normale, puisque tu as deux bras et deux jambes, même s'ils sont un peu plus courts que ceux des autres.

— Même qu'elle trotte drôlement vite avec, conclut Francine.

Les habituées du lieu brûlaient de savoir les raisons de ce retour impromptu.

— Tu t'ennuyais dans la prairie du père Louchouarn ? se décida Quat'sous en savonnant son linge.

Francine hésita, mais cela se saurait tôt ou tard. Elle prit cependant le temps d'installer sa caisse, sa lessiveuse et de dénouer son balluchon.

— Vous savez qu'il est décédé, Baptiste Louchouarn ?

— Bien sûr, puisqu'on était à son enterrement. On peut pas dire, mais c'était un brave homme.

— Eh bien, son fils, c'est pas pareil.

— Le Firmin ? C'est lui qui t'a interdit d'aller dans sa prairie ?

— Pire que ça, il a comblé le lavoir.

— Mais pourquoi donc ? Tu lui faisais du tort ?

Francine murmura à l'oreille de Korrig d'aller jouer un peu plus loin.

— Non, mais il a des vues sur moi.

Tout en bavardant, Francine avait allumé un foyer.

— L'autre jour, il a même essayé de me peloter, et je lui ai signifié son fait. C'est pour ça qu'il s'est vengé.

— C'est pas Dieu possible... Si c'est pas honteux de profiter d'une pauvre femme qui a déjà sa part de malheur.

On lui souhaita enfin la bienvenue, et on changea de conversation.

Francine et Korrig s'habituèrent à leur nouvelle vie. La gamine y trouva son compte, en compagnie de quelques gamins de son âge, prévenus par leurs mères :

— Vous verrez, elle est petite, mais elle est rigolote comme tout.

Ils jouaient ensemble, et bien qu'étant la plus jeune, Korrig apprit à ses camarades comment fabriquer des moulins qui tournaient plus vite que les vrais. Le cadre était idéal pour de longues parties de cache-cache ; Korrig gagnait toujours, non seulement grâce à sa petite taille, mais aussi de trouver toujours l'endroit le plus simple, où personne ne pensait à la dénicher.

Au début de l'automne se profila la rentrée scolaire. Depuis bientôt trente ans, l'école était obligatoire à partir de six ans. Un pieux principe : pour les paysans, quelle utilité de bourrer les crânes de leurs loustics de connaissances inutiles ! Il valait mieux leur apprendre à semer le blé, à aider une vache à mettre bas afin d'éviter le vétérinaire, à ranger les pommes concassées dans le pressoir pour en récolter le cidre de l'année. Pour les lavandières, il n'en était pas de même : à mesure que l'hiver approchait, la campagne se dépouillait de ses charmes fanés. Aux premiers frimas, ce serait un crève-cœur d'amener les enfants au lavoir. Aussi étaient-ils inscrits aux deux écoles du bourg, selon les convictions religieuses de chaque famille. Les plus modestes choisissaient celle du père Ferry, puisqu'elle était gratuite. Leurs drôlets seraient aussi bien là qu'à courir par monts et par vaux avec on ne sait qui.

Dès le 1er octobre, Korrig se retrouva seule dans la prairie de Ster-Groez, et les jeux de la nature lui parurent fades sans ses nouveaux amis. Elle s'ennuya.

— Pourquoi tu la mets pas à l'école avec les autres ?

— Elle est si petite…

— Et alors ? Elle a tout ce qu'il faut dans la tête pour apprendre.

Francine mit du temps à se décider. Les dangers potentiels de l'école étaient réels, mais il n'y avait pas que ça… Depuis que Korrig était née, elles n'avaient jamais été séparées, vraiment jamais, pas une seule seconde. Comment réagirait la petiote, et surtout, comment, elle, la mère, vivrait-elle ce sevrage pourtant nécessaire ?

Il faisait de plus en plus froid. Korrig n'avait pas appris à se plaindre et elle restait assise sur une pierre près des foyers des lessiveuses, ses petites mains enfouies dans les poches de son paletot. De temps à autre, elle chantonnait, et de ses minces lèvres s'exhalait une buée aussitôt confondue à la vapeur du linge en train de bouillir.

— Elle va attraper la crève.

— Elle est bien couverte… répondait Francine. Elle a l'habitude.

— N'empêche, elle serait mieux au chaud. Mets-la donc à l'école ! Si elle devient plus intelligente que toi, ce sera tant mieux pour elle.

Francine finit par céder. Elle ne se rendit pas chez les sœurs, comme si elle en voulait au ciel d'avoir oublié de faire grandir sa Korrig. Elle serait mieux à l'école de la République, avec des enfants de sa condition.

Au courant de l'existence de la naine, la maîtresse comprenait ses réticences. Plusieurs fois, elle avait pensé à lui rendre visite, mais elle craignait d'avoir été devancée par les religieuses.

— Il n'y a aucun problème, madame Lescoët. Violette…

— Non ! Korrig !

— Pourquoi ?

— Parce que c'est comme ça. Vous connaissez le breton ?

— Je suis quand même née en Bretagne. Korrig, c'est…

Elle hésitait.

— Les nains, oui, comme Korrig, fit Francine sans baisser les yeux.

— C'est dommage. Violette est un joli prénom, et à l'école, il faut parler français.

— Peut-être, mais ma fille est bretonne, et je veux qu'on l'appelle Korrig.

Mademoiselle Cogan souriait. Ils étaient nombreux les paysans à refuser le français. Il convenait d'être prudent, et patient, pour les libérer du joug ancestral. L'école jouait un rôle fondamental dans cette entreprise jacobine, et il convenait de ne pas décourager ceux qui y inscrivaient leurs enfants.

— Korriged, c'est le mot breton qui désigne aussi les lutins, n'est-ce pas ? Votre fille a l'air d'une jolie petite korrigane… Et toi, ma mignonne, qu'est-ce que tu en penses ?

— Je ne suis pas jalouse de ceux qui sont plus grands que moi. Les souris et les musaraignes dans la campagne courent souvent plus vite que le renard qui veut les attraper.

Elle s'était exprimée en français.

— Tu parles bien, fit la maîtresse, restée sans enfants.

— Je dis ce que je ressens, avec les mots que ma mère m'a appris. Je peux vous dire la même chose en breton si vous le souhaitez.

— Ce n'est pas la peine. Dans la langue de notre patrie, c'est très bien, puisque c'est celle que tu devras utiliser ici. La langue du progrès, tu m'entends, Korrig ? La langue du progrès.

5

Depuis qu'elle avait rendu l'école obligatoire, la République préconisait que garçons et filles soient séparés, mais peu de communes avaient les moyens de bâtir deux établissements et de les entretenir : la morale devait donc se plier à la maigreur des finances, et la mixité était de rigueur. A vrai dire, ce n'était pas un réel problème dans la mesure où l'école était surtout fréquentée par les garçons. Pour les filles, les paysans étaient encore plus réticents : à quoi bon farcir la tête de leurs loupiotes de connaissances inutiles pour trouver un mari, tenir un ménage et pondre deux ou trois rejetons ! C'était de surcroît courir le risque de leur donner des idées au-dessus de leur condition et de faire d'elles de mauvaises épouses, prétentieuses et insolentes. Sur un effectif d'une cinquantaine d'élèves, l'école publique ne comptait donc qu'une dizaine de filles, celles de quelques habitants du bourg – pas les notables et les commerçants, qui mettaient les leurs chez les sœurs –, et surtout celles de la campagne, plus par économie familiale que par conviction politique ou religieuse.

Les élèves étaient partagés en deux sections : les petits et les grands. Au sein de la communauté scolaire, Korrig allait apprendre tout de suite la difficulté à assumer une différence qui jusque-là ne l'avait guère gênée. Francine l'accompagna le premier jour, avant de se rendre au lavoir. Par la suite, une fille des lavandières ferait un crochet pour passer la prendre, car elle était encore fragile pour effectuer le trajet toute seule, et trop petite.

Mademoiselle Cogan était donc la directrice, et elle avait la charge des plus jeunes ; elle vint chercher Korrig à la grille de l'entrée, consciente que son arrivée allait provoquer un sacré charivari. Beaucoup des petits Faouëtais ne connaissaient la « naine » que d'avoir entendu parler d'elle, et elle fut aussitôt entourée. On se bousculait pour la regarder, la détaillant de la tête aux pieds afin de déceler les malformations qu'elle devait forcément présenter, puisque les parents avaient dit qu'elle était infirme. Sans la présence de l'institutrice, plus d'une main aurait essayé de la toucher pour voir si elle était « vraie ». L'inspection finie, ce fut une grande déception de la trouver normale, hormis sa taille et ses membres, mais il n'y avait pas de quoi en faire autant d'histoires. L'exaltation calmée, la maîtresse lâcha la main de sa protégée, en gardant toutefois un œil sur sa basse-cour, qu'elle savait capable d'initiatives souvent fâcheuses.

Korrig se retrouva au milieu d'un cercle, à distance toutefois, comme si le nanisme était une maladie contagieuse, susceptible d'engendrer une réduction inéluctable. La cloche sonna le moment d'aller se ranger. La fillette s'efforçait de faire tout correctement afin d'éviter de se faire remarquer, et elle fut parmi les premières devant les marches de sa classe. Mademoiselle Cogan se contenta de sourire et adressa à Korrig un regard satisfait. Bien sûr, il convenait de la placer au premier rang, face au tableau, ce qui contraignit Mélanie Courtiaud à reculer d'un cran. Si celle-ci ne dit rien, elle en ressentit un pincement au cœur et en voulut à Korrig. Les cours commencèrent, et la petite nouvelle fut surprise de tout comprendre dans cette langue dont sa mère avait eu soin de lui apprendre les rudiments, sans lui cacher toutefois que ce n'était pas celle de son peuple.

A la récréation, Korrig fut aussitôt accaparée par les trois filles de la grande division, de petites femmes déjà, chez qui naquit un sentiment maternel à l'égard de cette camarade en miniature. Julie, Marie et Rosette considéraient elles aussi Korrig comme une poupée. La petiote se prêtait au jeu, rassurée par la protection de ces demoiselles qui se chamaillaient pour lui prendre la main et la faire tressauter sur leurs genoux.

La curiosité et la compassion ne durèrent que quelques semaines, laissant place à une forme de jalousie à mesure que Korrig fut considérée comme une enfant « normale ». Mélanie Courtiaud n'avait pas digéré de s'être fait évincer du premier rang, et elle fut la première à manifester son animosité à l'égard de cette sainte-nitouche qui accaparait l'attention de la maîtresse. Elle rameuta les garçons avec qui elle s'était acoquinée depuis son déménagement.

— Elle profite de son infirmité, vous voyez pas ? Elle avait qu'à manger de la soupe si elle voulait devenir aussi grande que les autres !

Korrig commença à se faire bousculer… Oh, sans violence ni méchanceté, mais avec ce soupçon de cruauté qui anime souvent les jeux des enfants. Moins charitables étaient les quolibets :

— Excuse-moi, je t'avais pas vue, je croyais que t'étais un petit crapaud. J'ai failli t'écrabouiller.

Ou encore :

— Tire-toi de nos pattes, tu vas te faire marcher dessus.

Pire parfois :

— Reste pas derrière moi ! J'aime pas qu'on mette son nez entre mes fesses.

Ses trois protectrices se lassèrent de ce nouveau jouet. Un matin, Mélanie trouva enfin le moyen de se venger. Tout le monde était rentré en classe, et Korrig avait dû patienter avant de pouvoir bénéficier des cabinets. Elle arrivait en courant dans le couloir où Mélanie traînait encore. Un peu en retrait se trouvait un placard à balais, dont la porte était restée ouverte. Toujours soucieuse de bien faire, la petiote s'apprêtait à la refermer quand son ennemie l'y bouscula et poussa la targette. Puis elle rejoignit ses camarades comme si de rien n'était. Bien sûr, mademoiselle Cogan remarqua aussitôt la place vide.

— Vous n'avez pas vu Korrig ?

Dans la classe végétait un lascar plus grand que les autres. Paulin avait « un courant d'air dans le cerveau ». On le gardait avec les plus jeunes dans l'espoir de lui apprendre enfin à lire, mais à neuf ans, il savait à peine déchiffrer les syllabes des premières leçons. Au demeurant, Paulin Paulet n'était pas méchant pour deux sous, mais il avait la langue bien pendue, et un brin de malice, malgré son déficit de vivacité mentale.

— C'est sans doute un corbeau qui l'a emportée, fit-il en levant un index doctoral. Y en avait trois ou quatre de posés sur le toit des halles ce matin. Ou une pie… Mon père dit toujours qu'il y a pas plus voleur que les pies.

Ne sachant s'il faisait l'innocent, mademoiselle Cogan ignora Paulin.

— Si quelqu'un sait quelque chose, qu'il le dise tout de suite !

Silence et têtes baissées. Tutt, tutt, se dit la maîtresse, augurant quelque coup fourré, ce qui ne fit qu'aggraver son inquiétude.

Mélanie Courtiaud jubilait.

— Peut-être que Korrig n'est pas venue à l'école aujourd'hui, dit-elle avec ingénuité.

L'institutrice n'aurait pu en jurer, mais elle croyait bien avoir vu sa petite protégée trottiner dans la cour avant la cloche.

Malgré le travail de sape de Mélanie et de ses acolytes, Korrig avait encore quelques amis dans la classe, dont une des plus jeunes, chétive elle aussi, mais pas pour les mêmes raisons.

— Si ! Elle était là, ce matin, fit Eugénie. Même qu'elle m'a donné une pomme qu'elle avait ramassée en passant à côté de la prairie du père Piquet. Elle est gentille, Korrig, elle me donne toujours quelque chose.

Puis elle se mit à pleurnicher.

— Je veux pas qu'il lui soit arrivé du mal.

Mademoiselle Cogan n'avait pas eu la berlue, ce qui ne la rassura en rien, car il convenait de savoir tout de suite où était passée l'enfant. Elle alla frapper à la porte de son collègue, lui expliqua la situation et lui demanda de garder un œil sur ses ouailles. Elle inspecta la cour dans ses moindres recoins, vérifia si Korrig n'était pas coincée dans les cabinets. Elle revint dans le bâtiment, dont elle arpenta le couloir, sans plus de résultat. Elle pensa que, suite à quelque démêlé avec ses camarades, la petiote était rentrée chez elle, bien que ce ne semblât pas être dans son tempérament. Elle appela doucement en marchant lentement. Soudain, un faible toussotement filtra du placard où l'on rangeait balais et serpillières. La targette était poussée, et il n'était pas difficile de deviner ce qui s'était passé. Elle délivra la malheureuse, qui ne paraissait pas effrayée.

En Korrig se déroulait en fait une lutte farouche. Bien sûr qu'elle avait eu peur dans le noir, mais avec son souci de passer inaperçue, elle n'avait pas crié, et elle se retenait encore de pleurer.

— Qui t'a enfermée là-dedans ? demanda la maîtresse.

Korrig parvint à sourire, mais elle garda le silence ; mademoiselle Cogan crut qu'elle n'en savait rien. A leur retour dans la salle de classe, toutes les têtes se levèrent. La maîtresse affichait sa mine revêche : ça allait chauffer !

— Qui a enfermé Korrig dans le placard ?

Seule la coupable était en mesure de répondre, mais elle s'en garda bien. Les autres se regardèrent avec de grands yeux étonnés, cherchant l'auteur d'une plaisanterie aussi douteuse à l'égard d'une infirme.

— Est-ce que vous vous rendez compte qu'elle aurait pu mourir étouffée ?

Cette fois, les têtes se baissèrent.

— Si ceux qui ont fait ça ne se dénoncent pas, c'est toute la classe qui sera punie.

Alors Korrig se leva, et droite au milieu de l'allée, elle s'adressa à la maîtresse :

— Je me suis enfermée toute seule.

Mademoiselle Cogan resta un instant stupéfaite.

— Allons Korrig, tu sais bien que ce n'est pas possible. Le verrou est à l'extérieur… Comment tu aurais pu faire pour l'enclencher ?

— Je ne sais pas, moi… J'ai claqué la porte, et la targette a dû glisser. Oui, c'est ça, maintenant ça me revient, je l'ai entendue glisser.

L'institutrice savait qu'elle mentait – tout le monde le savait –, et un murmure admiratif parcourut les rangs. Mademoiselle Cogan hésita, mais impressionnée par une telle grandeur d'âme, elle n'insista pas.

A la récréation, Mélanie rejoignit sa souffre-douleur.

— Pourquoi t'as pas dit que c'était moi ?

— Ça aurait servi à rien de te faire punir, sinon à te rendre encore plus méchante.

— Je te promets de plus jamais t'embêter, et même de te défendre si les autres viennent te casser les pieds.

Mélanie tint sa promesse, et Korrig vécut enfin des jours paisibles.

6

Francine pressait sa fille de lui raconter ses journées d'école. Korrig se prêtait volontiers à la confidence, même si elle avait évité de raconter ses déboires du début. Ainsi la mère ne sut jamais l'épisode du placard, ni la raison pour laquelle sa gamine arriva un soir tout essoufflée, à cause de deux chenapans amusés à la taquiner sur le chemin du retour.

— Si t'es fatiguée, nous, on veut bien te porter sur notre dos. T'as qu'à choisir, celui que tu veux !

Ils faisaient des mines en se voûtant ; Korrig avait ri.

— J'ai mes deux jambes pour marcher.

— Elles sont trop courtes pour aller si loin.

— Et vous, votre langue est tellement longue qu'elle arrête pas de dire des bêtises.

— Ecoutez-la, celle-ci ! C'est haut comme trois pommes, et ça veut donner des leçons ! Tu ferais moins la fière si on te jetait dans la fontaine.

— Ouais, ce serait l'occasion d'apprendre à nager.

C'est là que Korrig avait pris ses jambes à son cou, et les coquins avaient renoncé à la poursuivre. Sa mère l'avait sermonnée.

— Regarde dans quel état tu es ! Tu es toute en nage, tu vas attraper la crève ! Pourquoi tu as couru ?

— J'avais hâte de te retrouver.

Elle avait réponse à tout, et maniait à merveille l'art de mettre son monde dans sa poche.

Korrig avait toutes les raisons de s'apitoyer sur son sort, mais elle positivait chaque situation, soucieuse de voir les autres heureux, surtout sa pauvre mère pour qui elle devait constituer une sacrée charge.

Plusieurs mois s'écoulèrent ; on arriva à l'été et à la fin de l'année scolaire. Bien que petite, Korrig avait une santé de fer, et hormis un rhume et un début d'otite, elle échappa aux bobos de l'hiver. Elle fut donc des plus assidues, et mademoiselle Cogan avait toutes les raisons de se féliciter de sa protégée. Francine suivait les progrès de sa petiote, et pour lui faire plaisir, Korrig enjolivait les compliments auxquels elle avait droit.

— C'est vrai que la maîtresse a dit devant toute la classe que tu lisais très bien, mieux que ceux qui étaient là depuis deux ans ?

— C'est grâce à toi. C'est toi qui m'as appris.

— J'avais commencé à t'apprendre, mais tu savais pas encore.

C'était la vérité. En Bretagne, il était un livre que beaucoup de familles possédaient : la Vie des Saints, *Buhez ar sant*. Il racontait la vie des innombrables saints bretons et servait à apprendre les rudiments de la lecture, un déchiffrage souvent commun entre les parents qui savaient à peine lire et les enfants qui ne savaient pas encore du tout. La langue bretonne n'avait pas tout à fait les mêmes consonances que celle en passe de la supplanter, et les premières leçons de lecture à l'école étaient souvent cocasses.

— J'en savais assez pour ne pas passer pour une idiote, répondit Korrig.

— Alors tant mieux si l'école a fini le travail, et on a bien fait de t'y inscrire.

Korrig avait souvent de surprenantes réflexions d'adulte :

— C'est bien l'école, mais à quoi ça sert d'apprendre tant de choses ? demanda-t-elle la veille de la rentrée suivante.

— A ne pas être une ignorante comme moi.

— T'es pas une ignorante, puisque tu sais lire, toi aussi.

— Oui, si on veut… Mais je sais à peine écrire.

— Moi, je t'apprendrai. Regarde, j'arrive déjà à écrire une phrase tout entière.

Elle griffonnait sur un bout de papier, et c'est vrai que les lettres étaient bien rondes, attachées les unes aux autres sans la moindre erreur. Francine essuya une larme.

— Toi, tu pourras faire un vrai métier.

— Un vrai métier ! Lequel ?

— Je sais pas, ma chérie. En tout cas, un de moins fatigant que le mien, et un peu mieux payé.

— Maman… Tu oublies que je suis une naine ?

— Et alors, tu es adroite de tes mains, tu n'es pas infirme, tu sais lire, tu sauras écrire.

— Une naine, c'est pas une personne comme les autres. Personne voudra de moi. Non… Je serai lavandière comme toi, et le soir, je repasserai les coiffes. Comme toi.

Les bonnes repasseuses de coiffes n'étaient pas légion, et celles-là ne manquaient pas d'ouvrage. Cependant, ce n'était qu'une activité occasionnelle : avant les pardons, celui de Sainte-Barbe et de Saint-Fiacre, les deux chapelles du Faouët, et surtout les semaines précédant les mariages, où pouvaient être invitées jusqu'à six ou sept cents personnes. Alors les femmes sortaient leurs habits de

« dimanche », et il était impensable qu'une coiffe de cérémonie fût jaunie ou mal posée. La coiffe… sans doute l'élément suprême de la vêture festive, du moins celui que l'on remarquait en premier, et sous lequel les honnêtes femmes rangeaient naguère leur chevelure bien comme il faut. L'apprêter relevait d'une série d'opérations délicates, d'amidonnage et de repassage avec un fer qui ne devait pas être trop chaud au risque de roussir les dentelles. En pays d'Aven, le montage en était très compliqué ; il y avait deux coiffes en réalité, la petite, *koef bihan*, et la grande, *koef braz*, qui se posait par-dessus la première. Complémentaires, chacune comportait deux ailes, qui s'enroulaient comme des papillons, et c'étaient celles-ci qui nécessitaient une attention particulière. Qui témoignaient de la compétence et du savoir-faire de la repasseuse.

L'atelier de repassage de Francine était installé dans un prolongement à l'arrière de la chaumière ; une porte basse à gauche de la cheminée permettait d'y accéder. La pièce était chauffée par un petit poêle à bois, dont le tuyau rejoignait le conduit principal. C'était le réservoir à braises pour les fers. Naguère, cette annexe servait de cellier. C'était Francine qui l'avait aménagée, et en plus d'une table, elle y avait installé une armoire achetée pour une bouchée de pain dans une ferme voisine. Elle y entreposait ses trésors, ses coiffes personnelles, celles des clientes bien entendu et des pièces de dentelles dont elle faisait collection.

Korrig l'y rejoignait volontiers et elle était émerveillée de voir sa mère travailler de si experte façon ; malgré ses paupières qui se fermaient, elle n'acceptait d'aller se coucher que lorsque Francine l'avait grondée. Dès qu'elle fut en âge de tenir un fer sans se brûler, la gamine commença à en apprendre le maniement. Ses mains tremblèrent les premières fois que Francine l'autorisa à repasser les ailes d'une coiffe usagée, pas celle d'une cliente, bien entendu. Debout sur un tabouret, Korrig pinçait les lèvres et fronçait les sourcils.

— Doucement. Appuie bien pour durcir l'amidon.

Korrig s'appliquait.

— Ne reste pas trop longtemps au même endroit. Tu sens pas l'odeur du tissu qui est en train de chauffer ?

La scolarisation de Korrig fut sa première forme de socialisation. Sans être bigote, Francine décida de donner un peu de religion à sa fille, puisqu'elle était baptisée. Etre élève de l'école de la République constituait un acte sacrilège, et il en fallait des prières et des preuves de « bonne foi » pour avoir droit, quand même, au bon Dieu ! Le catéchisme était fixé sciemment le vendredi, sur l'heure de midi, et ce jour-là, les petits mécréants devaient se contenter d'un déjeuner frugal sur le chemin de l'église pour avoir droit à la nourriture spirituelle.

Le prêtre qui reçut Francine contempla Korrig d'un air miséricordieux.

— La pauvre petite, il était temps en effet de revenir dans la maison de Notre-Seigneur. Essayons de sauver son âme...

Il soupira :

— S'il n'est pas trop tard...

Suivre les cours de catéchisme impliquait d'assister à la messe dominicale, et Francine fut contrainte de fréquenter l'église avec plus d'assiduité. Korrig devint aussitôt une attraction pour la communauté religieuse, dont la charité évidente se traduisit par une compassion immédiate. On s'apitoyait sur la naine bien sûr, mais on admirait aussi la courageuse mère, qui en avait du mérite d'élever toute seule une gamine affligée de la sorte.

Korrig fit preuve de la même attention sur les bancs de l'église que sur ceux de l'école, et elle n'eut aucun mal à apprendre ses prières, même si ce n'était pour elle qu'une succession de mots sans grande signification. Mais à défaut d'y croire, elle les égrenait avec une application exemplaire qui ravissait le curé.

Le jour de la communion approchait, et Francine confectionna elle-même l'aube de sa fille. Qu'elle était belle, Korrig, toute de blanc vêtue, avec sa frimousse encadrée par le tissu immaculé ! Un murmure d'admiration parcourait les travées de l'église à mesure qu'elle avançait dans l'allée centrale, en tête de ses camarades, qui, en comparaison, semblaient de grandes sauterelles dans leurs robes mal ajustées. Les yeux des dévotes s'embuaient, et les plus pieuses réfugiaient leur émotion dans un petit mouchoir : pour sûr que c'était un ange, une envoyée du ciel, et si le Tout-Puissant l'avait gardée petite, c'était pour qu'on la remarquât du premier coup d'œil !

Vint le moment sacramentel, et les postulantes s'avancèrent, les yeux baissés et les mains jointes, supposées concentrées sur l'honneur suprême auquel elles avaient droit. La pratique voulait que les communiantes s'agenouillent au pied de la grille séparant le chœur du transept. Leur menton affleurait la rambarde, mais Korrig était trop petite, une anicroche que personne n'avait prévue. Les autres étaient déjà en position ; Korrig adressa un regard désespéré à sa mère, tout aussi désespérée. Celle-ci lui fit signe de rester debout. Après un sourire navré, la petiote se figea. Le prêtre arriva avec son plateau garni d'hosties, et les paupières mi-closes, les récipiendaires ouvrirent le bec. Face à Korrig debout en retrait, il dut tendre le bras ; elle reçut cependant le corps du Christ avec tout le respect que le catéchisme lui avait inculqué. Ne pas le croquer : Jésus avait assez souffert sur la croix… De crainte de l'avaler, Korrig cala l'hostie dans le creux de sa gencive, pour l'y laisser fondre en paix. Elle s'efforçait d'oublier que ce n'était que du pain, sans parvenir toutefois à chasser l'idée saugrenue que le corps du fils de Dieu était bien insipide.

Bon public, Korrig s'attendait à une illumination subite. Bien sûr, elle était impressionnée par la solennité de la scène, les odeurs d'encens, les cantiques qui se répercutaient en écho sous la voûte, son costume, celui de ses camarades, mais rien de remarquable ne se produisait. Elle en éprouva aussitôt un sentiment de culpabilité : c'était de sa faute, elle n'était pas digne, elle n'avait pas su se préparer ! Pourtant, elle s'était confessée, et à défaut de se trouver de vrais péchés, elle s'en était inventé : elle avait bien dû être gourmande, avoir de mauvaises pensées – lesquelles ? elle ne savait pas –, ne pas obéir sur-le-champ à sa pauvre mère, musarder en revenant de l'école, ne pas écouter la maîtresse comme il faut, et… et…

— Tu es bien sûre que c'est tout, mon enfant ?

Alors lui était venue l'idée d'un vrai péché :

— Il y a des fois où j'en veux au bon Dieu d'être restée petite.

Le curé avait toussoté, et il avait mis un bon moment à trouver ses mots.

— Je ne suis pas censé savoir qui tu es, mais je crois le deviner. Tu es différente, certes, mais personne dans ce bas monde n'est identique à son semblable. Il y a des grands, des petits, des gros, des maigres, des intelligents et d'autres qui le sont moins. Dieu a voulu cette diversité pour que chacun puisse se distinguer de son voisin. C'est la richesse de l'humanité que nous ne soyons pas tous pareils. Tu me comprends ?

Korrig hésita. Elle comprenait l'idée, certes, mais pas le fait que certains devaient se sacrifier quand d'autres se pavanaient. Etait-ce bien le lieu et le moment d'étaler ses cas de conscience ? Tant pis…

— Oui… Mais c'est que moi, je ne suis vraiment pas pareille que les autres.

— Tu es en bonne santé ?

— J'ai pas à trop à me plaindre.

— Tu n'es pas malheureuse ? Tu as un toit sous lequel t'abriter, un lit pour dormir, et ta mère ne te laisse pas mourir de faim ?

— C'est vrai que j'ai tout ça.

— Alors, il faut remercier le bon Dieu.

Visiblement pressé d'abréger une conversation où il perdait pied, le curé lui avait donné l'absolution.

L'absolution, si Korrig se souvenait bien, cela voulait dire que ses péchés étaient lavés, et pourtant elle ne ressentait rien de particulier alors que l'hostie avait fini de se dissoudre dans sa salive.

Pour la première fois, elle mit en doute les bienfaits des institutions sociales.

7

D'habitude, il fallait sept ans pour décrocher le certificat d'études. Korrig parvint à l'obtenir au bout de six, un exploit pour une fille de sa condition, et la preuve qu'elle avait dans sa petite tête autant de neurones que les autres. De toute sa vie, Francine n'avait jamais été aussi fière :

— Même certaines demoiselles du bourg n'ont pas été reçues ! claironnait-elle à ses compagnes, quand la principale intéressée n'était pas à portée de voix.

Les lavandières ne répondaient pas, ou alors par une vacherie :

— Qu'est-ce qu'elle va faire avec son diplôme, ta korrigane ?

— En tout cas, pas lavandière ! s'exclamait Francine.

On ricanait…

— Ça, on s'en doutait… On a bien vu depuis longtemps que la pauvre petite n'aura jamais les bras assez longs et assez forts pour tirer les draps de l'eau et encore moins pour les essorer.

— Alors ? Tu réponds pas ? Qu'est-ce qu'elle va faire, « mademoiselle qui a eu son certif » ?

Non… Francine ne répondait pas : ces vipères n'avaient pas tort… Elle soupirait en redoublant d'ardeur.

Libérée de l'obligation scolaire, Korrig avait tout loisir d'aider sa mère, mais sans lui être d'une grande utilité bien qu'elle eût douze ans. Redoutant de la mettre en difficulté devant les commères, Francine ne lui donnait à laver que les petites choses, celles dont justement les clientes auraient pu s'occuper elles-mêmes, alors que le vrai métier, c'étaient les draps et les grandes pièces que l'on devait faire bouillir afin d'en dissoudre la crasse, écraser en tous sens à coups de battoir, un métier de femme, mais que beaucoup d'hommes auraient eu du mal à accomplir ; alors une naine... Korrig elle-même avait conscience de sa faiblesse :

— Un jour, j'aurai assez de force pour y arriver, je t'assure.

Francine secouait la tête avec tristesse.

— Certainement, ma chérie... Sinon, tu feras autre chose. Maintenant tu as ton certificat d'études. Ça veut dire que tu es quelqu'un d'intelligent. Tu pourrais même travailler dans un bureau.

— Il serait trop haut pour moi.

— En attendant, apprends bien à repasser les coiffes. Pour ça, il y a pas besoin de mesurer deux mètres, et ce sera la meilleure façon de m'aider.

Un matin où l'hiver s'était réveillé en colère, Francine proposa à Korrig de ne pas l'accompagner au lavoir. Oh ! en y mettant les formes :

— J'arrive plus à tenir la maison, et le soir, je suis trop fatiguée.

— Si je te manque pas trop au lavoir, je pourrais m'occuper du ménage.

— C'est vrai ? Tu serais d'accord ?

— Bien sûr. Et pour les coiffes je commence à me débrouiller. Bientôt je pourrai faire celles des clientes.

— Faut pas aller trop vite quand même. Tu as encore beaucoup de choses à apprendre.

Ce jour-là, Francine fut accueillie avec étonnement par ses consœurs lavandières.

— Korrig est pas avec toi ? Elle est malade ?

— Non... Elle était fatiguée. Je crois bien que la lessive, c'est pas pour elle. Et puis, maintenant qu'elle a son certificat d'études...

— C'est vrai... sourit Philomène Paris. On avait oublié...

Celle-là, sans doute à cause de son patronyme, elle se donnait des airs de bourgeoise sous son capot noir. Elle gloussa et continua :

— Qu'est-ce qu'elle va faire de ses journées, ta petite souris ?

— Il y a toujours à s'occuper dans une maison. Et puis, vous pouvez pas savoir comme elle est adroite de ses mains ! J'ai commencé à lui apprendre à repasser la coiffe, et bientôt, elle arrivera aussi bien que moi.

— Tant mieux, tant mieux... maugréait-on, en échangeant dans son dos des clins d'œil complices.

Korrig resta donc à la maison, et sa mère n'eut pas à s'en plaindre. Jamais le logis ne fut aussi bien tenu ; plus un grain de poussière, plus une toile d'araignée ; le sol de terre battue avait droit au balai de genêt deux fois par jour, et les meubles, cirés, astiqués et lustrés, brillaient dans le moindre rai de soleil ; quand la mère rentrait, mouillée et fatiguée, les doigts rougis par le froid, la peau fripée à force de macérer, elle pouvait se réchauffer devant la cheminée où pétillait un feu ardent, avec, posée sur un trépied, la marmite de fonte où mijotait une bonne soupe de légumes, et quelquefois un morceau de lard. Francine craignait qu'elle ne se brûlât dans les flammes, et peu de temps après, elle acheta une cuisinière.

L'hiver tira sa révérence après de redoutables giboulées, et le printemps en profita pour pomponner la campagne de bourgeons cossus. Le jardin ne fut jamais aussi bien entretenu. Deux étroites bandes en façade étaient réservées aux fleurs, de chaque côté de la cour. Korrig en faisait son affaire : elle avait la main verte, et semée par ses soins, la moindre graine germait ; elle bouturait aussi tout ce qu'elle voulait. On affirmait que c'était impossible pour les camélias, alors qu'elle, y arrivait sans problème. Le potager situé à l'arrière, c'était jusque-là le domaine de Francine ; Korrig décida de s'en occuper. Cela lui prit plus de temps, mais les plates-bandes ne furent jamais aussi bien sarclées, et elle planta pommes de terre, sema petits pois et haricots, dont les minuscules crosses ne tardèrent pas à bosseler la terre.

Korrig redoublait d'efforts afin d'apprendre à repasser les coiffes ; sur la table, elle étalait un molleton recouvert d'un vieux drap. Par-dessus, elle prenait encore la précaution de poser un torchon propre, comme lui avait appris la mère, dont le savoir-faire n'était plus à démontrer. Dans le fer, elle avait déjà mis des braises prélevées dans la cheminée, car il fallait qu'il fût bien chaud. Francine lui avait transmis ses combines, comme chacune des repasseuses, des secrets qu'il convenait de garder jalousement... De faux secrets le plus souvent, puisqu'il n'y avait pas trente-six façons de repasser une coiffe de l'Aven. Ainsi, elle tenait à proximité un chiffon enduit de cire, sur lequel elle passait de temps à autre le fer, afin qu'il glissât mieux sur le tissu et les dentelles. Depuis la veille, celles-ci avaient été badigeonnées d'un savant mélange d'eau, d'amidon et de paraffine – encore un secret farouche que la composition de ce mélange. Ensuite, Korrig les avait roulées dans un linge afin qu'elles s'imbibent de la préparation pendant la nuit, mais il convenait de leur faire subir un second bain avant de commencer le repassage proprement dit. Les excès d'amidon essuyés, le fer entrait enfin en action. Le geste devait être régulier : trop rapide, il ne durcirait pas le tulle, largement utilisé maintenant, et qui permettait de si jolies broderies ; trop lent, il risquait d'en roussir les dentelles, ces longues bandes que l'on enroulait et épinglait pour dessiner de véritables ailes sur la tête. Comme un papillon, disait Korrig, auquel elle n'était pas peu fière de conférer la beauté.

Quand Francine vantait la dextérité de sa fille, elle exagérait à peine. Mais apprendre le repassage ne suffisait pas à l'adolescente. A chaque fois que Korrig repassait, elle regardait avec attention comment était fabriquée la coiffe.

J'en serais capable, se disait-elle en suivant les coutures de l'ongle de son index.

Les broderies semblaient plus compliquées, mais en scrutant l'ouvrage, elle parvenait à en deviner les points. Comme toute bonne ménagère, Francine savait tenir l'aiguille, et elle avait enseigné à sa fille la façon de repriser les accrocs et de recoudre les ourlets défaits. Plus délicates étaient les bases de la broderie, un art savant souvent réservé aux hommes lorsqu'il s'agissait de fabriquer les costumes de drap épais et de velours que portaient encore beaucoup de Bretons. Mais les coiffes, c'étaient toujours les femmes qui s'en étaient chargées !

La gamine s'exerçait dès qu'elle avait une minute, et elle arrivait à tracer des lignes bien droites en point de chaînette sur les chutes de tissu que lui laissait sa mère.

C'est pas le tout de savoir repasser les coiffes, se disait-elle. Ce serait encore mieux de savoir aussi les broder et les monter.

8

Korrig eut ses premières règles à treize ans. C'était un matin d'hiver, et elle fut surprise de se sentir le ventre chaud alors qu'elle grelottait sous son édredon, les tisons de la cheminée ayant fini de se consumer avant la minuit. Sa mère ne l'avait pas mise au courant, incapable d'imaginer que sa petiote pût devenir une femme comme les autres. Quand la petiote découvrit ses doigts pleins de sang, elle poussa un cri horrifié, et Francine émergea aussitôt du lit-clos.

Korrig sanglotait :

— Maman, je saigne, je vais mourir.

La mère la saisit entre ses bras. Bien qu'émue, elle était fière que sa fille fût normale sur ce plan-là.

— C'est rien. Tu es en train de grandir, c'est tout.

— Je comprends pas.

— Toutes les filles à ton âge ont ces petits saignements. Ils durent trois ou quatre jours, et parfois tu seras même malade. Mais cela prouve aussi que tu pourras avoir des enfants quand tu seras adulte. D'ailleurs, le médecin me l'avait dit.

— Mais maman, je suis une naine ! Tu trouves pas qu'il y en a assez d'une ?

— C'est pas parce que tu es petite que tes enfants le seront aussi.

Croyant que la mère mentait pour la réconforter, la gamine avait éclaté en sanglots et s'était enfuie dans la cour avec son ventre qui saignait.

Korrig connut alors les mélancolies de l'adolescence et le besoin de solitude qui les accompagne. Les bois de la colline de Sainte-Barbe lui offrirent les refuges qu'elle souhaitait. Au début, sa mère s'inquiéta de ses absences.

— Je t'assure que je fais rien de mal. J'ai besoin d'être seule.

— Mais pourquoi donc ?

— Je sais pas… Pour réfléchir… Pour laisser le temps passer dans ma tête comme le sable de la rivière coule entre mes doigts.

— Tu vas finir par te perdre…

— Ce serait pas une grande perte.

— Tais-toi ! Tu sais bien que je n'aime pas que tu parles comme ça de toi. Je me demande où tu vas.

— Fais pas l'idiote : dans la forêt, pardi ! Je la connais mieux que tout le monde, mieux que toi en tout cas. J'aime le vent qui se faufile entre les arbres, et la lumière qui dessine à travers les feuilles des damiers qui bougent sans arrêt.

Francine regardait sa fille d'un air réprobateur : elle avait de ces idées depuis quelque temps… Son état physique n'était-il pas en train de lui occasionner des séquelles cérébrales ? Consciente de la perplexité maternelle, Korrig souriait.

— Rassure-toi, maman, je suis pas folle. Peut-être un peu bizarre, mais pour une naine, ce doit être normal.

Lors de ses escapades, Korrig gravissait le chemin des pèlerins de Sainte-Barbe, pavé de larges pierres usées et escarpé comme un sentier de montagne dans ses derniers tronçons. Tout le long, c'était un ravissement de talus moussus, de chênes vénérables qui installaient une impression de sérénité, un décor de géant pour Korrig. La pente s'adoucissait dès que les dalles s'interrompaient ; le chemin s'évasait alors en un immense plateau, parsemé à la belle saison de mirifiques asphodèles. Pour l'adolescente, ces élégantes aigrettes, qui se balançaient à la moindre brise, ne pouvaient être des fleurs ordinaires. Alors, elle lâchait les brides de son imagination… Certains jours, c'étaient les épingles fichées dans la chevelure d'une mystérieuse créature, dont la colline bosselée n'était que la tête affleurante, et elle s'efforçait de rendre son pas moins pesant de crainte de lui faire mal. D'autres fois, lors de ses exaltations les plus angoissées, les liliacées devenaient les âmes d'une cohorte d'enfants décédés pour une raison inconnue, et dont les roches étaient les pierres tombales. Le cœur serré, elle se recueillait, et leur disait de ne pas être trop tristes.

Il est vrai que le lieu inclinait au mysticisme, et Korrig n'était pas la première à y avoir ressenti d'étranges émotions. Pour preuve : les constructions que l'on découvrait en avançant encore. Au bout du plateau se dressait en effet un campanile dans la voûte duquel était accrochée une cloche ; les pèlerins la branlaient au moyen d'une corde qui devenait un fouet lourd et redoutable si on la lâchait au cours de la manœuvre. Sur la droite, l'oratoire Saint-Michel était accroché au-dessus du vide.

Mais le joyau de ce cadre magique était sans conteste la chapelle construite dans une anfractuosité de la roche, une véritable merveille architecturale, un défi à la raison pour qui ne connaissait pas la légende : un seigneur avait été surpris par un orage terrible dans la vallée en dessous et il avait promis au ciel de faire construire là-haut ledit édifice s'il en réchappait. La foudre avait épargné le seigneur de Toulboubou ; il avait tenu sa promesse.

Des escaliers descendaient et montaient de chaque côté de la chapelle dédiée à Sainte-Barbe. A chaque fois, Korrig y éprouvait des sensations étranges, comme si l'écrin de roches fourmillait d'ondes mystérieuses qui s'immisçaient en elle. Elle avait le sentiment d'être entourée de présences invisibles, et elle se retournait sans cesse, se croyant observée. Au milieu des marches derrière la chapelle, on pouvait accéder à une pierre plate masquée par des bosquets de jeunes chênes. De là, on dominait la vallée de l'Ellé, dont montait la sourde plainte du flot en lutte entre les rochers.

Korrig eut tout de suite la certitude que cette plateforme entre terre et ciel lui appartenait, que quelque force occulte l'avait aménagée à son intention. Elle y passait des heures entières, assise, la tête posée sur les genoux ; ou bien elle s'avançait jusqu'à l'extrême bord, se dressait sur la pointe des pieds comme si elle désirait prendre son envol. Alors, elle n'était plus Korrig la naine, mais un esprit libéré qui dominait l'immensité ouverte devant elle. Plusieurs fois, enivrée d'images hallucinantes, il lui arriva de s'y endormir et de se réveiller couchée sur le flanc. Elle avait l'intuition d'avoir eu des rêves extraordinaires, mais elle ne pouvait jamais se souvenir du contenu. Tout ce dont elle était sûre, c'est que les esprits invisibles à sa conscience éveillée se révélaient pendant son sommeil, et lui parlaient comme à une amie.

Un soir, inquiète de ne pas la voir revenir, Francine gravit le chemin de la colline. L'obscurité noyait le paysage sous le ciel livide ; c'était l'automne, et il faisait presque froid. Se pouvait-il que Korrig fût seule dans cette immensité crépusculaire où commençaient à rôder les créatures hostiles de la nuit ? Au milieu du plateau se dressait un calvaire dont la croix supportait un Christ épuisé, une silhouette lugubre à cette heure funeste. Francine eut aussitôt l'intuition que c'était là que se trouvait Korrig. Quand elle la découvrit, couchée sur les marches du piédestal, elle sentit son cœur bondir dans sa poitrine : elle était blessée ! Peut-être même… Elle lui saisit l'épaule, Korrig ne bougea pas. Alors la panique envahit la mère, et elle souleva le corps menu, qui lui parut encore plus léger que d'ordinaire. Elle s'apprêtait à courir dans le chemin qui descendait au bourg, quand l'adolescente revint à elle, les yeux chavirés.

— Qu'est-ce que tu fais là ? demanda Korrig.

— Je suis venue te chercher… Tu t'étais endormie ?

— Pas du tout. J'étais morte.

Francine faillit laisser tomber sa fille.

— Tu racontes n'importe quoi !

— Je t'assure que c'est vrai. Mon esprit avait quitté mon corps, et je t'ai vue arriver, te pencher sur moi et me ramasser comme un chat crevé.

La voix de Korrig était un peu rauque, et sa mère se sentait effrayée, persuadée que sa fille disait la vérité.

— Si t'étais pas venue, j'aurais quitté pour de bon ce corps trop petit pour être heureuse. Mais j'ai eu pitié de toi, et je suis pas partie.

Francine éclata en sanglots et étreignit sa fille encore plus fort.

Cette période de mysticisme dura les quelques années de l'adolescence ; le temps que la nature lui modelât son corps de femme. Si le créateur s'était trompé sur la taille et la longueur des membres, il avait respecté les autres proportions, et elle avait tous les atouts d'une belle jeune fille : ses hanches se galbèrent, sa poitrine se pomma et darda ses tétons, et il lui poussa une houppette rêche au bas du ventre, fauve comme une flammèche. Korrig restait petite, mais jolie comme un cœur, dans son costume de poupée bretonne, confectionné à sa taille et brodé par sa mère.

9

Bien que se déroulant loin dans le nord et l'est du pays, la guerre bouleversa les communautés provinciales, et Le Faouët n'y échappa pas. Les hommes en âge partirent en pleine moisson affronter une faucheuse bien plus redoutable. Ils comptaient revenir au bout de quelques semaines, alors qu'ils allaient s'enliser dans les gerçures de la boue pour quelques années qui durèrent une éternité. Les femmes eurent tout loisir de s'approprier des rênes que certaines tenaient déjà d'une main ferme. La langue bretonne n'allait pas elle non plus sortir indemne du conflit meurtrier ; les « revenants » avaient compris la nécessité du français et auréolés de leur misère guerrière, ils méprisaient souvent ceux qui s'acharnaient à parler encore la langue vernaculaire. La mutation sociale, commencée au siècle précédent avec la mécanisation agricole et l'infiltration du chemin de fer, était entérinée de façon irréversible, et les mentalités en sortaient transformées. Désormais, plus rien ne serait comme avant.

Korrig atteignit ses dix-sept ans pendant cette période agitée sans que fût altérée sa grâce naturelle. Elle se rebiffait sans cesse contre la protection obsessionnelle de sa mère. Quand accepterait-elle de ne plus la considérer comme une enfant ? Francine riait.

— Je t'aime, c'est tout.

Une tendresse légitime, que Korrig devait se résigner à accepter.

Ce fut à cette époque que les deux femmes recueillirent le chevreuil.

Des cervidés, il n'y en avait jamais eu beaucoup dans les bois de Sainte-Barbe, pas assez vastes pour mériter le titre de forêt, et donc pour héberger du gros gibier. Quelques-uns s'exilaient de la forêt de Pont-Calleck, peut-être pour un singulier pèlerinage. Ce fut Korrig qui découvrit le faon sous les premières frondaisons, épuisé et effrayé. De la mère chevreuil aucune trace, mais il ne fut pas difficile de comprendre ce qui lui était arrivé : c'étaient déjà des chasseurs, car au loin tempêtaient des chiens, et leurs aboiements devenaient de plus en plus faibles ; ils poursuivaient la pauvre bête.

Korrig était trop frêle pour porter le faon, et elle courut chercher sa mère, redoutant que quelque malfaisant – homme ou animal – ne lui réglât son sort.

— Il est pas bien vieux, constata Francine. Pas assez en tout cas pour se débrouiller seul.

— Mabig, fit Korrig en le caressant. N'aie pas peur, on va s'occuper de toi.

Mabig, « petit garçon », le nom allait lui rester.

Korrig essaya de le relever : ses pattes se dérobèrent, il n'avait que quelques semaines.

— Laisse, dit Francine en le prenant entre ses bras.

Le faon tremblait, et ses grands yeux bleutés étaient affolés, mais il ne se rebellait pas, ayant deviné se trouver entre de bonnes mains. Korrig marchait devant, courbant les fougères, écartant les branches, contraignant de son sabot les ronces griffues.

— C'est pas l'tout, fit Francine en arrivant à la chaumière. Il faut le nourrir.

— Qu'est-ce qu'on va lui donner ?

— Du lait. Il est pas encore sevré.

— Tu sais bien qu'il en reste plus.

— Eh bien, va en chercher !

Depuis plusieurs générations, les Lescoët s'approvisionnaient en lait et en beurre à la ferme de Kost-er-Min, à mi-pente du chemin des pèlerins. Les paysans s'appelaient Mathurin et Denise Le Floch ; affables et toujours de bonne humeur, ils allaient sur leurs quarante ans. Korrig en revint tout essoufflée, mais sans avoir renversé la moindre goutte de son pot en fer-blanc.

Ce ne fut pas une mince affaire de faire boire le jeune cervidé. Avec un bol, le lait lui coulait aux commissures ; il fallut avoir recours à un ancien biberon dont la bestiole se mit bientôt à mâchonner la tétine comme le pis de sa mère. Korrig poussa un cri de joie : il était sauvé.

Le jeune chevreuil fut l'objet d'une tendresse sans partage ; il avait droit à une grande panière garnie d'une vieille couverture, où il s'assoupissait à force de caresses quand il était rassasié. Au bout d'une semaine, il fut ragaillardi, et Korrig le guida dans le jardin. Comme enivré, le faon tituba jusqu'à la barrière fermée et, la tête dressée, il huma l'air qui venait de la forêt ; puis il gémit faiblement. Francine observait la scène :

— Il cherche sa mère.

Korrig essaya de le consoler, et la musique des mots finit par l'apaiser.

Entre l'animal et les deux femmes s'installa une tendresse réciproque ; plus fidèle qu'un chien, Mabig les suivait partout dans le jardin clos, mais l'au-delà de la barrière l'attirait. Un jour, elles devraient le laisser partir, une issue inéluctable qui angoissait Korrig.

Ce jour-là n'arriva que plusieurs mois plus tard. Depuis quelque temps, l'instinct poussait Mabig vers la forêt, et ses naseaux frémissaient quand le vent lui en apportait les effluves.

— Il faut lui ouvrir, fit Francine. On peut pas le garder enfermé éternellement.

Korrig dévisagea sa mère d'un air désespéré.

— Ça peut attendre…

— Tu vois pas qu'il est malheureux ?

Korrig entrouvrit la barrière à contrecœur. Poussé par la mère, le faon se glissa dans l'ouverture. N'osant croire qu'il était libre, il hésitait. Les muscles saillants, il paraissait près de bondir vers cette obscurité mystérieuse où se trouvaient ses origines. Mais quelque chose l'en retenait, une pulsion contre nature acquise au contact des humains, une fidélité teintée d'obéissance. Les deux femmes observaient leur protégé ; le faon les regardait.

— Va si tu veux, si tu en as envie… dit Korrig, espérant le dissuader par la tendresse de sa parole.

Mabig feignit de ne pas l'entendre. Il se dressa sur ses pattes et fila comme une flèche de crainte d'être rappelé.

Francine et Korrig restèrent désemparées, pareilles à ces mères dont l'adolescent s'envole vers le monde des adultes.

— Il est parti, fit Korrig, les yeux chargés de larmes.

— C'est normal.

— Tu crois qu'on le reverra ?

Elles le revirent plus vite que prévu. Le soir même, en fait. Le jeune chevreuil avait eu peur d'affronter l'hostilité des ténèbres, et il était de retour au bercail avant que le crépuscule n'eût fini de noyer d'ombre les buissons.

Francine et Korrig crurent à quelque visiteur quand son museau cogna contre la porte. En larmes, et toutes les deux cette fois, elles le serrèrent entre leurs quatre bras, lui parlant comme au fils prodigue, et le chevreuil léchait les mains qui le caressaient. On lui donna à manger, des pissenlits, des pousses de plantain dont il raffolait, et un grand bol de lait qu'il lapa comme un chien. Puis comme si c'était naturel, l'animal rejoignit sa couche.

Le lendemain, Mabig repartit, et les jours suivants. La mère et la fille avaient pris l'habitude de l'attendre à la tombée de la nuit.

Un soir, le chevreuil ne revint pas.

— Il lui est arrivé quelque chose, se lamenta Korrig quand la nuit fut définitivement tombée.

— Oui… Il est devenu adulte, il n'a plus besoin de nous.

Mabig ne se montra pas ingrat. Il revenait à intervalles réguliers. Ainsi le soir où éclata un orage terrible.

C'était l'été. Depuis huit jours sévissait une chaleur caniculaire, un ciel d'un bleu sombre bien que sans nuages, et qui n'augurait rien de bon. En fin d'après-midi, l'horizon se plomba d'une telle noirceur que les paysans s'empressèrent de rentrer les bêtes et le foin en train de sécher dans les prairies. Plus un souffle de vent, et le paysage étouffait d'une gangue invisible les femmes en sueur et empêchait les enfants de courir.

Le premier éclair zébra le ciel aux alentours de six heures, suivi quelques secondes plus tard d'un grommellement sourd. Dans chaque ferme, on vérifiait n'avoir rien oublié. Les hommes, les vieux surtout, avaient le visage grave, et leurs yeux angoissés scrutaient le ciel menaçant. Le tonnerre se rapprocha, et la nue se fendilla de rides d'argent, comme le visage d'une vieille fée. Puis la lumière et le coup de boutoir furent simultanés, et les hommes se décidèrent à rentrer, soit dans le logis où ils allumaient la lampe à huile, soit sous la grange, afin de surveiller du seuil la colère céleste. Eugène Penndu était de ceux-ci. Soudain il avisa la faux oubliée contre la margelle du puits, et il courut la récupérer. Sa témérité fut aussitôt châtiée ; à peine l'eut-il empoignée qu'un éclair fulgurant zigzagua jusqu'à lui ; une douleur terrible lui traversa le corps, fouaillé par une multitude de fouets. Sa faux fut retrouvée dans le champ voisin, la lame tordue et le manche calciné.

Eugène n'avait pas toujours eu les idées très claires, mais il en garda l'esprit encore plus dérangé, et il bégaya le reste de ses jours. Au moindre roulement de tonnerre, il se réfugiait dans la pièce commune, et à l'orage suivant, on le retrouva à prier au pied du lit-clos conjugal.

Il fallait l'entendre raconter sa mésaventure :

— Ce... ce jour-là, j'ai... j'ai... vu le... le dia... diable.

— Il avait des cornes et des sabots de bouc ? le plaisantaient ses compères.

— Je... je n'ai... n'ai pas eu... eu le temps de regar... regarder. Mais il a... l'a... l'avait des yeux de... de feu avec les brai... brai... brai... ses de l'enfer.

Pauvre vieux, il croyait dur comme fer avoir été puni pour avoir imposé à son épouse, quelques jours auparavant, une pénétration réprouvée par la morale, dont les hâbleurs se vantaient pourtant, et que sa pauvre Simone à quatre pattes avait tolérée en serrant les dents afin de ne pas crier.

— Plus... plus ja... jamais, disait-il en détournant les yeux quand il voyait se soulever la croupe de sa femme à genoux dans sa caisse à laver.

Francine et Korrig étaient épouvantées elles aussi par l'orage qui se préparait.

— Tu crois qu'il trouvera de quoi s'abriter ? demandait la fille, les mains pressées sur le cœur.

— Les animaux n'ont pas la même peur que nous des éléments. Leur instinct leur dicte ce qu'il faut faire en toutes circonstances.

— Mais quand même, sous ces grands arbres… Tu sais bien, maman, que les arbres attirent la foudre.

— Il y en a tellement dans la forêt. Ce serait le comble que la foudre choisisse justement celui où serait abrité Mabig.

Les premières gouttes de pluie auréolèrent la terre assoiffée en libérant des effluves sauvages. Généralement, l'averse éteint le feu du ciel. Il n'en fut rien ; les éclairs éventraient les nuages comme des outres trop pleines ; le paysage disparaissait sous les trombes d'eau.

— Viens, Korrig. Il faut pas rester là, on sait jamais.

— Attends encore un peu. J'ai comme un pressentiment.

La naine avait comme cela des intuitions prémonitoires, qui souvent se réalisaient. Soudain, les broussailles s'agitèrent face à la chaumière, et ce n'était pas le vent, qui ce soir-là n'était pas de la partie.

Francine et sa fille reconnurent aussitôt la silhouette élancée qui surgit des fourrés.

— Tu vois, je te disais.

Le chevreuil fumait d'avoir trop couru, et, immobile dans le flamboiement des éclairs, à travers le rideau de pluie il semblait tout droit issu d'un monde fantastique. Palpitant de fièvre, il s'arrêta face aux deux femmes, puis il avança lentement vers elles, attendant qu'elles lui flattent l'échine.

10

La guerre faisait rage en haut de la France, et chaque semaine apportait son lot de mauvaises nouvelles. Des hommes jeunes couchés par la mitraille dont les veuves ou les mères ne reverraient même pas les dépouilles. D'autres, un peu plus chanceux, revenaient affreusement mutilés ou sans visage, et la famille feignait de se réjouir de leur retour définitif en détournant les yeux. Et puis, il y avait les permissionnaires, joyeux avant de quitter le front, mais aussitôt tristes à l'idée de devoir y remonter. Les lavandières avaient de quoi causer, surtout quand l'une d'entre elles était touchée.

Korrig assurait désormais la majeure partie du repassage des coiffes. D'un commun accord, Francine ne l'avait pas dit aux clientes, craignant que celles-ci ne rechignent à confier leur parure à l'apprentie, une naine de surcroît. Lorsque les commandes abondaient, c'était au tour de la mère d'aider la fille, une passation de pouvoir en quelque sorte. Elles étaient heureuses, puisqu'elles ne manquaient pas de l'essentiel.

Un jour se produisit un petit drame. Francine était rentrée du lavoir en colère ; il faisait froid, il avait plu toute la journée, et les nerfs des lavandières étaient à vif. Francine s'était prise de bec avec Quat'sous qui lui reprochait d'accaparer la surface du lavoir avec ses draps. La commère n'était pas des plus arrangeantes.

— Mes draps sont pas plus grands que d'habitude ! avait répliqué Francine sèchement. T'as qu'à te pousser un peu.

— En voilà du toupet ! Tu t'étales, et ce serait aux autres de laisser la place...

Sentant monter la tension, Francine préféra ne pas répondre. L'autre ne l'entendait pas de cette oreille :

— Tout se passait bien avant ton retour. Si t'es pas contente, t'as qu'à retourner dans la prairie du Firmin Louchouarn.

— Tu sais bien qu'il a bouché le lavoir.

— Et toi, tu sais ce qu'il attend pour le déboucher. Si tu arrêtais de jouer les effarouchées, ça ferait un père pour ta gamine. Ça te va bien de faire la difficile ; il y en a plus d'une qui a laissé son mari dans les tranchées et qui serait bien contente de trouver un bonhomme comme le Firmin pour le remplacer.

— Ma gamine comme tu dis, elle a dix-sept ans, et elle a pas besoin de père, surtout d'un salaud comme celui-là. De toute façon, c'est pas à toi de me dire ce que je dois faire avec mes fesses. Occupe-toi des tiennes !

Les coups de gueule étaient fréquents entre lavandières, à la langue affûtée. Ce n'étaient souvent qu'escarmouches verbales qui pimentaient le morne quotidien, et le feu s'éteignait aussi vite qu'allumé. Quand l'échange s'envenimait, il se trouvait toujours une spectatrice pour calmer les esprits ou changer de conversation, et jamais les « grenouilles » n'en étaient venues aux mains.

— Allons les filles, intervint cette fois Philomène. Vous trouvez pas qu'on est assez malheureuses comme ça, sans avoir besoin de se bouffer le nez ?

— C'est pas pour dire, ajouta Quat'sous plus obstinée qu'un taon. Mais si tout le monde venait laver son linge ici, y aurait plus assez de place pour celles qui sont là depuis toujours.

Francine fit encore preuve de conciliation.

— Jusque-là, on a toujours réussi à s'arranger, y a pas de raison que ça continue pas. De toute façon, j'ai fini de rincer mes draps.

L'incident en était resté là, ce qui n'avait pas empêché Francine de ruminer tout au long du chemin, d'autant qu'il pleuvait de plus belle.

Korrig était en train de repasser. Elle remarqua tout de suite que ça n'allait pas.

— Rien de grave, la rassura Francine. On s'est chamaillées au lavoir, et il fait un temps de cochon...

— Attends, je vais mettre du bois dans la cheminée. Tu vas te réchauffer et te sécher, tu es trempée.

Soudain Korrig sentit une odeur de brûlé, et elle se précipita dans la pièce qui servait d'atelier. Erreur indigne de toute bonne repasseuse, elle avait oublié son fer sur l'ouvrage. C'était la coiffe de la mère Tanguy, une riche paysanne malcommode, jamais contente, une fouineuse toujours à l'affût du moindre défaut.

Le cri terrible de Korrig fit accourir la mère ; les rubans avaient pris feu, les ailes fumaient ! Elle saisit un torchon et en étouffa les flammèches. Du coup, les petites misères de la lavandière furent oubliées. Une coiffe comme celle-là valait une fortune ! Elles inspectèrent les dégâts : irréparable !

— Tant pis, soupira Francine. On va demander à la mère Piriou d'en faire une autre. On paiera.

— Madame Tanguy en a besoin pour la semaine prochaine, tu sais bien que c'est le pardon de Saint-Fiacre.

La mère Piriou n'aura pas le temps ! De toute façon, par principe elle voudra pas.

Francine soupira ; Korrig avait raison, la faiseuse de coiffes avait son caractère et, forte de ne pas avoir de véritable concurrente, elle ferait traîner l'ouvrage avec un malin plaisir.

— Ça sert à rien de se morfondre, fit Korrig. Je vais refaire la coiffe.

— Toi ? Où as-tu la tête ?

— A la même place que la tienne. Je suis sûre d'en être capable.

Après tout, pourquoi pas ? Francine apprenait à accorder confiance à sa fille, qui lui en fournissait l'occasion de plus en plus souvent. Il ne serait pas trop difficile de trouver le même tissu, de le couper au plus précis... Pour les ailes, ce serait plus compliqué. Il s'agissait de tulle, des points délicats, qu'un brodeur ne réussissait qu'avec des années d'expérience. Korrig s'en tira à merveille, et en moins de huit jours, la reconstitution fut achevée. La cliente arriva le jour convenu.

— Ma coiffe est prête ?

— C'est que...

— Oui, madame Tanguy, fit Korrig.

La cliente regarda l'objet. Intriguée, elle fronça les sourcils.

— Félicitations ! Elle n'a jamais été aussi belle. Décidément, Francine, vous avez l'art de raviver les dentelles.

Visiblement enchantée, Félicité Tanguy n'en finissait pas de tourner la coiffe entre ses doigts.

— Parfait... Vous avez même rectifié le petit accroc à la base de la fleur. J'avais oublié de vous en parler, mais on ne voit plus rien.

Francine était aux anges ; Korrig contenait sa jubilation. La mère aurait pu se taire, mais l'occasion était trop belle d'être fière de sa fille…

— C'est que… Je voulais vous dire…

La cliente la dévisagea.

— Voilà, reprit Francine avec un peu plus d'assurance, nous avons eu un petit problème avec votre coiffe.

— Eh bien, ça se voit pas, au contraire même…

Horriblement gênée, Korrig baissait la tête.

— C'est plus la même coiffe…

La mère Tanguy regarda de plus près.

— La coiffe que vous avez entre les mains, ce n'est pas celle que vous nous aviez confiée. Le fer était trop chaud, on l'a brûlée.

— Mais alors…

— Korrig a refait la même. Enfin, elle a essayé.

— Korrig ?...

Celle-ci hésita…

— Oui. J'ai fait de mon mieux.

La cliente hochait la tête.

— Eh bien…

— Elle vous plaît ? demanda Francine.

— Il faudrait être difficile…

Déjà elle sortait son porte-monnaie.

— Non, non, madame Tanguy… Vous nous devez rien. Nous avons fait une bêtise, c'est normal de l'avoir réparée.

Ce fut la première coiffe de Korrig. Pas la dernière.

11

L'épisode de la coiffe rassura Francine quant à l'avenir de sa fille : la mère Piriou avait passé les soixante-dix ans – enfin, on ne savait pas trop, car elle jouait les coquettes. Quoi qu'il en soit, bientôt la faiseuse de coiffes n'aurait plus ni l'acuité ni l'habileté requises pour les fabriquer, même si certains rubans, importés de manufactures comme celle de Valenciennes, étaient vendus déjà brodés par la mercière et n'avaient plus qu'à être assemblés pour constituer les fameuses ailes.

Fière de sa petite Korrig, Francine se dit qu'elle pouvait mourir tranquille, une idée saugrenue qui la fit aussitôt frissonner. Certes, elle atteignait la cinquantaine ; certes, comme toutes les lavandières, elle en paraissait dix de plus avec ses doigts déformés par l'arthrose, son corps voûté d'être toujours accroupie dans sa caisse à laver, et ses genoux usés qui la faisaient chalouper comme une vieille femme. Mais elle était encore vaillante ! Cette pensée morbide la lancina toute la nuit.

Quat'sous n'était pas revenue à de meilleurs sentiments. Pour comprendre cette animosité chronique, il faut savoir qu'elle aussi avait une fille. Celle-ci avait déjà échoué à deux reprises au fameux certificat d'études, alors que la « naine » l'avait décroché du premier coup, et avec un an d'avance. Quat'sous se souvenait de la fierté de Francine… Que des vantardises pour lui rappeler les échecs de sa Solange ! Rien n'est pire que ces rancœurs larvées pour aigrir les caractères. Jamais Quat'sous ne manquait l'occasion d'une perfidie. Tantôt Francine avait mis du bois trop vert pour bouillir son linge, et la fumée rabattue par le vent rendait l'air irrespirable ; tantôt à taper comme une forcenée avec son battoir, elle en faisait un boucan pas possible, qu'on ne s'entendait plus causer. Doutant du soutien des autres lavandières, Francine rongeait son frein.

Un jour, leur balluchon bouclé, celles-ci avaient quitté le lavoir, sauf Quat'sous et Francine, une situation que cette dernière s'évertuait à éviter. Le tête-à-tête commença de façon plutôt amène, Quat'sous s'enquérant de la santé de Korrig. Francine se méfia, redoutant une nouvelle hypocrisie afin de relancer les hostilités, et sans témoin cette fois.

— C'est gentil à toi de t'inquiéter de ma fille. Elle va bien, je te remercie.

— Non… Je te demande ça uniquement parce que moi et les copines, faudrait pas croire, hein, mais on se fait du souci au sujet de ta pauvre petite !…

Toi, se disait Francine, t'es en train de me mijoter une vacherie…

— Korrig n'est pas à plaindre, répondit-elle encore sans s'énerver. Elle se porte bien ; elle a du travail avec les coiffes, et ses clientes sont contentes.

— Tant mieux, tant mieux…

Evitant le regard de Francine, Quat'sous fourbissait ses mots.

— Parce que… C'est pas pour dire, mais ce doit être dur pour une mère d'avoir une enfant comme la tienne.

Francine se retint encore.

— Korrig n'est plus une enfant, et hormis sa taille, elle est tout à fait normale.

— Peut-être, mais la taille justement, c'est quand même un fichu handicap. Qu'est-ce qu'elle va devenir quand tu seras plus là ?

— Je viens de le dire, elle a du travail, elle est capable de se débrouiller seule, elle vivra normalement.

Quat'sous hocha la tête avec un sourire narquois.

— C'est tout à son honneur pour une mère de défendre sa fille, mais si tu veux connaître le fond de ma pensée, moi je pense que des gamines comme ça, si on savait à la naissance, ce serait mieux pour tout le monde de les faire passer. Surtout pour leur pauvre famille.

Cette fois, c'en était trop.

— Et des salopes comme toi qui passent leur temps à emmerder les autres, qu'est-ce qu'on doit en faire ?

Quat'sous joua les offusquées.

— Je vois pas de quel droit tu m'insultes. Je dis que la vérité ; ta gamine est une naine, il y a pas de honte à admettre l'évidence.

Francine lui saisit le bras.

— Laisse ma fille tranquille. Elle n'a jamais rien demandé à personne, et surtout pas à une garce de ton espèce.

Elle avait levé la main comme pour gifler Quat'sous, ce qui n'aurait été que justice. Celle-ci la repoussa. L'altercation se passait à proximité du lavoir ; les sabots de Francine rencontrèrent la pierre plate où elle avait œuvré toute la journée, elle bascula en arrière et s'affala dans l'eau.

Quat'sous regretta aussitôt les conséquences de son geste. Rouge de confusion, elle tendit la main à sa rivale pour la tirer de sa fâcheuse position. Francine refusa son aide, et pataugeant comme un vilain crapaud, elle remonta à quatre pattes de l'autre côté. La pauvre, elle dégoulinait comme un drap sorti de la lessiveuse. Quat'sous tentait de se rattraper :

— Il faut rentrer te changer, tu vas prendre…

Francine la fusilla du regard ; sans un mot, elle empoigna son balluchon de linge, le plaça sur la brouette et prit le chemin du retour.

Depuis une semaine, l'hiver sévissait avec une rigueur implacable, faisant blasphémer les mécréants et prier les croyants afin de se faire pardonner les fautes qui leur valaient un châtiment aussi cruel. Il avait même neigé, des flocons évanescents, dont on n'était pas sûr qu'à force de voleter ils se posent sur le sol. Le ciel s'était dépouillé de ses nuages, et depuis il régnait un froid glacial. Le vent mugissait dans les chemins creux, et les vieilles femmes disaient que c'étaient les âmes des disparus – *anaon* en breton – qui ne parvenaient à trouver le repos.

Francine remontait de Ster-Groez. Elle grelottait, et jamais la brouette n'avait été aussi lourde, ni la côte aussi escarpée.

— L'ordure, marmonnait-elle. Qu'est-ce que ça peut lui foutre à Quat'sous, ce que deviendra Korrig ?

Dans le dernier raidillon, la tête lui tourna, et des taches grises dansèrent devant ses yeux. Elle dut s'arrêter avant de s'affaler. Son cœur battait la chamade, et elle était frigorifiée.

Ce jour-là, Korrig avait reçu la visite de Mabig. Par grands froids, le chevreuil venait chercher refuge près de ses amies. Au grincement de la brouette, il manqua de détaler. Korrig le retint.

— N'aie pas peur, c'est « maman ». Elle va être contente de te voir. Bouge pas, elle arrive.

Justement, elle n'arrivait pas, Francine, et sa fille comprit qu'il se passait quelque chose d'anormal.

La lavandière était tombée à genoux contre sa brouette, le front sur le linge glacé. Korrig se précipita, l'aida à se relever.

— Mais tu es trempée ! Pourtant il pleut pas !

Francine déglutissait sa salive sans parvenir à parler.

— Dis-moi ce qui t'est arrivé.

— Je suis... je suis tombée dans le lavoir.

En tout autre circonstance, Korrig aurait ri de la mésaventure, mais avec ce froid...

— Comment tu as fait ? Tu as glissé ?

— Oui... Non... C'est Quat'sous. On s'est disputées, elle m'a bousculée...

— Reste pas là... Tu vas attraper la crève.

Korrig prit le bras de sa mère.

— Appuie-toi sur mon épaule. Il y a des fois où ça sert d'être petite.

— Je peux pas laisser ma brouette au milieu du chemin. Il faut rapporter leur linge aux Cornic.

— Je m'en occuperai tout à l'heure.

— Tu sais bien que t'auras pas la force. Dans quelques minutes, quand ça ira mieux, j'irai les voir.

— En attendant, ne restons pas là. Il fait de plus en plus froid.

Korrig aida sa mère à rentrer, à ôter sa coiffe, à se dévêtir et à enfiler sa chemise de nuit.

— Viens près du feu, je vais te servir un bol de bouillon bien chaud.

Francine tremblait toujours autant. Blême, le regard hébété, elle se laissait faire comme une enfant.

— Le linge... Oublie pas de rentrer la brouette. J'irai demain matin chez les Cornic, je leur expliquerai.

12

Francine passa une nuit agitée ; le souffle rauque, elle ne parvenait à trouver le sommeil, pliée en deux par des quintes de toux dans son lit-clos. En proie à une fièvre intense, elle transpirait et grelottait. Korrig était assise sur le banc-coffre qui servait aussi de marchepied pour se fourrer dans l'« armoire à dormir » ; par moments, elle prenait la main de sa mère et la serrait afin de l'aider quand elle suffoquait à force de tousser. Pauvre Francine… Bien que mal en point, son premier souci était de rassurer sa fille :

— Va te reposer, Korrig. C'est rien, un petit coup de froid, ça va passer.

— Je vais aller chercher le médecin.

— Seule dans la nuit ? Il n'en est pas question, ma chérie. Demain matin, on verra, mais je suis sûre que ça ira mieux. Donne-moi encore un peu de bouillon.

Peu après la minuit, Francine se mit à délirer. Dans l'incohérence de la fièvre, elle revivait les événements forts de sa misérable existence. Korrig l'écoutait, essayait de comprendre. Les yeux vides, la mère parlait de son enfance… Des mots, des bribes de phrases… Korrig en savait assez pour reconstituer le passé de celle qui l'avait élevée avec tant de générosité.

Francine Donias n'avait pas été des plus heureuses, née elle aussi chez une lavandière et un tâcheron de ferme en ferme. Son mariage ?... Un amour de jeunesse... A l'époque, on ne se déplaçait pas assez pour rencontrer beaucoup de garçons, et les filles se contentaient souvent du premier venu, parfois après s'être laissé trousser derrière une meule de foin. Quelle désillusion !

Les traits déformés, Francine se tordait les mains, souffrant davantage dans sa tête que dans son corps.

Eugène Lescoët qu'il s'appelait, le séduisant jeune homme, le verbe haut, la moustache fine, et les doigts experts et audacieux. Une fois marié, le joyeux drille n'avait pas renoncé à sa vie de célibataire, buvant encore davantage, violent dans l'étreinte, du moins quand l'alcool ne lui mettait pas la flamberge en berne.

Soudain, le visage de Francine s'éclaira d'un sourire démentiel dans la lueur des bougies : elle revivait la naissance de Korrig.

— Ma poupée, disait-elle. T'es pas comme les autres, mais t'es la plus jolie.

Entre ses bras, elle serrait une forme imaginaire, dont, de temps à autre, ses lèvres embrassaient le front dans le vide.

— Je suis là, maman, la rassurait Korrig en posant une main sur son épaule.

Francine ne l'entendait ni ne sentait le contact ; elle fredonnait une comptine à l'enfant invisible qu'elle berçait.

— Tu peux compter sur moi pour te protéger... balbutiait-elle. Toujours, jusqu'à mon dernier souffle.

Puis elle retomba en arrière, et le propos devint inintelligible.

Vaincue par la fièvre, à bout de force, Francine finit par s'endormir, mais elle continua à tressaillir dans son sommeil, tétanisée de la tête aux pieds par des convulsions.

Korrig était désemparée ; consciente de la gravité de l'état de sa mère, elle hésitait encore à aller chercher de l'aide. Les voisins ? Ils étaient trop loin, ils ne se déplaceraient pas dans la nuit. Le docteur Lauragais ? Elle n'osait le déranger à cette heure, et de toute façon, il est probable que lui aussi ne viendrait que le lendemain matin. Et puis, abandonner sa pauvre mère… Celle-ci dormait toujours, et Korrig se mit à espérer qu'elle allât mieux à son réveil.

Ce fut la mère qui tira la fille de sa somnolence, assoupie en chien de fusil sur le banc-coffre. Francine avait recouvré sa lucidité, mais la fièvre avait laissé place à un abattement extrême. Un voile épais obscurcissait ses yeux, et sa main crispée tremblait sur l'épaule de Korrig. Il était urgent d'aller chercher de l'aide.

— Le médecin ?… demanda la naine.

— Oui… Va vite…

Francine retomba en arrière, épuisée par l'effort.

Le docteur Lauragais ne tergiversa pas. Il attela son cheval, invita la jeune fille à monter dans le cabriolet, et ils s'enfoncèrent dans la campagne en face des halles. En chemin, le médecin demanda des explications. De temps à autre, il hochait la tête d'un air pessimiste.

— Tu aurais dû venir me chercher hier soir.

— C'est elle qui a pas voulu.

— Diables de paysans, il faut que l'Ankou frappe à leur porte pour qu'ils se décident à m'appeler.

— Parce que vous croyez qu'elle va…

— Je n'ai pas dit ça, mais d'après ce que tu me décris, ta mère doit quand même être plutôt mal en point. Tu m'as dit qu'elle a toussé toute la nuit et qu'elle avait du mal à respirer ?

— Oui… Par moments, elle suffoquait, et j'avais peur.

Le médecin fit claquer son fouet, et le cheval accéléra.

Quand ils arrivèrent, la pauvre Francine était de nouveau la proie d'une forte fièvre. Les traits ravagés, les cheveux collés sur les tempes, les yeux hagards dans les orbites creuses, elle faisait peine à voir.

— Alors, madame Lescoët ? Il paraît que vous vous baignez dans votre lavoir ?

Francine esquissa un sourire gêné, mais n'eut pas la force de répondre. Assis sur le banc-coffre, le docteur l'ausculta.

— Ce serait prudent d'aller à l'hôpital, dit-il en l'aidant à se rajuster, la mine renfrognée.

Ces mots firent sursauter Francine ; elle se redressa dans son lit.

L'hôpital ? Certainement pas ! Qui allait s'occuper de Korrig ?

— Allons, madame Lescoët… Votre fille est en âge de se débrouiller. Vous avez attrapé un mauvais coup de froid, une congestion si vous préférez. Il faut vous soigner.

— Je veux bien me soigner, mais ici ! Korrig va aller chercher les médicaments, et je vous promets de faire attention.

Le médecin secoua la tête. Trente ans qu'il exerçait au Faouët ; il en avait soixante et il était las de se battre avec ses patients…. Les femmes surtout, toutes les mêmes : pas question d'abandonner le domicile familial, qui partirait à vau-l'eau dès qu'elles en auraient franchi le seuil. L'hôpital le plus proche se trouvait à Quimperlé, le bout du monde pour des gens n'ayant jamais quitté la commune. Il soupira… La pauvre était usée par des années d'un labeur inhumain ; à l'hôpital, on ne lui donnerait pas un autre traitement.

— Bon… Je ne peux pas vous forcer, mais il va falloir que votre fille s'occupe de vous. Tu t'en sens capable, Korrig ?

— Oui, bien sûr, je suis plus une enfant. Dites-moi ce qu'il faut aller chercher et je cours tout de suite à la pharmacie.

— Je vais t'y conduire. On ira plus vite avec mon cheval.

— Korrig, il faut payer le docteur ! fit Francine d'une voix rauque. Attrape mon porte-monnaie dans le tiroir.

— Plus tard, madame Lescoët. Quand ça ira mieux. Et pas question de mettre le nez dehors, hein !

— Vous pouvez compter sur moi, fit Korrig. Je vais la surveiller.

— Et n'oublie pas le linge des Cornic.

Le médecin prit le balluchon sur son attelage.

Francine respecta scrupuleusement les prescriptions. La fièvre diminua, mais un feu de forge ronflait toujours dans sa poitrine. En fin d'après-midi, elle fut obligée de se lever pour satisfaire ses besoins naturels. Le pied au sol, elle chancela, et Korrig dut la soutenir. Pas question d'accéder aux cabinets extérieurs, et Francine se résigna à utiliser le seau hygiénique, une mortification supplémentaire.

Au crépuscule, la fièvre remonta de plus belle, et Korrig voulut retourner chercher le médecin.

— Où tu as la tête ? Il faut attendre que les médicaments fassent de l'effet.

— Tu vois bien que ça va pas, maman.

— Tu crois que si j'étais si mal en point, le docteur m'aurait laissée à la maison ? Il m'aurait expédiée à l'hôpital sans me demander mon avis. Tu sais, ils sont tous de mèche quand il s'agit de se faire des sous.

La nuit, l'état de santé de Francine s'aggrava en quelques heures, et elle sombra dans une sorte de coma où elle n'avait plus la force de tousser. En vérité, Korrig ne s'en rendit pas compte, croyant sa mère enfin assoupie sous l'effet des potions. Epuisée elle-même, elle se coucha tout habillée par-dessus la courtepointe.

A l'aube, Korrig fut effrayée par la mine cadavérique de la malade, et elle craignit le pire. Elle toucha sa main, sa joue, elle respirait encore ; elle tenta de la réveiller, ne lui tira que des gémissements. Korrig courut à nouveau à la ville, traversa les halles comme une folle, secoua la clochette du docteur Lauragais. Celui-ci s'apprêtait à débuter ses consultations.

— Il faut venir vite. Elle va mourir.

— J'arrive. Passe au presbytère. Ce serait bien que ta mère puisse se confesser.

La mine de Korrig s'assombrit.

— Vous pensez qu'il y a plus rien à faire ?

— Je ne peux rien dire avant de l'avoir vue. Mais la venue du prêtre peut aider ta mère à recouvrer des forces. Dis-lui que c'est moi qui t'envoie.

Accompagné de Korrig, l'abbé Le Gouguec arriva peu après le médecin. Celui-ci était parvenu à ranimer la malade. Elle était dans un état de faiblesse extrême, l'issue fatale était inéluctable. Lauragais ne cacha pas la vérité à Francine : il fallait s'attendre au pire. Un comportement aussi fataliste pourrait paraître surprenant, surtout chez un médecin, mais la mort dans les campagnes n'inspirait alors ni répulsion ni révolte. Non qu'on l'acceptât sans tristesse, surtout celle d'un enfant, ou d'une personne dans la force de l'âge, mais c'était dans l'ordre des choses, le fameux destin auquel personne ne pouvait se soustraire. Si elle ne l'avait su, à la vue de la soutane funeste, de l'aube blanche et de l'étole, Francine aurait compris que c'était la fin. Le curé demanda à rester seul avec elle.

— J'ai été élevée dans la religion, le prévint d'emblée Francine avec une gravité surprenante, mais je suis pas sûre de croire en votre bon Dieu. S'il était si bon que ça, il me laisserait m'occuper de ma pauvre Korrig, puisque c'est lui qui me l'a livrée dans cet état.

— Ne blasphémez pas en un instant aussi grave, madame Lescoët. Repentez-vous au contraire des péchés que vous avez commis.

— J'ai toujours essayé de faire le bien, et si j'ai commis des péchés, c'est bien malgré moi.

L'abbé était surpris : rares étaient ceux qui doutaient de l'existence divine au moment de l'agonie.

— N'ayez pas l'orgueil de vous prétendre parfaite alors que vous allez quitter le monde terrestre. Dieu jugera votre conscience quand vous vous présenterez devant lui. Je sais que vous avez eu une vie difficile. J'estime à sa juste valeur le courage d'avoir élevé aussi bien votre fille, et c'est volontiers que je vous accorde l'absolution des péchés que vous auriez commis sans en avoir eu conscience.

L'abbé lui administra aussi l'extrême-onction.

— Appelez ma fille maintenant, fit Francine. J'ai besoin de lui parler avant de m'en aller.

Korrig s'avança, impressionnée par la solennité de l'instant, s'efforçant de contenir ses larmes.

— Assieds-toi là, près de moi.

Korrig s'installa sur le banc-coffre. Elle scruta le visage de sa mère.

— Ça va mieux ?

— Non… La cochonnerie que j'ai attrapée est plus forte que moi, et je vais devoir te quitter.

Francine sentit la main de Korrig se crisper sur son poignet, et son visage de poupée se fripa.

— Il faut pas pleurer, Korrig. Je veux pas que tu pleures. Tu es presque une adulte maintenant, et je t'ai enseigné tout ce que j'ai pu pour que tu sois en mesure d'affronter la vie, et le moment est venu.

Les larmes coulaient sur les joues de la jeune fille, incapable d'accepter l'atroce vérité.

— Tu vas partir… maintenant ?

— C'est mieux ainsi. Cela évitera à tout le monde de se lamenter. Je voudrais te serrer une dernière fois entre mes bras.

Elle tira Korrig à l'intérieur du lit-clos et en fit coulisser les portes. La mère et la fille se retrouvèrent dans l'obscurité, comme dans l'antichambre de la mort. Korrig partageait la chaleur de sa mère, percevait les battements désordonnés de son cœur, et elle ne pouvait croire qu'elle allait mourir. Les lèvres closes, Francine se mit à fredonner la berceuse préférée de sa fille, celle qu'elle réclamait quand elle était enfant. Puis le doux chant devint murmure, et la voix ne fut plus qu'un souffle avant de s'éteindre. Korrig sentit alors l'étreinte de sa mère se relâcher. Elle était partie.

— Je veux pas ! hurla Korrig. J'ai encore besoin de toi.

Le médecin s'apprêtait à quitter les lieux. Il descendit de son cabriolet et revint en vitesse, comprenant que c'était fini. Il ouvrit le lit-clos et découvrit Korrig accrochée au corps inerte de sa mère.

— Viens, petiote. Ta mère a rejoint les anges, et elle doit être heureuse maintenant.

Anéantie, Korrig se laissait faire, et le docteur la fit asseoir sur le banc près de la table.

— Tu vas attendre là. Je vais t'envoyer la mère Chaussette. Il faut que ta maman soit belle pour son dernier voyage.

Seule avec la défunte, Korrig resta prostrée un long moment. Soudain, un choc mat contre la porte close la tira de sa léthargie. Ce bruit, elle le reconnut tout de suite : c'était Mabig. Le chevreuil avait dû sentir qu'une de ses deux amies était sur le point de trépasser, mais tant que le médecin et le curé avaient été là, il n'avait pas osé s'approcher. Korrig le fit entrer. L'animal se dirigea vers le lit-clos, et posant les pattes avant sur le banc-coffre, il lécha la main de Francine, cette main qui l'avait si souvent caressé.

13

La mère Chaussette assumait une double fonction au sein de la communauté faouëtaise. Elle était accoucheuse, et c'était elle aussi qui se chargeait des toilettes funéraires. Aussi paradoxal cela pût paraître, ces deux tâches étaient parfois assurées par la même personne. Entrer dans la vie et dans la mort, deux actes fondamentaux, puisqu'ils bouclaient le parcours terrestre, et grâce auxquels la commère s'arrogeait une supériorité évidente sur ses congénères.

Ce personnage si singulier devait son surnom à d'épaisses chaussettes de laine, portées en toutes saisons dans des sabots à bride. La commère les tricotait elle-même, et dans les tons les plus criards, n'hésitant pas à allier deux factures si différentes qu'on l'aurait soupçonnée de s'être trompée en enfilant une paire dépareillée. Ce choix vestimentaire n'était pas dû au hasard ; c'était sa façon de cultiver sa différence, de surprendre, de choquer même, bref d'asseoir son statut en se démarquant de la communauté.

La mère Chaussette ne tarda pas : habiller un mort était une tâche à accomplir avant la raideur cadavérique. Aussitôt entrée, elle se dirigea vers le lit-clos aux oreillers duquel était adossée Francine, qui semblait dormir. Elle l'observa en silence, non en signe de recueillement, mais avec le regard de la professionnelle sur le point d'opérer.

— De toute façon, marmonna-t-elle, on peut pas la laisser là.

Elle se tourna vers Korrig.

— On va la mettre sur la table. Aide-moi à la porter.

Ce ne fut pas une mince affaire. La pauvre fille eut l'impression de commettre un acte sacrilège en soulevant les pieds de sa défunte mère, dont la tête vacillait d'une épaule à l'autre, et qui produisit un choc mat en heurtant le bois.

— Attrape donc une paire de draps qu'on lui dresse une chapelle ardente. Sors aussi le costume que je vais lui mettre.

Le costume de cérémonie de la lavandière... De toute façon, les femmes de sa condition n'en possédaient qu'un, souvent celui de leur mariage, et qu'elles n'arboraient que lors des grandes occasions. Korrig n'avait vu sa mère dans cette tenue que pour les pardons et les noces, un dimanche ou deux aussi, quand il lui prenait l'envie de se faire belle : une longue jupe noire bordée de velours dans le bas, un gilet et un *mañchoù*, parés de velours noir eux aussi, une vêture sobre et digne, agrémentée de quelques broderies avec des perles. Digne, Francine Lescoët l'avait toujours été, tenant la place que lui allouait son rang, sans fausse modestie ni orgueil, avec l'humilité et la noblesse naturelles des femmes du peuple.

Pendant que Korrig s'affairait, la mère Chaussette avait bloqué les poids de la pendule et recouvert d'un torchon le seau d'eau près de la porte. Elle avait aussi retourné la glace accrochée au mur. Il ne fallait pas que l'âme de la défunte se noyât ni reçût son reflet dans un miroir. Malgré le froid, elle entrouvrit la fenêtre, afin que ladite âme pût monter au ciel quand elle l'aurait décidé.

Des superstitions sans doute, mais auxquelles même les esprits cartésiens n'osaient déroger, parce que, finalement, qui sait ce qu'il y a de l'autre côté ?

L'habilleuse funéraire avait pour habitude d'officier sans témoin.

— Tu vas me laisser maintenant, Korrig. Ce n'est pas un spectacle pour une fillette.

— Une fillette... Vous savez... Je suis petite, mais j'ai dix-sept ans...

— C'est vrai, j'oubliais... Mais il faut quand même que tu sortes. Je préfère travailler seule.

— Pour la coiffe... fit Korrig.

— Je lui mettrai celle de tous les jours, en laissant pendre les ailes sur les épaules, ce sera plus commode pour le cercueil.

— Non... Je crois que ma mère préférerait celle des jours de fête, la petite et la grande, avec les quatre ailes.

L'habilleuse dévisagea la jeune fille, visiblement contrariée qu'on se mêlât de ses affaires

— En voilà des simagrées... C'est long, et j'ai pas que ça à faire.

— Je vous l'ai pas demandé... C'est moi qui la poserai. Je sais que ça lui fera plaisir. Appelez-moi quand vous aurez fini de l'habiller.

La mère était allongée sur la table tirée au milieu de la pièce ; Korrig ne reconnut pas son visage livide dans la vêture noire qui tranchait sur le lin blanc du drap : un gisant de marbre comme on en voyait dans les églises. Elle avait les mains jointes sur la poitrine, et son chapelet faufilé entre les doigts.

— Voilà, fit la mère Chaussette. J'ai fait ce qu'il fallait. Prends bien garde à pas tout déranger en posant la coiffe, parce que je reviendrai pas. Je passerai à la mairie pour annoncer le décès, et à l'église pour fixer la date et l'heure de la cérémonie. Comme cela, tu pourras rester avec ta mère. Elle avait de la famille dans le coin ?

— Non... Ses parents sont décédés avant que je suis née, et elle avait pas de frère et sœur. Pour ce que je vous dois...

— T'inquiète pas. Malgré la douleur que tu éprouves et tout le respect que je dois à la mort, je t'en ferai pas cadeau ; il faut bien que je vive. Tu me paieras lorsque tout sera terminé.

Korrig fixait le visage pétrifié. Comment admettre que plus jamais ne s'animeraient les traits si chers, que plus jamais ne souriraient les lèvres exsangues, ni ne s'ouvriraient les paupières diaphanes qui muraient les yeux si bleus ? Le moment était venu : un devoir sacré, tant la mère avait coiffé la fille avec tendresse et amour, avec fierté.

Korrig hésita, mais ce n'était pas à la défunte de porter le deuil ; elle choisit la coiffe de cérémonie, dont les différentes pièces étaient à l'abri dans des linges propres et secs. Elle prépara d'abord la petite. Elle épingla les ailes à l'intérieur de chaque côté en bas, puis les enroula afin de les fixer sur le sommet. Pour les paysannes de l'Aven, c'était parfois la tenue quotidienne, mais qui ne manquait pas d'élégance ; la grande coiffe posée par-dessus en faisait une parure de fête. Elle était conçue sur le même modèle que la *koef bihan*. Korrig enroula un large ruban noir autour de la « cheminée », puis elle releva les deux ailes, plus imposantes, et les fixa de façon identique. La *koef braz* ainsi préparée, il ne restait plus qu'à l'emboîter et à l'épingler sur la première. Un savant échafaudage dont la prestance nécessitait beaucoup de dextérité.

Korrig se plaça derrière la défunte ; le peigne crissa douloureusement dans les cheveux. Elle ajusta la double coiffe en les y contraignant, et la fixa sur la chevelure au moyen de longues épingles, puis, la main derrière la nuque, elle accompagna doucement la tête sur l'oreiller.

Tout au long de la pose, Korrig avait parlé à sa mère, lui assurant qu'elle allait être belle, s'excusant de la déranger, s'inquiétant de savoir si elle lui faisait mal. De temps à autre, sa voix chevrotait de chagrin, et des larmes lui échappaient, qu'elle essuyait d'un revers de manche de crainte de tacher les dentelles.

— C'est bien comme ça que tu m'as appris, n'est-ce pas ? demanda-t-elle enfin.

Sans doute l'émotion lui abusa-t-elle les sens, mais elle aurait juré avoir discerné l'esquisse d'un sourire sur le visage cireux.

14

Dans les campagnes, les nouvelles couraient plus vite que les eaux torrentielles de l'Ellé par grande pluie. Quand sonnerait le glas dans la soirée, tout le monde serait déjà au courant que Francine Lescoët était passée, sauf peut-être quelques notables du bourg qui ne se souciaient guère des paysans.

Pour eux, Francine faisait partie des anonymes laborieuses, habillées toutes de la même façon : une jupe sous un grand tablier et un chemisier de cotonnade noire, la coiffe de tous les jours, avec ou non une bride nouée sous le cou. Par grand froid, on la recouvrait d'un capot de velours noir, le *kapot ribot*, dont le bavolet retombait sur les épaules comme une pèlerine. Femmes de la campagne, elles allaient en sabots. Des êtres mimétiques et sans âge, du moins pour les bourgeois de la haute société.

Entre elles en revanche, chacune avait son identité, ses défauts et ses qualités, et la similitude de vêture n'escamotait en rien la silhouette que dessinaient les noirs tissus.

Oui, avant que le carillon des halles n'eût sonné les douze coups de midi, toute la communauté rurale du Faouët savait que la mère de la naine avait rendu l'âme. On attendit cependant la fin de la matinée pour lui rendre visite. Aux pieds de la défunte, la mère Chaussette avait installé une chaise, avec une jatte d'eau, une assiette et une branchette de buis bénit le dimanche des Rameaux. Les paysans de Kost-er-Min furent les premiers à pousser la porte. Puis ce fut un défilé jusqu'au soir : une obligation sacrée de venir dire adieu aux trépassés sur leur lit de mort... De la famille ou non, amis ou ennemis, on ne laissait personne quitter ce bas monde dans l'indifférence. Un marmonnement de prière, dans un recueillement de bon aloi, les mains jointes sur le lacet du tablier ou la ceinture de cuir ; puis un signe de croix esquissé avec plus ou moins d'ostentation, à l'aide du buis trempé dans l'eau bénite.

Korrig était assise sur une chaise près de la cheminée, ne sachant quelle attitude adopter face à ces gens qui l'avaient toujours impressionnée.

— Ma pauvre petite, on a bien de la peine pour toi. Qu'est-ce que tu vas devenir ?

— Faut pas être inquiet à mon sujet. Ma mère avait tout prévu. Même si je suis une naine, je suis assez grande pour me débrouiller. J'ai des économies, je travaille, et avec mes coiffes je pourrai gagner ma vie.

— Comme tu es courageuse. Ah ! si toutes les jeunes filles pouvaient être comme toi...

— Je suis comme je suis, je sais pas comment sont les autres.

Les lavandières de Ster-Groez n'oublièrent pas leur consœur : Babonne Houelgat, Rosine Le Boulch et Philomène Paris passèrent dans la soirée.

— On sait que tu es seule avec ta pauvre mère, fit Babonne. Aussi on avait quelque chose à te proposer.

La jeune fille se tint aussitôt sur la défensive.

— Si tu es d'accord, on voudrait la veiller avec toi.

Korrig se sentit soulagée : l'idée de passer la nuit seule en compagnie d'un mort la tourmentait, même si c'était sa mère.

— C'est que…

— Ça te dérange ?

— Non… Au contraire même. Mais j'ai pas de quoi vous recevoir…

— Rassure-toi, on apportera ce qu'il faut.

Korrig n'avait rien mangé depuis la veille. De temps à autre, elle effleurait le visage de sa mère ; celle-ci s'éloignait d'heure en heure, et son corps se transformait peu à peu en une matière corrompue. Quand les lavandières furent parties, la naine ralluma le feu dans la cheminée et la cuisinière, sur laquelle elle réchauffa un peu de soupe, qu'elle avala assise au coin de l'âtre. La pendule étant arrêtée, elle ne savait pas l'heure exacte. Les trois lavandières arrivèrent peu de temps après. Elles avaient apporté du café et des crêpes, un morceau de beurre bien jaune, une demi-miche de pain pas trop rassise et même un morceau de lard. Elles avaient aussi prévu leur tricot : la nuit serait longue.

Tout ce petit monde s'installa autour de la cheminée. Timides au départ, les langues ne tardèrent pas à se délier pendant que cliquetaient les aiguilles. On s'inquiéta encore de l'avenir de Korrig, une jeune fille seule désormais dans cette chaumière perdue dans la campagne. Aucune des commères n'osa dire « sans défense, puisqu'elle est naine », mais elles regardaient l'orpheline en hochant la tête avec commisération.

— Avec ma mère, on était déjà deux femmes seules. Si un malandrin avait voulu nous faire un mauvais sort, on aurait été bien en peine de nous défendre. Et puis le bourg n'est pas si loin…

— N'empêche... Tu aurais intérêt à vendre ici et à trouver de quoi te loger en ville.

— Vous n'y pensez pas. Qui voudrait acheter un *pennti* comme celui-ci ? C'est ici que j'ai toujours vécu, c'est ici que j'ai été heureuse, et si je dois l'être encore un peu, ce sera ici.

Les lavandières souriaient : elle avait du caractère, la petite !

— Comme ta mère doit être fière de toi si elle t'entend !

La conversation s'orienta vers la défunte. A présent qu'elle était morte, la lavandière avait bien sûr toutes les qualités.

— C'est vrai qu'elle était courageuse, affirmait Rosine d'un ton sentencieux.

— Et jamais à se plaindre avec ça, renchérissait Philomène Paris. Parce que, c'est pas pour te faire offense, mais t'étais pas une enfant comme les autres.

Korrig haussa les épaules avec une moue d'approbation.

— Eh bien, jamais on l'a entendue se lamenter ! Alors que d'autres se seraient pas gênées pour gémir sur leur sort.

Korrig les laissait dire. Ces maladresses verbales ne contenaient aucune once de méchanceté ; c'était histoire de parler, c'est tout. Par la fenêtre restée entrouverte parvenaient les bruissements de la nuit. Une chouette hulula au loin, faisant frémir les trois lavandières qui se signèrent de crainte de devoir bientôt accompagner leur amie. Korrig pensait au chevreuil qui devait rôder à proximité. Pendant que Rosine déballait les victuailles, Babonne mit le café à chauffer dans une casserole posée sur la cuisinière.

— Attendez, fit Korrig. Je vais chercher des assiettes et des couteaux.

Malgré sa tristesse, la compagnie mangea de bon appétit, prenant la défunte à témoin entre deux bouchées, regrettant que celle-ci ne pût partager leur collation. A un moment, Philomène se leva et vint prononcer un bout de prière face à la dépouille.

— C'est pas pour dire, Francine, mais tu es quand même morte d'une drôle de façon. Comment t'as fait pour tomber dans le lavoir ?

— Oui… fit Babonne en écho. C'est la première fois que ça arrive à l'une d'entre nous.

Elle s'adressa à Korrig :

— Tu sais, toi, comment c'est arrivé ?

Korrig hésita : était-ce la peine de dévoiler toute cette misère ? Mettre en cause la coupable ne ressusciterait pas la disparue, mais le secret était trop lourd à porter pour la jeune fille…

— Ma mère m'a raconté. C'est Quat'sous qui l'a bousculée après s'être chamaillée avec elle.

Un cri d'effroi jaillit des trois bouches.

— Quat'sous ! C'est pas Dieu possible !

— Ma mère a dit aussi qu'elle avait pas fait exprès de la faire tomber dans l'eau.

— J'en reviens pas… fit Rosine. Quat'sous, c'est pourtant pas une méchante personne !

— Si on veut… répliqua Philo. Elle est quand même pas la dernière pour sortir des horreurs sur le dos des gens. Ta mère t'a dit pourquoi elles s'étaient disputées ?

— J'ai cru comprendre que c'était à cause de moi.

A ce moment, on frappa à la porte, des coups discrets, comme de peur de réveiller la morte. C'était une femme, justement celle dont on était en train de parler, sans doute rongée de remords.

L'arrivée glaça l'assistance encore sous le coup de l'émotion. Comment cette misérable avait-elle l'audace de rendre visite à une femme dont elle avait provoqué la mort ? Quat'sous jeta un coup d'œil rapide en direction de la cheminée ; visiblement, elle ne s'attendait pas à trouver pareille compagnie, mais il était trop tard pour rebrousser chemin. Elle se plaça aux pieds de Francine et exécuta le cérémonial en usage ; sa main trembla toutefois en agitant le rameau de buis. Puis elle baissa la tête et resta silencieuse. Les autres l'observaient.

— C'est vrai ce que nous a dit Korrig ? demanda Philomène.

— ...

— Que c'est toi qui as poussé Francine à l'eau ?

Quat'sous ne répondit pas, mais on l'entendit alors marmonner :

— Ma pauvre Francine, je t'assure que je voulais pas... Je te demande pardon.

— C'est trop facile maintenant que le mal est fait, ronchonna Philomène.

— Oui, fit à son tour Babonne d'une voix grinçante. Cela faisait plusieurs jours que tu cherchais des histoires. Il fallait bien que ça arrive.

Quat'sous avait reculé sous l'invective, comprenant sa maladresse d'être venue. Alors Korrig s'avança vers elle.

— Tu vois, Marie Morwenn, ma mère est morte.

Elle marqua une pause.

— C'est à cause de toi, même si c'était pas intentionnel de ta part. Je devrais te maudire, mais c'est pas à moi que tu as des comptes à rendre, et je te souhaite de bien dormir si tu as la conscience tranquille. Oui... Si tu as la conscience tranquille.

Il s'ensuivit un silence pesant. Les trois lavandières fixaient la misérable, et il n'y avait pas une lueur de charité dans leur regard. Quat'sous avait blêmi sous les paroles terribles, même si Korrig ne l'accusait pas directement.

Elle gardait les yeux baissés. Soudain, elle fit volte-face et s'enfuit sans demander son reste.

Pauvre femme... C'est vrai qu'à aucun moment elle n'avait souhaité la mort de Francine, mais ce n'est pas non plus dans cette intention que piquent les vipères. On la repêcha le lendemain dans l'Ellé, plus bas que le Grand-Pont, dans une clairière d'eau profonde entre les rochers. Cette fois, il ne s'agissait pas d'un accident : sous une pierre de la berge on retrouva sa coiffe soigneusement pliée et ses sabots posés à côté. Sans doute savait-elle que plus jamais elle n'aurait trouvé le repos.

15

Deux années s'étaient écoulées depuis la mort de la mère. Korrig avait mis plusieurs semaines à se ressaisir : la maison vide, le silence et la solitude… Tout n'était pas noir cependant, puisque le commerce des coiffes marchait bien. Avec les mentalités, celles-ci étaient en train de changer : loin de se réduire, les ailes prenaient de l'ampleur, plus larges, plus rondes, plus hautes, et les broderies se compliquaient. On avait su que la naine en fabriquait, et on lui passa plusieurs commandes. Cette reconnaissance, Korrig la devait à son savoir-faire, mais aussi à la pitié : la fin tragique de Francine, son infirmité… La communauté rattrapait la faute commise par l'une de ses membres, même si celle-ci avait payé au prix fort la perfidie de sa parole.

Le chevreuil rendait des visites régulières à Korrig, à croire que lui aussi avait conscience du désarroi de sa jeune maîtresse. Au début, il cherchait partout Francine comme un chien fidèle, mettant le museau jusque dans le lit-clos où il l'avait vue pour la dernière fois. Des larmes plein les yeux, Korrig lui expliquait que « maman » était partie, et qu'il ne fallait pas être malheureux. Elle lui donnait à manger, des épluchures de fruits, qu'il adorait et broutait au creux de sa paume.

Korrig montait au bourg deux fois la semaine, afin de faire provision de ce que la nature environnante ou la ferme ne pouvait lui fournir. Au début, ce fut une corvée de supporter la compassion obséquieuse, les paroles de réconfort entendues cent fois, la curiosité quant à son état et son devenir. Elle finit cependant par s'intégrer dans le paysage citadin, et elle détesta moins fréquenter les commerces qui donnaient sur la place des Halles. Elle avait trouvé sa place et son équilibre, jusqu'à ce jour fatal…

Les chasseurs étaient partis en emportant l'épagneul blessé. Korrig resta seule, debout au milieu de la grange. Peu à peu l'abandonnait la force qui l'avait poussée à se révolter ; elle lâcha sa fourche, et les vertiges la firent chanceler. Elle sentait encore le membre odieux déchirer le fourreau étroit entre ses cuisses. Une douleur sourde irradiait dans tout son corps, mais plus atroce était la souffrance morale d'avoir été forcée comme une femelle animale. Elle se laissa tomber sur le sol, et ses nerfs la lâchèrent.

Assise, les genoux repliés, Korrig enfouit sa tête entre ses coudes, et elle se mit à sangloter, secouée de hoquets douloureux qui la faisaient suffoquer. Elle resta là un long moment, abasourdie, vidée de toute sensation. Puis elle se souvint du chevreuil. Lui aussi était blessé ; elle tituba vers la basse-cour. Mabig était toujours là, et elle l'aida à s'extraire du clapier. Elle inspecta sa blessure ; ce n'était pas trop grave, une série d'éraflures provoquées par les plombs, comme les coups de griffes d'un énorme animal.

— Moi aussi, ils m'ont blessée, fit-elle à l'animal en le caressant. Mais on est jeunes tous les deux, on va s'en sortir. Reste là, je vais voir s'ils sont partis.

Korrig se tint dans le chemin un bon moment à écouter. La campagne environnante résonnait de ses bruits habituels : les trilles des passereaux, le roucoulement des pigeons, et celui plus aigu de quelques tourterelles. Des chiens, plus aucune trace, ni des chasseurs. Elle retourna chercher son protégé.

L'animal était encore apeuré ; tour à tour, il regardait Korrig et le sous-bois en face de lui, hésitant de toute évidence à s'enfuir. Elle prit sa tête entre ses bras.

— T'as plus rien à craindre, Mabig. Après ce qu'ils m'ont fait, ils n'auront plus l'audace de revenir.

Le chevreuil s'en alla, en trottinant à cause de sa patte blessée.

Korrig eut alors tout loisir de penser à elle. Il lui semblait que son bas-ventre n'était plus qu'une profonde blessure. Elle hésitait sur la conduite à tenir ; révoltée de s'être fait violer, elle aurait dû porter l'affaire devant le maire, ou les gendarmes, mais elle n'avait plus la force de monter au bourg. Demain, se dit-elle. Quand ça ira mieux…

Elle passa une nuit tourmentée, souffrant surtout de se sentir souillée. Dans son corps et dans sa tête. Existe-t-il plus avilissant pour une femme que d'être contrainte dans cette position, la croupe offerte, les jupes relevées, le visage écrasé contre le sol ?

Korrig se réveillait en sueur. Jamais la malheureuse n'aurait pensé qu'on pût la considérer comme une femme, que des hommes pensent à faire subir un tel outrage à une naine… Elle ressassait cette sinistre histoire, il n'était pas possible de laisser impunis de tels individus ! Le lendemain, elle irait expliquer en ville ce qui s'était passé ! Même si ces salauds n'étaient pas d'ici, on finirait bien par les retrouver. Oui, demain elle irait voir les gendarmes. Soudain elle tressaillit : la croirait-on ?

A mesure que l'aube approchait faiblissait la résolution de Korrig. Elle, une naine, se faire déflorer par quatre beaux messieurs – du moins par l'un d'entre eux –, car il ne faisait aucun doute que ces énergumènes n'étaient pas des roturiers ! Si on les retrouvait, quelle preuve pourrait-elle apporter de son humiliation ? Un médecin l'examinerait : elle n'était plus vierge, et alors ? Ces gens-là causaient bien, ils nieraient être seulement venus dans les bois de Sainte-Barbe : la parole d'une miséreuse contre celle des nantis, de quel bord pencherait la justice ? De toute façon, ceux-là avaient les moyens de se payer les avocats les plus convaincants, et si cela ne suffisait pas, ils achèteraient les juges ; on peut tout se permettre quand on a des sous.

La pièce s'éclaircit, et les premières lueurs du soleil s'infiltrèrent entre les rideaux. Korrig dormait toujours dans son petit lit ; elle n'avait pas récupéré celui de la mère, trop grand pour elle, et où elle avait peur de se sentir enfermée. Elle se leva ; son ventre la faisait moins souffrir, dans quelques jours, ce ne serait plus qu'un mauvais souvenir... A quoi bon étaler sa honte sur la place publique ? Si on apprenait ce qui s'était passé, elle n'oserait plus mettre les pieds en ville. Elle ne savait plus, mais les heures passant, elle décida de se taire.

La vie de Korrig reprit son train-train quotidien, et elle en venait à oublier son infortune. Par moments, il lui montait même au cerveau des bouffées d'orgueil : un homme lui avait fait l'amour, elle était une femme comme les autres. Peut-être qu'un jour – comme l'avait prédit la mère –, elle rencontrerait quelqu'un qui voudrait bien d'elle... Qui sait, un autre nain.

Une semaine s'écoula, puis deux. Korrig ne se sentait pas bien dans sa peau, sans en deviner la raison. Une gêne sournoise qu'elle mettait sur le compte du traumatisme, avec l'intuition qu'il y avait autre chose. Sans être à compter ses périodes de menstruation, elle prit conscience d'être en retard. Allons, se dit-elle. A lui labourer les entrailles, l'autre butor avait dérangé le fonctionnement de sa machine féminine...

Un mois se passa, et son ventre se refusait à saigner. Elle ressassait les propos de sa mère :

« C'est pas parce que tu es une naine que tu peux pas être mère. »

A nouveau se réveilla en elle le sentiment de révolte. Elle pressait son ventre de ses mains, se demandant ce qui se passait là-dedans, essayant d'en faire exsuder la chose incrustée.

La « chose », oui, car elle ne pouvait trouver les mots, car elle se refusait à les trouver.

Korrig était affolée et ne parvenait plus à fixer ses idées. Ne mangeait plus, ne dormait plus. Son seul confident était le chevreuil :

— Tu te rends compte de ce qu'ils m'ont fait ?

Elle serrait la tête de l'animal contre son ventre souillé.

— J'ai plus qu'à mourir.

Elle était persuadée qu'un monstre occupait ses tripes, comme les tiques qu'elle ramassait parfois dans les fougères et qui lui suçaient le sang en gonflant leur infâme utricule. Elle avait ouï dire que certaines commères connaissaient le moyen de la débarrasser de la sangsue en train de se nourrir de ses chairs : la mère Chaussette par exemple, bien qu'aucune femme n'eût jamais avoué avoir eu recours à ses services. Cette idée la rassurait, il restait toujours cette solution.

16

Korrig hésita longtemps à se faire avorter, mais une force étrange la retenait ; la peur d'être charcutée bien entendu – car il courait de drôles de rumeurs sur ces pratiques clandestines –, mais aussi une pulsion plus viscérale, dont elle ne savait pas encore que c'était l'éveil de ses fibres maternelles.

La naine ne considérait plus son anatomie de la même façon : depuis sa naissance, elle se sentait anormale, avec un corps d'avorton qui lui interdisait de vivre comme les autres femmes, en tout cas d'inspirer le désir à aucun homme. Et voilà qu'une étreinte sauvage lui avait révélé que l'acte d'amour lui était possible, même si cette première expérience restait odieuse. Et voilà qu'elle était enceinte… Elle fit une chose qui ne lui était jamais arrivée : elle se dévêtit entièrement et se regarda dans la glace accrochée au mur, l'orientant pour se contempler de la tête aux pieds ; elle ne se trouva pas laide, avec ses petits seins aux aréoles gonflées et la touffe de poil fauve qui lui ornait le bas-ventre ; elle se tourna, elle avait la taille fine, les hanches galbées et les fesses pleines, sans pourtant une once de graisse. Loin de sombrer dans le narcissisme, pour la première fois elle s'estima presque belle.

Korrig avait du mal à accepter son état. En elle germait une graine qui allait devenir un enfant. Une idée bouleversante, qui l'effrayait et l'émouvait. Peu à peu, elle se résigna à accepter la vie installée en elle. Elle endura les tracasseries habituelles : la nausée, les vertiges au lever, des appétits soudains et féroces rassasiés en deux bouchées. Elle recommença à monter au bourg, mais jamais elle ne s'y était sentie aussi mal à l'aise. On la dévisageait, tout le monde devait être au courant de son infortune.

Chaque matin, Korrig se plaçait devant la glace afin d'observer son profil. Au bout de deux mois, son ventre s'arrondit, et elle n'osa plus affronter le regard de ses semblables. Les légumes et les fruits du potager, les châtaignes et les champignons des bois environnants, les œufs des poules lui permettaient de vivre en quasi-autarcie ; elle continuait cependant à aller chercher son lait et sa livre de beurre hebdomadaire à la ferme de Kost-er-Min. Ceux-là se doutaient de quelque chose, mais ce n'était pas dans leurs habitudes de se mêler des affaires des autres. Tout au plus se permirent-ils de lui dire :

— Si tu avais besoin de nous, n'hésite pas...

Korrig avait compris le message...

— Pour l'instant, ça va encore...

La future maman ne pouvait se passer indéfiniment de viande. Il lui restait le poulailler, avec la volaille et les lapins, dans lequel elle n'avait pu se résoudre à puiser depuis le décès de sa mère. A présent, elle n'avait plus le choix, et un samedi elle décida d'égorger un poulet pour en faire son déjeuner dominical. Combien de fois n'avait-elle pas observé la mère... Elle savait à quel endroit précis il convenait d'inciser le cou pour saigner la pauvre bête accrochée à un des piquets du grillage, les pattes ligaturées. Elle se souvenait de sa répulsion quand la misérable boule de plumes se débattait, en aspergeant de son sang le sol alentour.

« J'ai pas le choix, s'excusait Francine devant la mine horrifiée de sa gamine. Un jour ce sera à toi de le faire.

— Moi ? Jamais !

— Tu es bien contente d'avoir du poulet à manger dans ton assiette.

— Parce que c'est pas moi qui l'ai tué.

— Quand je serai plus là, tu seras bien obligée… »

Ce jour était arrivé, et le couteau tremblait entre les doigts de la jeune fille. La tête remontée sur le côté, la poule l'observait d'un seul œil, un regard implorant. Elle appliqua la lame affûtée à l'arrière du bec et l'enfonça d'un coup sec. Aussitôt le volatile se débattit comme un beau diable, et Korrig recula, horrifiée de sa propre cruauté, regrettant déjà son geste. Les animaux de la basse-cour étaient des amis ; ils réagissaient quand elle leur parlait et la suivaient pour mendier leur pitance, les compagnons de sa solitude en quelque sorte, et elle… La poule se vidait de son sang, et bientôt ne l'agitèrent plus que quelques soubresauts. Korrig priait que cessât au plus vite l'agonie. Une dernière convulsion, c'était fini.

Cet acte barbare la tourmenta quelques jours, et la chair lui parut amère. Plus difficile fut l'exécution d'un lapin…

Les lapins se montraient plus communicatifs que les volatiles qui gloussaient sottement à longueur de temps. Ils adoraient se faire caresser en agitant leurs longues oreilles. Dans les fermes tenues par un couple, c'était l'homme qui faisait office de bourreau, rarement la femme. Korrig dut s'y résoudre, trouvant injuste de ne puiser que dans la volaille. La procédure exécutoire était sensiblement la même : d'un bout de ficelle, on ligotait les pattes postérieures du condamné, mais c'était à une branche basse du poirier que Francine le suspendait. Certains paysans se vantaient d'occire la bestiole d'un seul coup du tranchant de la main asséné sur la nuque ; d'autres utilisaient un gourdin dont l'efficacité était infaillible. C'était le cas de Francine, et ce fut ainsi que procéda Korrig. Les dents serrées, elle repéra l'endroit, à l'arrière des deux oreilles, et frappa de toutes ses forces. Misère ! Au dernier moment, le lapin gigota, et le coup ne fit que l'effleurer.

Korrig fut sur le point de faire machine arrière. Elle respira profondément afin de recouvrer son sang-froid et releva son « arme ». Un choc mat et écœurant, cette fois le lapin fut parcouru de convulsions, et son corps tétanisé s'immobilisa en quelques secondes.

C'était donc si facile de tuer un être vivant ? Korrig pensait aux chasseurs qui poursuivaient Mabig et qui l'avaient agressée, elle ! En cet instant, elle se sentait aussi méprisable qu'eux. Mais la boucherie n'était pas terminée. Se souvenant des gestes de la mère, elle énucléa la dépouille pour la faire saigner, la dépeça comme on retourne une chaussette, l'éventra et l'éviscéra, manqua de vomir quand les boyaux fumants s'écrasèrent dans la bassine.

Ce ne fut pas non plus un bon repas, gâché par les remords, mais les forces profitaient au petit être qu'elle croyait déjà sentir bouger au creux de son ventre et qui la répugnait moins.

L'hiver arriva ; accentuée par sa petite taille, la grossesse de Korrig était à présent évidente. Devant la glace, elle caressait son ventre rebondi dont saillait le nombril comme le pédoncule d'un fruit en train de mûrir. Elle était toujours taraudée d'angoisse : saurait-elle élever un petit être affamé, braillard ? Perdue dans la campagne, que ferait-elle quand il serait malade ?

Son bébé… Une évidence qu'elle ne parvenait à appréhender. Serait-il comme elle ? Francine avait affirmé que si un jour elle procréait, son nourrisson pourrait être tout à fait normal. Un espoir auquel Korrig se raccrochait désespérément : quel bonheur ce serait alors d'élever une fillette qui ne serait pas naine, ou un garçon robuste qui la défendrait ! Et si c'était un nain, mon Dieu, il ne serait que comme sa mère…

Estimant trop barbare d'exterminer les pensionnaires de sa basse-cour, Korrig dut se résoudre à remonter en ville. Elle y fut accueillie avec surprise :

— On te voyait plus. Tu étais malade ?

Affreusement gênée, Korrig balbutiait que ça allait et son trouble évident ne faisait que renforcer les suspicions. Qu'est-ce qu'elle avait donc, la naine ? On jasait dans son dos. Une plus curieuse se rendit compte de son état. La nouvelle se répandit comme une traînée de poudre : Korrig était enceinte ! Ce fut l'effarement général, et la compassion se mua en une ironie acerbe. On se gaussait dans le dos de la malheureuse ; les hommes riaient à l'idée de la voir copuler. Et avec qui ?

Car c'était la vraie question : qui avait mis la naine dans cet état ? Les supputations allaient bon train, mais la chose paraissait si incroyable que personne n'osait avancer un nom : un vagabond, affirmaient certains, il y avait encore quelques *pilhaourien* qui traînaient dans le coin, et ceux-là ne faisaient pas qu'acheter les vieilles nippes et les cheveux des femmes. Elle aura été forcée, condescendaient les plus charitables. Allons donc ! insinuaient les vipères de service. Quel mâle aurait été assez « affamé » pour abuser d'une pareille misérable ?… C'était elle qui avait fait les avances. Comment ? Il suffisait de réfléchir un peu : perdue au fin fond de sa campagne, elle devait détenir des pouvoirs occultes, savoir concocter les filtres qui font perdre la tête aux noctambules égarés. D'autres prétendaient qu'elle s'était fait engrosser par un démon. Ou par un korrigan... *Korriged*, les nains, mais aussi ces maléfiques lutins : cette fois on avait trouvé, le père était un gnome de son espèce ! La lande en pullulait dès la tombée de la nuit, et il ne faisait pas bon tomber entre leurs griffes crochues.

Le ventre de Korrig enflait de plus en plus. Un soir en revenant du bourg elle se fit accoster par deux soudards, qui n'y allèrent par quatre chemins :

— Qui t'a fait ça ?

La jeune fille les dévisagea sans répondre, craignant d'être victime d'une nouvelle agression.

— Tu peux bien dire ; on le répétera à personne.

Il commençait à faire nuit, et Korrig n'avait qu'une envie : s'enfuir.

— Laissez-moi... balbutia-t-elle en reculant.

— Rassure-toi, on te veut pas de mal. C'était juste histoire de causer. Dis donc, t'as un sacré gros ventre pour une fille aussi petiote !

Les deux énergumènes s'esclaffaient d'avoir trop bu, mais ils ne semblaient pas méchants. Korrig avait recouvré son sang-froid :

— Celui qui m'a fait ça, ça vous regarde pas. Ce qui est sûr c'est que c'est pas un de vous deux. Il faut que je rentre maintenant. Je commence à être fatiguée, et avec mes courtes pattes, j'ai encore un bon bout de chemin à faire.

17

La rumeur enflait en même temps que le ventre de Korrig. Celle-ci était de plus en plus angoissée. Ce devait être un petit diable qu'elle hébergeait, car il gigotait sans cesse et occupait tant de place que bientôt elle allait éclater.

Si les supputations sur l'identité du géniteur allaient toujours bon train, elles étaient encore plus acharnées à propos de l'être qui allait voir le jour : un autre nain, un démon tout poilu, une bestiole innommable affligée des pires infirmités, un malheureux de plus dans tous les cas. On en causait dans les chaumières, sous les halles, dans les commerces, et dès qu'on ne voyait plus l'intéressée, on augurait que c'était arrivé. Bien sûr, les parents ne se gênaient pas pour en parler devant les enfants ; les fillettes poussaient des cris aigus et faisaient des cauchemars, les garçons s'efforçaient d'en rire tout en étant aussi effrayés. Korrig devenait un objet de curiosité pour les drôlets à trotter autour des halles. Ceux-ci s'arrêtaient net, et la dévisageaient de façon éhontée en lorgnant son ventre rebondi. Ils se donnaient du coude, la singeaient en se cambrant en arrière afin de faire saillir leur abdomen, riaient à gorge déployée en s'enfuyant.

Korrig était atterrée : on ne se gênait plus pour la dévisager, on parlait d'elle à voix haute, on l'apostrophait sans scrupules pour lui demander si c'était pour bientôt. Elle répondait du bout des lèvres, ou se taisait, ce qui déclenchait une autre amabilité derrière son dos :

« La pauvre fille… Elle serait bien incapable de le dire, puisqu'elle sait même pas qui est le père.

— Elle doit avoir l'embarras du choix… » répondait l'une ou l'autre des commères.

Korrig aurait pu rester dans sa chaumière à s'occuper de ses coiffes, mais elle refusait avec stoïcisme de capituler.

Un jour, elle se trouva face à l'école au moment de la sortie. Les gamins ne la considéraient pas comme une vraie adulte, et leur nuée excitée l'entoura aussitôt. Ce fut un grand escogriffe de fin d'études qui ouvrit les hostilités :

— Alors, la naine, t'as pas encore pondu ?

La hardiesse du propos déclencha l'hilarité générale, et la phalange polissonne se mit à cancaner en écartant les « ailes » et en se dandinant. Korrig essaya de se frayer un chemin, mais ses tourmenteurs l'entouraient et, pour beaucoup aussi grands qu'elle, l'empêchaient de passer.

— Laissez-moi ! suppliait-elle d'une voix couverte par le bruit.

Les plus jeunes hésitèrent, les autres redoublèrent de malice, utilisant les propos entendus à la maison.

— Elle va chier un diable ! lança un énergumène aux oreilles décollées, répétant l'horreur de son père, pourtant voûté comme un vieux chêne tordu.

De volatiles, les voilà transformés en démons, dardant de leurs index deux cornes sur la tête, mais toujours aussi peu soucieux de laisser s'échapper leur proie : on sautillait autour d'elle comme si elle était une sorcière juchée sur le bûcher. Pour un peu, on l'aurait bousculée.

La naine s'était immobilisée, pétrifiée par la cruauté des gamins. Enhardi par l'agitation collective, un coquin passa dans son dos et releva sa jupe d'un geste preste. Puis il recula aussitôt en se pinçant le nez avec un air dégoûté.

— C'est sûr que c'est un diable qu'elle a dans le bidon ! Il sent mauvais !

Pauvre Korrig… Sur le point d'éclater en sanglots, les larmes aux yeux et le menton fripé, elle se pelotonna au sol afin d'échapper à ses tyrans.

Mademoiselle Cogan fut alertée par la criaillerie de ses ouailles. Bien que n'étant plus sous sa surveillance, elle écarta les misérables en calottant au passage les nuques des plus agressifs. Alors ils s'enfuirent comme une volée de moineaux chassés du grain par le paysan.

Mademoiselle Cogan avait gardé une affection particulière pour Korrig, une des plus brillantes élèves de sa longue carrière ; la plus surprenante aussi. Quand elle la découvrit, la tête penchée sur sa poitrine, elle ne put réprimer un cri d'horreur.

— Les salopiauds ! J'espère au moins que tu n'es pas blessée.

Elle l'aida à se relever et épousseta sa jupe.

— Qu'est-ce qu'ils t'ont fait ?

— Rien, je crois qu'ils avaient envie de s'amuser.

L'institutrice retrouvait sa petite protégée :

— Toi, tu changeras jamais. Toujours à défendre ceux qui te font du mal. Viens jusque chez moi, tu vas te reposer un peu et reprendre des forces.

Il n'était pas dans les habitudes de la maîtresse d'école d'inviter ses élèves dans son modeste logis : une petite chambre et une cuisine avec un poêle à bois qui fumait plus qu'il ne chauffait constituaient les appartements de fonction alloués par la municipalité, au-dessus de la mairie.

— Je veux pas vous déranger, protesta Korrig. Je vais rentrer.

— Il n'en est pas question. De toute façon, il y a longtemps que j'ai envie de discuter avec toi.

Korrig avait toujours obéi à l'institutrice. Elle suivit mademoiselle Cogan dans l'escalier qui grimpait à l'étage. Celle-ci lui fit chauffer du café et disposa sur une assiette des biscuits à grignoter.

— Il y a des jours, je sais pas ce qu'ils ont dans la tête ! Quand c'est pas la tempête, c'est la lune ou les vers. Aujourd'hui, ils étaient intenables, et c'est à toi qu'ils s'en sont pris. Qu'est-ce qu'ils t'ont dit ?

— La même chose que leurs parents.

— A propos de…

Korrig approuva en hochant la tête. La maîtresse hésitait…

— C'est pas pour être indiscrète, mais tout le monde se pose des questions à ton sujet.

— Je sais. Il y en a même qui me les posent directement.

— Moi-même, je t'avoue…

Korrig se taisait, peu encline de toute évidence à s'épancher.

— Si tu veux savoir, je m'inquiète pour toi.

— C'est gentil à vous, mais il y a pas lieu.

— Qui va t'aider à élever ton enfant ?

— J'ai besoin de personne pour m'aider.

— Tu n'es pas obligée de me répondre, mais celui qui t'a mise dans cet état, il va s'occuper de toi ?

— J'ai besoin de personne, répéta Korrig d'un ton toujours aussi obstiné.

Devinant que ce mutisme forcené dissimulait un secret douloureux, l'institutrice hocha la tête d'un air compatissant.

— Comme tu veux, mais si un jour tu te trouvais en difficulté…

Korrig se leva et lui adressa un sourire franc.

— Je vous remercie, mademoiselle. Vous aviez raison, ça m'a fait du bien de me reposer, mais ça va mieux maintenant, je vais rentrer.

— Attends, je t'accompagne au cas où il prendrait à ces vauriens l'envie de recommencer.

— Ils sont partis, ils ont eu peur de vous.

— Oh ! Je crois bien que la plupart d'entre eux n'ont peur de personne.

La ville était tranquille, et Korrig prit le chemin du retour.

La scène l'avait marquée plus qu'elle ne l'avait laissé paraître. A mesure qu'approchait le terme s'aggravait la honte qui la torturait depuis le début. Les filles-mères étaient considérées comme des femmes de mauvaise vie, des « Marie-couche-toi-là », comme on disait avec une grimace de dégoût dans leur dos. Même mademoiselle Cogan se posait des questions, et Korrig comprenait que son état avait de quoi susciter des interrogations. Mais la blessure était loin d'être cicatrisée. De toute façon, il était trop tard pour raconter ce qui s'était passé, on ne la croirait plus. Ce jour-là, elle décida de ne plus revenir en ville avant la naissance.

Le logis n'était plus très éloigné, son ventre était de plus en plus lourd ; Korrig n'avait consulté personne, ni le médecin, ni la mère Chaussette, mais si ses calculs étaient bons, elle savait qu'il lui restait encore deux mois à attendre. Dans la soirée se déclenchèrent pourtant les premières contractions.

LIVRE 2

LA NAISSANCE

18

La tempête faisait rage ; dans la cheminée hurlaient une cohorte de démons entêtés à déloger Korrig de sa tanière ; la pluie tombait sans discontinuer, des trombes d'eau dont les rafales de vent giflaient la fenêtre et la porte. Chez la malheureuse s'était incrustée l'idée d'être fautive. Coupable ? Certes non, mais fautive d'avoir laissé mûrir un avorton entre ses flancs trop étroits, et le ciel ne s'acharnait que pour la punir au moment d'accoucher.

Etouffée par la honte, Korrig n'avait pas eu l'audace d'allumer les bougies, et l'âtre était éteint depuis longtemps. Il faisait froid, et une odeur humide de moisi remontait de la terre battue. Elle gisait dans les ténèbres, jamais autant rejetée par un monde où les naines n'avaient pas de place.

Dès que Korrig avait rejoint le gîte, les contractions l'avaient assaillie, plus fortes que les bourrasques de l'ouragan, et elle avait dû s'allonger sur le lit, après avoir pris cependant la précaution de le recouvrir d'un vieux drap. C'était comme un étau qui lui broyait le bas du ventre, et à chaque fois, elle croyait qu'elle allait mourir, mais la douleur se dissipait et elle reprenait espoir. Soudain, ses viscères se déchirèrent, et un liquide chaud lui inonda le bas du corps. La naissance approchait, elle était paniquée de devoir se débrouiller seule, mais il était trop tard pour aller quérir de l'aide, et de toute façon, avec ce temps de chien… Quand la souffrance devenait intolérable, elle appelait sa mère dont la main serrait aussitôt la sienne. Un contact si tangible qu'elle ne pouvait croire à une hallucination. Puis Francine disparaissait en une fraction de seconde, et la pauvre fille se retrouvait encore un peu plus seule.

Le calvaire dura près de deux heures. Korrig n'avait plus le temps de reprendre son souffle. Une contraction encore plus violente lui arracha une plainte bestiale à laquelle répondit le rire démoniaque du vent ; cette fois ça y était. Elle serrait les jambes, se retenait, effrayée par l'être qui allait surgir de ses entrailles. La douleur reprit aussitôt, trop impérieuse pour pouvoir encore retarder l'échéance fatale. Elle glissa la main jusqu'à l'ouverture béante et rencontra la protubérance chevelue qui forçait le passage. Son bébé, c'était son bébé ! Il n'était plus question de l'empêcher de naître ! Alors, en essayant de se redresser, elle poussa de toutes ses forces avec un hurlement forcené comme si elle voulait libérer ses intestins. Son ventre s'écartela et se vida d'un seul coup ; elle s'assit et à tâtons saisit le corps chaud et gluant ; elle le ramena sur sa poitrine et le serra dans l'ouverture du corsage dégrafé. Ses doigts le parcoururent, il avait deux bras, deux jambes, c'était un garçon. Il se mit à crier, et une vague de bonheur submergea l'angoisse accumulée depuis tout ce temps.

Un quart d'heure s'écoula. Korrig avait coupé le cordon ombilical en le serrant de toutes ses forces d'un nœud de coton arraché au drap effiloché. Elle se sentait toujours le ventre lourd. Une onde douloureuse fit frémir ses flancs. Elle crut à la suite logique de l'accouchement, mais quelque chose semblait encore vouloir forcer le conduit ensanglanté. La panique s'empara à nouveau de la jeune maman.

Le second bébé glissa du ventre plus vite que le premier : le destin poussait la malice jusqu'à lui octroyer des jumeaux ! Epouvantée, Korrig n'osait le toucher : s'il y en avait deux, ce ne pouvaient être que des nains ! Celui-ci geignit aussi fort que son frère, et elle le palpa comme le premier : un autre garçon, d'apparence normale lui aussi. Le petiot gémissait entre les cuisses ouvertes ; la naine n'eut d'autre choix que d'accepter le nouvel arrivant, et elle le « ramassa » à son tour. Elle les étreignit tous les deux, et resta ainsi un long moment, peinant à reprendre ses esprits, incapable d'appréhender la situation.

C'est alors que reprirent les contractions. Ne sachant pas que c'était la délivrance, Korrig fut terrorisée à l'idée qu'elle était en train d'accoucher d'une ribambelle de nourrissons. Quand elle comprit qu'elle se débarrassait du placenta et des membranes de la grossesse, elle poussa un soupir de soulagement. Elle coupa le second cordon de la même façon que le précédent, et put enfin goûter à un peu de repos. En elle irradiait la chaleur des petits corps blottis contre ses flancs ; leurs museaux fouillaient ses aisselles, et elle libéra ses deux seins pour leur donner à boire. Elle, la naine, avec son corps en réduction, devait rassasier une paire de bébés ! Une sensation bouleversante que ces deux êtres à sucer les mamelons dans les ténèbres, la transmission de la vie.

Les nourrissons cessèrent de téter. Korrig n'osait bouger et craignait de leur faire mal en s'assoupissant, mais, trop épuisée, elle ne put résister au vertige du sommeil.

Ce furent les jumeaux qui la réveillèrent à l'approche de l'aube, et elle mit un certain temps à recouvrer pleine conscience. Tout d'abord, elle se crut victime d'un cauchemar, mais les faibles couinements lui confirmèrent qu'elle n'avait pas rêvé. Son premier réflexe fut de vérifier l'état de ses petiots dans la lumière naissante : pas très grands, ils étaient parfaitement identiques, et malgré sa détresse, elle ne put s'empêcher de les trouver beaux.

Ils avaient tout ce qu'il fallait... Quel soulagement ! Mais il n'en restait pas moins qu'ils étaient deux. De drôles d'idées lui trottaient dans la tête... La chatte de Koster-Min avait mis bas quelques semaines auparavant, et les fermiers n'avaient conservé qu'un des petits. Elle contempla les chérubins et écarta bien vite cette sordide solution. Dans son esprit fatigué se dessinait un avenir effrayant. A présent, la faute était double, et tout le monde allait se gausser deux fois plus. Elle tournait le problème dans ses méninges laminées. Non, c'était une réalité impossible à assumer, personne ne devait savoir que la naine avait eu des jumeaux...

Les pauvrets étaient encore maculés de glaires. Etait-il permis d'être déjà une si mauvaise mère ! Elle essaya de se lever, mais dut rester un moment assise, les reins rompus, et la tête embringuée dans une drôle de farandole. Ses loupiots s'assoupirent, et elle les laissa au chaud sous la couette, le temps d'aller jusqu'à l'armoire chercher un linge propre afin de les essuyer, en veillant à ce qu'ils ne prennent pas froid.

En titubant sur les barreaux de l'échelle, Korrig monta au grenier chercher son berceau, conservé par sa mère. L'un après l'autre, elle examina une fois encore les jumeaux sous toutes les coutures, ils ne présentaient aucune anomalie : pour la taille, on verrait plus tard. Elle les langea de son mieux avec les bandes de tissu préparées les jours précédents, les plaça tête-bêche dans le berceau de bois, et resta un long moment à les contempler, envahie soudain d'une émotion imprévue : ils étaient à elle, et elle les défendrait bec et ongles contre ces gens qui guettaient l'occasion de se moquer. Il était bon maintenant de s'occuper d'elle ; elle nettoya sa vulve sanguinolente, s'habilla de propre ; elle ramassa les restes de la délivrance dans un seau et mit les draps souillés à tremper dans l'ancienne lessiveuse de sa mère, qui servait à présent à recueillir les eaux de pluie devant la chaumière. D'une extrême faiblesse, elle s'appuyait sans cesse de crainte de tomber, mais elle mettait un point d'honneur à ne pas céder à la panique.

Dans l'après-midi, profitant d'une éclaircie, le soleil donna sur la façade. Korrig sortit sur le pas de la porte. Soudain, elle écarquilla les yeux : une silhouette lointaine se profilait en haut du chemin. Aussitôt, elle s'enferma, décidée farouchement à ne pas ouvrir. Mais si ses petiots se mettaient à pleurer tous les deux… Elle saisit le berceau et trouva encore la force de le monter au grenier. Qui se permettait de venir l'importuner à un moment aussi crucial ? Un promeneur, se dit-elle. Il allait passer sans s'arrêter. On frappa à la porte.

Korrig retenait son souffle.

— C'est mademoiselle Cogan. Je sais que tu es là, Korrig, je t'ai aperçue il y a deux minutes.

La naine n'avait plus le choix. Elle entrouvrit la porte et se faufila dehors, bien décidée à ne pas laisser entrer l'institutrice.

— Après ce qui s'est passé hier après-midi, et avec la tempête d'hier soir, j'ai pensé que tu aurais besoin d'aide dans…

La maîtresse s'aperçut alors que son ancienne élève avait perdu son ventre.

— Mon Dieu… Ça y est ?

Korrig était blême, incapable de rassembler ses idées et de proférer la moindre parole.

— Tu as eu ton bébé ?

Elle hocha la tête en signe d'approbation.

— C'est un garçon ?

— Juste un, répondit instinctivement la jeune mère, comme si elle était soucieuse de minimiser sa « faute ».

— Justin, c'est un joli prénom. C'est donc un garçon. Je peux le voir ?

Il n'en était pas question !

— Pas maintenant, il a mis du temps à sortir, il est fatigué et il dort. Je l'ai monté au grenier pour qu'il soit plus tranquille.

L'institutrice dévisageait Korrig, consciente de son embarras, croyant que si elle ne voulait pas lui montrer son enfant, c'est qu'il était affligé de quelque infirmité, ce qui n'aurait rien d'étonnant.

— Ça va ? Ça s'est bien passé ?

Korrig avait compris le doute qui animait la visiteuse.

— Oui, c'est un beau bébé, et il est parfaitement normal, si vous voulez le savoir. Vous voyez, je ne suis qu'une naine, mais j'ai eu un enfant comme les autres.

Mademoiselle Cogan se sentit vaguement rassurée.

— Bon, je vais te laisser. Tu es vraiment sûre de n'avoir besoin de rien ?

— Oui, tout va très bien. Mon bébé et moi, il nous faut du repos, c'est tout.

— Ce serait plus prudent de demander au médecin de passer te voir, ou à la sage-femme, si tu préfères. Tu n'as pas trop souffert ?

— J'ai été capable d'accoucher sans l'aide de personne. Le plus dur est passé. Dès que je serai assez vaillante, j'irai voir le docteur Lauragais avec mon bébé, et je ferai un crochet pour vous le montrer. Vous voyez ? Vous n'avez aucune raison de vous inquiéter.

— A la bonne heure, fit mademoiselle Cogan, complètement rassurée cette fois. Il faut quand même prévenir la mairie que nous avons un nouveau citoyen. Si tu es d'accord, je veux bien m'en charger. Et tant qu'à faire, je passerai au presbytère. L'abbé Colas et moi, nous ne partageons pas les mêmes idées, mais ce n'est pas un mauvais bougre. Car je suppose que tu vas le faire baptiser, ton petit Justin ?

— Bien sûr, comme tout le monde. C'est gentil à vous.

19

A quatorze ans, Korrig s'était fourvoyée dans un chemin creux qu'elle ne connaissait pas et dont elle aurait juré qu'il n'existait pas avant ce jour. Le passage se rétrécissait à mesure qu'elle avançait, et les bois alentour se taisaient. En elle naquit une angoisse singulière. Soudain la voie s'arrêta face à un enchevêtrement inextricable de ronces et d'orties, de lierre et de chèvrefeuille, hérissant d'une chevelure fantasque un éboulis de rochers. Une impasse. Korrig eut aussitôt la certitude étrange que ce chemin n'était jamais allé plus loin. Elle essaya de franchir le chaos. En vain, les pierres roulaient sous ses pieds, les buissons épineux l'agrippaient pour l'empêcher de passer. De partout l'oppressait une hostilité sournoise, et elle fut sur le point d'avoir un malaise. Elle fit volte-face, le chemin avait disparu. Il faisait de plus en plus sombre ; une panique irrépressible lui fit battre le cœur. Elle était victime d'un sortilège, et elle regretta de ne pas avoir cru aux êtres maléfiques dont la mère lui avait dit de se méfier.

Korrig avait mis une bonne heure à sortir du piège qui l'emprisonnait, et revenue à son point de départ, elle était trempée de sueur. En dissimulant la naissance de ses jumeaux à l'institutrice, elle venait de s'engager dans une impasse encore plus cruelle, dont cette fois elle ne pourrait rebrousser chemin. Déjà elle regrettait d'avoir menti, mais il était trop tard, l'engrenage était enclenché.

Dans la soirée, ce fut au tour de l'abbé Colas de rendre visite à Korrig. Le jeune ecclésiastique avait pris la succession du père Le Gouguec, retiré dans la maison de retraite des vieux curés, l'antichambre du paradis en quelque sorte. Le nouveau prêtre n'avait accordé qu'une confiance relative aux propos de la maîtresse d'école, et il venait vérifier l'état du nourrisson, craignant qu'il ne fût de ces anges voués à une brève apparition dans le monde terrestre et qu'il convenait d'ondoyer au plus vite. Tout d'abord, il bénit la mère, en scrutant son visage avec circonspection, puis il demanda à en faire de même avec le petiot.

Korrig hésita, mais le dissimuler plus longtemps éveillerait aussi les soupçons de l'abbé, et tout Le Faouët saurait bientôt que la naine avait eu un enfant qui n'était « pas bien ».

— Attendez-moi là, je vais le chercher.

— Je peux entrer si vous le souhaitez. Ce serait plus commode…

— Non, il est né dans la nuit, et j'ai pas eu le temps de faire le ménage.

— Vous ne craignez pas qu'il prenne froid ? Il n'est encore qu'un nouveau-né, un petit être sans défense.

— Il est robuste, vous savez, et tout à fait normal.

Le curé n'insista pas, et son hochement de tonsure fit luire son crâne osseux dans le soleil.

Korrig allait mesurer sur-le-champ le guêpier dans lequel elle s'était fourrée. Présenter un de ses fils, d'accord, mais lequel ? Ils dormaient tous les deux, et elle saisit le premier venu sans faire de bruit. Elle eut la présence d'esprit de s'éloigner de la porte, au cas où le jumeau esseulé se serait mis à pleurnicher. Le curé fut surpris de cette promenade inattendue avec un être si fragile, mais il la suivit sans piper mot. L'abbé Colas dut convenir que c'était un beau bébé et, soucieux de vérifier son poids, il demanda à le prendre. La mère y consentit, non sans réticence :

— Faites attention.

— J'ai donc l'air si empoté ?

— C'est que vous n'êtes pas habitué.

Chose surprenante étant donné la taille de la mère, chacun des jumeaux devait peser dans les deux kilos. L'abbé rendit celui-ci à sa mère en souriant. Il sortit une burette d'eau bénite de sa soutane, et il en traça un signe de croix sur le front de l'enfant.

— Bienvenue dans le royaume de Dieu, petit Breton. Vous avez choisi le prénom ?

— Justin, balbutia Korrig en baissant les yeux, consciente pourtant de s'enferrer un peu plus.

— Justin ? C'est très bien, et vous lui avez trouvé un parrain et une marraine, je suppose ?

Korrig avoua n'avoir pas pris le temps d'y réfléchir.

— Pour la marraine, j'avais pensé à mademoiselle Cogan.

— L'institutrice ? Vous n'y pensez pas ! Elle ne met jamais les pieds à l'église, et ce n'est même pas sûr qu'elle croie en Dieu. De toute façon, ça m'étonnerait qu'elle accepte. Vous lui avez demandé ?

— Non, mais je sais qu'elle m'aime bien. Enfin, si vous estimez que c'est pas une bonne idée… Il y a aussi les fermiers de Kost-er-Min. Ce sont de braves gens, je crois pas qu'ils refuseraient. Je passerai les voir demain matin ; j'ai besoin de lait pour mon petit au cas où le mien suffirait pas.

— Ne traînez pas, on ne sait jamais.... Ce serait bien de faire le baptême avant la fin de la semaine.

A ce moment, un gémissement provint de la chaumière, mais si lointain qu'on aurait cru au gazouillis de quelque passereau ou à une plainte du vent égaré dans la cheminée. L'ecclésiastique fronça les sourcils.

— Vous avez entendu ?

— Quoi donc ?

— Je ne sais pas, on aurait dit un enfant qui pleurait.

Korrig tressaillit, les joues aussitôt en feu.

— C'est pas Justin, puisqu'il est là, avec nous.

Le jumeau était trop petit pour avoir entendu, mais ses pleurs couvrirent pourtant ceux de son frère.

— Il a soif, il faut que je rentre lui donner à boire.

— Bien, je comprends, je vais vous laisser, fit le curé. Pour le baptême, j'avais pensé à vendredi. Ce serait bien de me prévenir au plus vite.

— Demain, je dois monter en ville pour montrer mon enfant au médecin et passer à la mairie. Si j'ai le temps, je ferai un détour par l'église.

Le baptême... Une échéance terrifiante. Baptiser les jumeaux ? Ce n'était pas possible, puisque officiellement, il n'y avait qu'un bébé. Cette fois, la tricherie prenait des proportions dramatiques : seul l'un des deux bénéficierait du sacrement ! Mais lequel ? Et l'autre ? Pourquoi n'aurait-il pas droit à sa part de bon Dieu ?... Les mors de l'étau se resserraient.

Korrig n'eut pas à se déplacer à la ferme de Kost-er-Min. La paysanne avait eu vent de la naissance, et elle arriva à la tombée de la nuit, apportant du lait et du beurre. Il faisait sombre et froid, il aurait été inconvenant de recevoir une amie devant la porte, et Korrig n'eut d'autre choix que d'inviter Denise Le Floch à entrer.

Celle-là était sincèrement heureuse que tout se fût bien passé ; bien entendu, elle aussi demanda à voir le nouveau-né.

— Il est là-haut, fit Korrig. Il dort à peine depuis cinq minutes et si on pouvait éviter de le réveiller...

— Je veux bien monter. Je te promets de ne pas faire de bruit.

— J'aime autant pas. Il a l'oreille fine, et à tous les coups, il va se mettre à brailler.

La fermière était outrée : ça ne se faisait pas de cacher son bébé ! Elle pensa à son tour que quelque chose ne tournait pas rond. A ce moment, les jumeaux se mirent à pleurer.

— Tu avais raison, fit Denise. Il nous a entendues. Maintenant qu'il est réveillé, je peux monter le voir.

Korrig était prise au piège.

— Non, attends, je vais le chercher.

Elle gravit l'échelle ; cette fois, elle choisit celui qu'elle n'avait pas présenté au curé, comme si elle entendait respecter un quelconque principe d'alternance et ne pas dissimuler toujours le même.

Le Justin que descendit la mère se mit à geindre, ce qui par chance masquait les couinements de son frère resté en haut. Malgré son visage rouge et fripé, la paysanne le trouva beau, et elle ne put cacher sa surprise et son soulagement de constater qu'il était normal. Le bambin pleurait toujours autant, et son frère aussi. Denise leva les yeux vers l'échelle.

— C'est curieux, on dirait qu'il y a un autre bébé là-haut.

— C'est l'écho, répondit Korrig sans sourciller. Ça m'a fait la même impression tout à l'heure. Assieds-toi un peu. Je vais monter lui donner à boire, il se calmera pas avant.

— Tu sais, tu peux faire ça devant moi. On est entre femmes, je serais pas gênée…

Korrig minauda avec beaucoup d'assurance.

— Moi, ça me dérangerait. Je suis une naine.

— Je peux m'en aller si tu préfères.

— Non, attends un peu, j'ai un service à te demander. A toi et à Mathurin.

La fermière était de plus en plus intriguée, mais il est vrai qu'une jeune maman avait du mal à reprendre ses esprits. Déjà Korrig gravissait l'échelle, et elle s'empressa de se déboutonner afin de rassasier ses deux sangsues, pendues chacune à un sein. Par chance, sur ce plan-là, les jumeaux ne semblaient pas compliqués, et après avoir bu et roté, ils s'endormirent de nouveau.

— Voilà, c'est fait ! s'exclama Korrig en redescendant. Il avait soif.

— Au fait, le service dont tu voulais me parler ?

Le temps d'allaiter, Korrig avait réfléchi. Le lendemain, elle devait se rendre à la mairie. Ce serait bien d'en profiter pour faire examiner un de ses bébés par le médecin. Elle avait promis encore de ne pas oublier mademoiselle Cogan, de passer au presbytère afin d'arrêter la date du baptême avec le curé. Beaucoup de choses à faire, et elle ne pouvait laisser seul l'autre pauvret aussi longtemps… Elle expliqua ses obligations civiles et religieuses à la fermière : elle irait plus vite sans son petit Justin, et elle avait peur qu'il prît froid.

— Tu pourrais pas me le garder pendant que j'irai en ville ?

Denise était une brave femme.

— Mais bien entendu ! Avec joie ! S'il a soif cependant, je te préviens que j'ai pas ce qu'il faut dans mon corsage.

— Je lui donnerai à boire avant de partir, et je tâcherai de faire vite. Sinon, tu le laisseras pleurnicher, il en mourra pas… J'avais aussi autre chose à te demander.

La fermière de Kost-er-Min savait que Korrig n'avait pas d'amis, et elle ne refusa pas de faire office de marraine.

— Mathurin sera d'accord lui aussi. J'en fais mon affaire.

20

Korrig recouvrait peu à peu le sang-froid qui lui avait permis de vivre seule. Confier un de ses bébés aux paysans de Kost-er-Min, c'était bien beau, mais elle avait parlé sans réfléchir : même si elle faisait vite, le petiot réclamerait certainement à boire pendant son absence. Embarquée dans une situation qui défiait les lois de la raison, il lui appartenait à présent d'en trouver la solution. Continuer à nourrir ses deux garçons exclusivement au sein, c'était s'installer dans une situation de dépendance où tôt ou tard serait découverte l'incroyable vérité. Sujette à une montée de lait, toute la nuit Korrig s'était sentie fatiguée, fiévreuse ; elle avait l'impression que sa poitrine allait éclater. Elle se leva et se passa un peu d'eau froide sur le visage. Elle entrouvrit sa chemise et pressa de ses paumes les pointes turgescentes afin de soulager la douleur ; il en suinta aussitôt un liquide gluant. Souvent les nourrices tiraient leur lait afin de nourrir les rejetons des mères au corsage trop plat. Pourquoi ne pas en faire de même ?... Quand elle pressa ses seins et en tira les mamelons comme des pis, elle eut l'impression désagréable d'être en train de se traire comme si elle était une des vaches de la ferme.

Les deux frères commencèrent à couiner quelques instants plus tard ; Korrig les laissa faire : plus ils auraient faim, moins ils rechigneraient à boire à la cuiller. Ce ne fut pas commode de leur faire accepter ce nouveau mode d'alimentation, mais elle ne céda pas, et bientôt ils entrouvrirent la bouche et déglutirent le précieux breuvage sans trop grimacer. Dans sa tête, elle avait du mal à les dissocier. Pour elle, tous deux étaient Justin, et de chercher un second prénom, elle aurait eu le sentiment de dépouiller de son identité celui auquel elle l'aurait attribué. Repus, ils commencèrent à pincer les lèvres au même moment, comme si leur horloge interne était réglée à la seconde près de semblable façon. Un autre constat plutôt rassurant à propos de la visite chez le docteur Lauragais : puisqu'ils étaient rigoureusement identiques, l'examen de l'un vaudrait pour les deux.

Réveillée avant l'aube par ses nouveaux pensionnaires, Korrig fit leur toilette, leur donna à boire et les langea de propre. Puis elle prépara une petite bouteille de lait pour celui qui allait à Kost-er-Min, l'heureux élu pour la balade en ville aurait droit au sein maternel. Son plan était élaboré dans les moindres détails : filer à la ferme, dix minutes un quart d'heure, autant pour revenir, prendre le second et monter en ville.

Tout se déroula comme prévu. Korrig eut cependant l'occasion de mesurer l'affection qui unissait les jumeaux, cette dépendance viscérale dont elle avait entendu parler. Celui qu'elle laissait à la maison se mit à pleurnicher, et l'autre qu'elle emportait vers la ferme en fit autant. Emue aux larmes, Denise le prit dans ses bras ; les Le Floch n'avaient pas d'enfant, et jamais elle ne serait grand-mère.

— Là, doucement, petit putois...

— Il vient de boire, il doit pas avoir bien soif. Je pense qu'il est plutôt dérangé dans ses habitudes. De toute façon, il a accepté de boire à la cuiller, et j'ai apporté un peu de mon lait au cas où.

— Ne t'inquiète pas, ma belle. Quand il te verra plus, il va arrêter de se plaindre.

Korrig trottina vers la chaumière dès qu'elle fut hors de vue. Le frangin couinait dans son grenier, et le retour de la mère ne suffit pas à le calmer : il cherchait son frère. Elle l'emmitoufla dans une couverture et elle partit enfin pour la ville. En chemin, elle se dit qu'il faudrait prévoir l'acquisition d'un landau, puisqu'elle avait un peu d'économies. Elle passa d'abord chez le docteur Lauragais qui aimait bien la petite Faouëtaise.

— Tu as bien fait de venir, je m'apprêtais à te rendre visite. Alors, ce bébé ? On m'a dit qu'il était en bonne santé.

Korrig hocha la tête en souriant.

— Les nouvelles vont vite. Beaucoup auraient souhaité que je mette au monde des avortons.

Le médecin la dévisagea d'un air intrigué :

— Des avortons ? Tu as l'intention d'avoir d'autres enfants ?

Korrig se mordit les lèvres ; il lui faudrait apprendre à tenir sa langue.

— Non, je disais ça comme ça. Avec un, j'en ai bien assez, et je crois que ce serait folie de provoquer le destin une seconde fois.

Le docteur examina le bébé.

— Tu as fait du bon travail, Korrig. Ton garçon n'est pas très costaud, mais il me paraît tout à fait normal.

— Pour la taille ?...

— Je ne pense pas que tu aies à t'inquiéter. Il sera plus grand que toi, si c'est ça que tu veux savoir. De toute façon, tu ne courais qu'un risque sur deux d'avoir un petit bonhomme. Il faudra que j'expédie un courrier à l'Académie de médecine pour leur faire part de la nouvelle.

Francine avait donc raison. S'il savait que j'ai fait des jumeaux… se dit Korrig en souriant.

— Et toi, tu n'as pas trop souffert ? Ce serait bien de te laisser examiner.

Korrig hésita, mais elle accepta, consciente de n'avoir peut-être pas fait tout ce qu'il fallait. Soucieuse aussi de ne pas se confiner dans l'originalité. Elle dut cependant vaincre sa pudeur au moment d'ouvrir ses cuisses devant le vieux praticien.

— Tout me semble en place, fit celui-ci en tapotant d'un bout de compresse la fente sanguinolente. Je vais quand même te prescrire de quoi te laver. Il faut faire attention aux risques d'infection. Repose-toi aussi, tu dois être encore très faible.

— Les coiffes, c'est pas très fatigant, vous savez, et les clientes, elles attendent pas.

— Tu as raison de profiter. Combien de temps encore nos si beaux costumes bretons résisteront-ils aux modes venues de la ville ?

On était en 1920, et il est vrai que la vêture coutumière évoluait. Quelques jeunes femmes commençaient déjà à s'habiller à la parisienne. Pour les hommes, l'évolution était encore plus flagrante.

Korrig se présenta ensuite à la mairie. Elle y fut accueillie avec autant d'amabilité, et la secrétaire lui confirma avoir été prévenue par l'institutrice.

— Vous l'avez appelé Justin, n'est-ce pas ?

— Oui, elle a dû vous le dire.

— Vous auriez pu changer d'avis.

Maintenant qu'elle était mère, elle eut droit à un livret de famille.

— Pour le père… fit la secrétaire. Je n'ai rien mis…

— C'est très bien comme ça, répondit sèchement Korrig.

Le maire arriva, et il s'extasia sur le petiot : il était beau, et il avait l'air déjà éveillé.

— Il n'est pas un peu… petit ?

— Je viens de chez le médecin qui m'a assuré qu'il ne serait pas comme moi.

— C'est parfait… Cela vous évitera bien des ennuis.

Korrig s'apprêtait à prendre congé, quand la secrétaire la rappela :

— Mademoiselle Cogan m'a bien recommandé de vous rappeler de passer lui montrer votre petit bonhomme. Aujourd'hui, il n'y a pas classe, elle doit être chez elle.

Un déplacement inutile : la maîtresse d'école descendait de son logement de fonction. Elle invita Korrig à monter.

— C'est aimable à vous, mais j'ai vraiment pas le temps. Justin va pas tarder à réclamer, et il faut encore que je passe voir le curé.

Mademoiselle Cogan demanda aussi à tenir le nouveau-né, et comme les autres, elle le soupesa machinalement.

— C'est un beau bébé, n'est-ce pas ? fit Korrig.

— Oui, et je suis contente pour toi. Il était temps que tu aies ta part de bonheur.

La visite au presbytère fut des plus brèves, et le baptême fut fixé au vendredi matin, à onze heures. Il était urgent de rentrer, et de récupérer le deuxième rejeton, après être passée déposer son frère à la chaumière.

Korrig arrivait dans la cour de la ferme quand elle entendit les pleurs de Justin. La paysanne le berçait en vain, et elle avait l'air un peu contrariée.

— Ma pauvre Denise, j'espère qu'il t'a pas trop fait la vie ?

— Non, non, t'inquiète pas, mais il a de la voix, et du caractère. J'ai essayé de le faire boire, mais il a serré les lèvres et n'a rien voulu savoir. Une vraie tête de Breton. Je sais pas où tu as été le chercher, celui-là !

Korrig ignora l'allusion. Elle récupéra son précieux fardeau, remercia la fermière et se pressa d'aller retrouver le petit frère. Dès qu'ils furent ensemble, les jumeaux cessèrent de pleurnicher.

21

Le baptême de « Justin » eut donc lieu le vendredi suivant, à onze heures comme convenu. Korrig lui avait confectionné une belle aube blanche, et brodé un bonnet, agrémenté de quelques perles. Elle retarda jusqu'au dernier moment le choix de celui qu'elle emmènerait ; malgré des convictions religieuses encore plus vacillantes depuis la double naissance, quel crève-cœur ce fut pour la pauvre mère de ne pouvoir offrir le sacrement aux deux enfants ! Aussitôt séparés, les jumeaux se mirent à pleurnicher comme si on les amputait l'un de l'autre.

Les Le Floch avaient proposé à Korrig de passer la prendre en descendant de la ferme, et elle n'avait pas eu la présence d'esprit de refuser ; aussi devança-t-elle leur arrivée en se plaçant à l'embranchement des chemins. Nullement fatigué, le futur baptisé s'époumonait toujours autant.

— Donne-le-moi, fit Denise. C'est à la marraine de le porter.

Ils étaient élégants, les deux paysans de Kost-er-Min. Elle, avait revêtu sa plus belle jupe et son corselet de velours ; quant à la coiffe, c'était Korrig qui la lui avait repassée quelques semaines auparavant, et elle était donc impeccable. Le mari avait lui aussi enfilé son costume breton, et il arborait son gilet aux mille boutons, une infiltration du pays *pourlet*, limitrophe oriental de l'Aven ; n'ayant plus l'habitude, il s'y sentait engoncé, mais l'obligation de se tenir raide lui donnait fière allure sous son chapeau.

Voilà bien longtemps qu'il n'y avait pas eu autant de monde à un baptême. La nouvelle avait fait le tour du bourg, et les badauds, mine de rien, se pressaient dans la rue devant le parvis, afin de voir comment était fichu le mioche de la naine. Gênée de traverser une foule si curieuse, Korrig pressait le pas ; elle aussi s'était faite belle, et on aurait dit une adolescente dans le costume confectionné par la mère. La situation lui semblait irréelle, un drôle de rêve, merveilleux par moments, mais proche à chaque instant de basculer dans le cauchemar.

L'église du Faouët présentait une architecture singulière, avec son toit et son clocher en pagode. L'abbé Colas guettait ses « clients » sous le porche. Quand arriva la mère suivie du parrain et de la marraine portant l'enfant, un sourire lui illumina le visage. Il n'était pas rare que soient en retard les paysans, qui se fiaient davantage au soleil et à leur horloge interne qu'à celle au fond de leur gousset.

A vrai dire, le baptême se déroula normalement, sauf que le bébé pleura toute la cérémonie, et un peu plus fort bien entendu au moment de l'immersion dans les fonts baptismaux. Le curé tenta de l'amadouer en lui expliquant sa chance d'être convié à intégrer le royaume de Dieu, mais ces pieuses paroles n'eurent pas l'heur de le calmer, bien au contraire. Korrig – qui savait la raison – était morte de honte. Les curieux entassés dans l'église étaient convaincus qu'à couiner autant, le petit était affligé de quelque difformité, et ils tendirent le cou quand sa mère le déshabilla.

Korrig ne profita pas comme elle l'aurait voulu de la cérémonie, ne pouvant s'empêcher de penser à l'autre Justin lâchement abandonné dans son grenier. Avant de sortir de l'église, elle trempa discrètement son mouchoir dans le bassin des ablutions sacrées. La procédure baptismale achevée, elle se sentit soulagée, s'apprêta à récupérer son fiston et à filer vers la chaumière.

— Tu n'y penses pas ! fit la marraine. On va quand même offrir un verre à tous ces braves gens qui nous ont fait l'honneur de leur présence.

— C'est que…

— Ne t'inquiète pas. On a tout prévu. Mathurin est passé hier au café de la mère Audran et il a demandé de mettre quelques bouteilles au frais. De toute façon, tu n'as rien à dire, puisque c'est nous qui payons.

La salle du bistrot ne fut pas assez grande pour accueillir tous les gosiers asséchés, et les bouteilles circulèrent de table en table à la grande satisfaction de la tenancière.

Justin tempêtait de plus belle et refusa le sein maternel que la mère lui proposa dans l'arrière-boutique, à l'abri des regards indiscrets. Ce n'était pas normal…

— C'est tout ce bruit, expliqua Korrig. Je suis sûre qu'il est en train de tomber malade.

Sa petite taille disparaissait dans la foule bruyante, et elle finit par s'éclipser après avoir remercié le parrain et la marraine de tout le mal qu'ils s'étaient donné. Cette fois, ils n'essayèrent pas de la retenir.

Korrig se hâtait dans le chemin. Pour le baptême, elle avait troqué ses sabots contre une paire de bottines cirées, et elle veillait à ne pas se tordre une cheville ; faut dire que la route descendait de façon abrupte avant de remonter le flanc de la colline. Elle n'était plus très loin du logis quand le petiot cessa soudain de pleurer. Elle se sentit soulagée, mais pas pour longtemps. Justin avait en effet du mal à respirer ; devenu tout rouge, il paraissait sur le point d'étouffer ; de son auriculaire, Korrig vérifia qu'il n'avait rien dans la bouche ; elle le secoua doucement, pensant que sa gorge était obstruée de glaires à force de crier. Rien n'y faisait... Il haletait, et Korrig se souvint alors d'une histoire terrible racontée par une vieille femme à propos de jumeaux. Ceux-ci avaient six ans ; ils étaient au pardon de Saint-Fiacre, et la mère leur avait acheté un berlingot à chacun. L'un avait avalé son bonbon de travers, et celui-ci était resté coincé dans sa gorge. Le malheureux... On avait eu beau lui taper dans le dos, l'attraper par les pieds et le mettre la tête en bas, il était devenu tout bleu, et il était passé en quelques minutes. Tout le monde s'était bien sûr empressé autour du pauvre petit, et on avait oublié son frère. Celui-ci avait été retrouvé derrière le four à pain, le visage congestionné, mort lui aussi, mais tenant encore son berlingot entre ses doigts crispés.

Korrig sentit sa raison chavirer ; elle se mit à courir. La maison n'était plus qu'à quelques mètres ; elle s'y engouffra comme une folle. Aucun bruit ne provenait du grenier. Elle posa dans le lit-clos le baptisé qui respirait à peine, grimpa l'échelle au plus vite. Le jumeau était recouvert de la couverture dont elle l'avait pourtant soigneusement bordé. Tout rouge lui aussi, il suffoquait. Elle le prit entre ses bras, et au bout de quelques secondes, il recouvra son souffle et se mit à pleurer ; aussitôt, son frère en fit de même en bas. Ils étaient sauvés.

Korrig se sentit encore plus désemparée, consciente qu'une telle dépendance allait devenir un véritable calvaire. Qu'allait-elle faire de ses deux petiots attachés l'un à l'autre comme des siamois ? Elle leur donna à boire, les tenant chacun sur un bras. Ils tirèrent sur les tétons maternels à lui faire mal, et vaincus par tant d'émotions, ils s'endormirent dans la minute suivante.

Dans la soirée, le logis de Korrig Lescoët fut le théâtre d'une drôle de cérémonie. Elle avait passé la robe de baptême à l'autre Justin et l'avait coiffé du même bonnet. Elle sortit le mouchoir encore imbibé d'eau bénite. Elle avait bien écouté l'abbé Colas, et elle essaya de psalmodier quelque chose qui ressemblait aux prières en latin. Plus faciles lui furent en français les paroles de bienvenue dans la communauté chrétienne.

Consciente de commettre un sacrilège, Korrig s'adressait à ce Dieu avec qui elle n'était pas toujours d'accord. S'il était aussi bienveillant que l'affirmait le curé, il ne refuserait pas d'accueillir en son sein un petit innocent qui n'était pas responsable de la situation.

Ainsi furent baptisés les jumeaux de Korrig.

22

L'assujettissement mutuel des jumeaux éventerait avant longtemps la manigance où Korrig s'était empêtrée. Elle devait pouvoir les séparer sans qu'ils se mettent à brailler comme des orfraies. Pour cela, il fallait une autre « chambre ». La seule solution était l'atelier de repassage : la porte à gauche de la cheminée permettait d'y accéder, la pièce était chauffée… Un en bas, l'autre en haut. Pourquoi pas ?… Elle prit le bébé qui avait failli mourir et partit acheter un second berceau, ainsi qu'un landau. Justin pleurnicha tout le long du trajet, un peu moins fort peut-être lors du retour, bercé dans la poussette.

Le soir même, Korrig fit l'expérience. Des gémissements provinrent aussitôt du grenier et de l'atelier. Elle mit un peu de soupe à réchauffer et dîna en se persuadant de ne pas entendre. Les coquins avaient de la persévérance et du coffre, et à plusieurs reprises, la mère fut sur le point de céder. Elle se coucha, ils pleuraient toujours autant, et elle tournait dans son lit en se bouchant les oreilles. Au bout de deux heures, les cris faiblirent en intensité. Puis ils cessèrent en une seconde, tous deux en même temps.

Un peu plus tard, les deux frères se remirent à geindre, mais cette fois, c'était normal : ils avaient faim. Korrig ne commit pas l'imprudence de les réunir ; ils rechignèrent à téter chacun de son côté, mais la gourmandise naturelle eut raison de l'obstination, et Korrig espéra que ce fût le début de la dissociation.

La partie était cependant loin d'être gagnée, et la naine passa encore plusieurs nuits blanches. Il n'était nullement dans ses intentions de les sevrer définitivement l'un de l'autre, et dans la journée, elle les laissait ensemble, parfois dans le même berceau. Leur plaisir de se retrouver était évident ; ils tournaient leurs petits museaux l'un vers l'autre, gazouillaient, et si leurs menottes se touchaient, on aurait dit qu'ils se souriaient.

Au bout de deux mois, chacun avait atteint trois kilos, le même poids au gramme près. Copies conformes, la mère ne parvenait à les distinguer. C'était pourtant nécessaire, et elle leur avait fixé au poignet un ruban de couleur différente.... Ainsi, chaque soir elle les changeait de « chambre » ; elle veillait aussi à les emmener avec elle à tour de rôle afin de leur octroyer la même part de tendresse, et ne donnait jamais la tétée au même en premier, persuadée qu'ils pouvaient déjà souffrir d'une inégalité d'affection.

Les semaines s'écoulaient ; le trio trouvait son rythme. Korrig ne relâchait pas sa vigilance, et dès que quelqu'un apparaissait dans le chemin, elle sortait précipitamment à sa rencontre.

Un jour cependant, la naine se fit piéger. On frappa à la porte : c'était un mendiant, qui s'appuyait sur une branche fourchue en guise de béquille. Korrig ne l'avait pas entendu venir. Il avait faim, il était épuisé, et il demanda à entrer afin de se reposer et de se sustenter.

— Il n'en est pas question ! s'insurgea Korrig.

Le pauvre vieux ne voyait plus très clair, et il crut se trouver face à une adolescente.

— Va donc chercher ta mère, dit-il d'une voix chevrotante. Peut-être sera-t-elle plus charitable que toi.

A ce moment, les jumeaux se mirent à pleurer chacun de leur côté.

— Bon diou, y en a du monde chez toi ! Tu as des frères et sœurs ?

— Non, je garde les enfants des voisins.

— Va donc chercher ta mère, que je te dis. Il n'est pas bon de refuser la charité à un vagabond. Dans le temps, il y avait toujours une écuelle au bout de la table pour le miséreux qui venait frapper à la porte.

Korrig ne savait comment se dépêtrer de l'importun.

— Ma mère est morte.

— Et ton père ?

— Je l'ai pas connu.

— Ne me dis pas que tu vis seule à ton âge. Et qu'en plus tu gardes les enfants des autres.

Alors Korrig décida de décliner qui elle était :

— Je suis une adulte, mais j'ai pas pris le temps de grandir.

Le mendiant se frotta les yeux de sa main crasseuse. Pauvre vieux… Il empestait !

— Si je comprends bien, tu es une naine ?

— En quelque sorte, oui.

— Et moi, je suis un clochard qui traîne sa misérable carcasse dans les chemins. Toi qui as été frappée par le destin, tu pourrais avoir pitié d'un pauvre hère qui n'a pas été épargné lui non plus. J'ai un genou tout de travers depuis que je suis petit. Ma mère disait que c'était de naissance ; quand le père avait bu un coup de trop, il se vantait de m'avoir pété la rotule parce que j'arrêtais pas de pleurer.

Korrig se souvenait de la tradition rurale de ne jamais repousser le cheminot égaré dans la nuit. Elle, la naine, avait-elle le droit d'y déroger ?

— Entrez donc, soupira-t-elle. Je vais voir si j'ai quelque chose à vous donner.

Alertés par le bruit, les petiots pleuraient toujours.

— Ils sont pas contents, les gamins des voisins, fit le vieillard en s'asseyant sur le bout du banc. D'ailleurs, j'ai pas vu beaucoup d'autres maisons dans le quartier.

— Ce sont des voisins de plus loin…

Alors, il naquit une idée singulière dans le cerveau de Korrig. Jamais elle n'avait eu la fierté de montrer ses deux garçons ensemble ; jamais peut-être ne se représenterait une telle opportunité. Ce vagabond n'était que de passage ; demain, il aurait quitté le secteur. Qu'importe qu'il aille raconter à tout le monde ce qu'il avait vu, et s'il le faisait, qui le croirait ?

— Ce sont pas les enfants des voisins, ce sont les miens.

— Les tiens ? Toi, une naine ?

— Oui, même que ce sont des jumeaux. Vous voulez les voir ?

— Et comment, ma belle !

— Seulement, il faudra dire à personne. C'est mon secret.

— Juré, promis. Et si je crache pas par terre, c'est parce que je suis poli.

Korrig monta d'abord chercher le Justin du grenier, puis celui de l'atelier. Les tenant chacun sur un bras, elle les présenta à ce mendiant en haillons.

— J'arrive pas à croire que ce sont tes gosses, fit le vieil homme. Tu les as pas volés au moins, puisque tu veux qu'on n'en parle à personne ?

Elle éclata de rire.

— Si c'était le cas, je serais pas assez bête pour vous les montrer. Non, ce sont les miens, et ils resteront pas petits comme moi.

Korrig recoucha les jumeaux qui se mirent aussitôt à geindre, puis elle s'occupa de son visiteur. Elle lui fit chauffer un bol de soupe, et lui donna un quignon de pain avec une tranche de lard, puisqu'elle avait recommencé à faire ses courses au bourg. Le mendiant mangea de bon appétit.

— Tu vas me dire que j'exagère… T'aurais pas un petit coup de vin pour faire passer tout ça, ou même une bolée de cidre ?

— Eh non…

— Ton bonhomme, il boit que de l'eau ?

— J'ai pas de bonhomme non plus.

Ce fut au tour du chemineau de ricaner.

— Tes gamins sont pas bien vieux, et tu me dis qu'ils ont pas de père ?

— Si, ils ont un père, mais je sais pas qui c'est.

Le mendiant commençait à croire que son hôtesse se moquait de lui.

— Dis donc, t'es pas bien grande, mais à t'entendre, tu serais une drôle de bonne femme !

— Je sais, et pourtant, c'est vrai.

Elle marqua une pause.

— Mais tout ça, ce sont que des manigances du destin. Ce serait trop long à expliquer.

Le mendiant avait fini de manger ; il s'essuya la bouche d'un revers de manche et à défaut de mieux avala un plein verre d'eau. Il regardait Korrig, elle comprenait ce qu'il attendait.

— J'ai pas de place pour vous loger, fit-elle d'un air navré.

— Ça fait rien, je suis habitué à dormir dehors, et ces jours-ci, il fait pas trop mauvais. Je te remercie quand même d'avoir eu pitié de moi.

Il se leva et se dirigea vers la porte.

— Tu sais, je connais certaines prières qu'on dit pas dans les églises. Je te promets de penser à toi quand je les réciterai avant de m'endormir, à toi et à tes deux bouts d'chou.

23

Le secret de la gémellité angoissait moins Korrig. D'élever ses jumeaux en cachette, elle avait l'impression que ceux-ci lui appartenaient davantage, et ce n'était pas sans orgueil qu'elle bernait de si magistrale façon la communauté qui l'avait toujours considérée comme une handicapée.

Korrig avait souvent recours à la marraine. Depuis la relative indépendance de ses garçons, les choses se passaient mieux, et le Mathurin lui-même s'essuyait les yeux quand le petit sautait sur ses genoux en riant aux éclats. Toutefois, la naine ne voulait pas abuser de la bonté des deux paysans, et il lui arrivait d'en laisser un solidement langé dans son berceau, où il se tortillait comme un ver.

Un jour, Korrig livra une coiffe à une paysanne aisée de Coat-Pales – son commerce marchait toujours aussi bien. En principe, c'était l'affaire de cinq minutes, mais la cliente se mit à chipoter sur le prix : la dentelle n'était pas régulière, les ailes n'avaient pas la même longueur, et leur arrondi ne serait jamais symétrique. Bref, elle entendait ne pas débourser la somme convenue.

Depuis le décès de la mère, Korrig avait pris du poil de la bête, et elle réfuta chacun des arguments sans se fâcher.

— Un contrat, c'est un contrat… conclut-elle.

— Il y a rien d'écrit, se buta l'autre.

— La parole des honnêtes gens n'a pas besoin d'être gribouillée sur un bout de papier.

— Voudrais-tu insinuer, petite misérable, que je ne suis pas honnête ?

— Non, puisque vous allez me régler le prix qu'on avait décidé. Que diraient les gens s'ils apprenaient qu'une dame de votre rang porte une coiffe au rabais ?

Le mari de la cliente assistait à la scène, et celle-ci lui menait une vie impossible. Un sourire goguenard au coin des lèvres, il affirma que lui la trouvait très bien, ladite coiffe.

— Toi ? Mais t'y connais rien, et on me mettrait un pot de chambre sur la tête que tu verrais que du feu !

Le bonhomme avait de l'humour…

— Faudrait essayer, ça ferait peut-être plaisir au pot de chambre de voir autre chose que tes fesses, même si je suis pas certain que ton visage soit plus avenant.

L'épouse resta un moment interloquée devant une telle insolence, et en public par-dessus le marché !

— Tu as encore trop bu, mon pauvre ami… bredouilla-t-elle.

— Pas assez en tout cas pour me mettre en colère et te laisser la place.

Ecarlate de rage, elle réprima le tremblement de ses mains, s'obligea à conserver son sang-froid, et ce fut d'un ton lourd de menace qu'elle lui décocha :

— On en reparlera.

Sachant ce qui l'attendait, le bonhomme regrettait déjà son intervention, et il riait jaune.

— Paie donc ce que tu dois à cette brave fille qui a mis tant de cœur à l'ouvrage. Tu finirais par faire croire que les Cardiet ne sont que des miséreux…

Le sourire de Korrig exaspérait la vieille carne, mais celle-ci devait conserver un certain sens du ridicule, puisqu'elle déboursa en maugréant l'argent réclamé.

L'échange avait duré, et Korrig pensait au jumeau resté à la maison.

Ce jour-là, Denise Le Floch rendait visite à Korrig qu'elle n'avait pas vue depuis une semaine. Elle frappa à la porte, attendit, recommença, et elle rebroussait chemin quand éclatèrent les cris du bambin confiné au grenier.

Tiens donc, se dit-elle. La Korrig doit pas être bien loin…

Elle se risqua jusqu'au potager, héla la propriétaire, revint au chemin où elle jeta un coup d'œil. Le petiot, qui croyait la mère revenue avec son frère, couinait de plus belle.

Il a dû arriver quelque chose…

Bien sûr, la porte était fermée à clef ; de plus en plus inquiète, Denise pensa aller chercher son mari.

Korrig avait entendu la fermière l'appeler. Elle connaissait son sens aigu de la charité. Elle fourra sa poussette entre deux buissons et fila vers la chaumière.

— Ah te voilà enfin ! fit la paysanne. Je me demandais où tu étais passée ! Il y a ton gamin qui pleure comme un beau diable. Sûr qu'il va finir par s'étouffer.

— Mais non, mais non… J'étais juste à côté, répondit Korrig en ouvrant la porte.

— Pourquoi tu l'as pas emmené avec toi ? insista Denise.

— Je peux pas le traîner partout. Reste-là, je vais le chercher.

Dans les bras de sa mère, le petit braillard se calma aussitôt, mais il était rouge comme une pivoine quand elle le descendit.

— Le pauvre chéri, fit la marraine en le prenant. Faudra dire à maman que c'est pas prudent de te laisser tout seul dans cette grande maison où il pourrait t'arriver mille choses !

Korrig souriait, incapable de se fâcher.

— Je t'ai dit aussi, reprit Denise, quand tu pars, dépose-moi Justin.

— Tu as la ferme à t'occuper. Qu'est-ce qu'il va dire, Mathurin, si tu passes ton temps à pouponner au lieu de l'aider ?

— Rien ! Au contraire même. Il aurait tant voulu avoir un garçon comme le tien, et je n'ai pas pu lui en donner...

Les jumeaux marchèrent à treize mois. Ils firent leurs premiers pas le même jour, à la même heure, à la même seconde pourrait-on dire, et Korrig n'aurait pu en jurer, mais il lui sembla qu'ils partirent tous les deux du pied droit. Depuis plusieurs jours, ils gazouillaient comme des chardonnerets en cage, car s'ils pleuraient toujours de conserve quand on les séparait – de moins en moins toutefois –, ensemble, ils riaient de bon cœur, et tout laissait présager de joyeux lurons.

L'atelier était devenu leur lieu de vie, la pièce commune étant trop risquée en cas de visite importune. Korrig les y asseyait sur une couverture étalée à même la terre battue. Fallait les voir jouer à n'en plus finir... Ils se tripotaient, se taquinaient, s'agaçaient d'un doigt dans l'œil ou dans l'oreille, se tiraient les cheveux, se faisant couiner l'un et l'autre. Ces cruautés puériles se terminaient le plus souvent par une empoignade où ils roulaient et haletaient comme des lutteurs cherchant à se contraindre : on aurait dit des chatons à tournebouler. La mère riait de ces corps à corps enfantins ; par moments, même si aucun ne se plaignait, elle les séparait de crainte qu'ils ne se fassent mal, mais c'était alors qu'ils se mettaient à pleurer.

Ce jour-là donc, après s'être payé une sacrée partie, les jumeaux babillaient une drôle de conversation qu'eux seuls pouvaient comprendre ; soudain, se faisant face, ils s'agrippèrent par les épaules, comme s'ils désiraient reprendre le combat, ou le conclure par une accolade. Devant les yeux ébahis de Korrig, ils se redressèrent à genoux, chacun servant d'appui à l'autre. Debout, ils titubèrent quelques secondes, puis ils chaloupèrent en riant et se jetèrent contre leur mère. Elle n'était pas beaucoup plus grande que ses deux garçons, et la réception la fit vaciller ; elle les étreignit, émue aux larmes. Ses deux petits bonshommes, elle les chérissait de plus en plus ; eux, jubilaient de leur prouesse.

24

Les jumeaux commencèrent à parler quelques mois plus tard, à leur façon toutefois. Ils peaufinèrent leur jargon onomatopéique au point d'en user à merveille. Pour Korrig, il s'agissait d'une forme indéniable de langage, puisqu'elle y distinguait des enchaînements phonétiques récurrents, employés à des fins de conversation, autrement dit avec les intonations de la parole habituelle : ils s'interrogeaient, se répondaient, s'exclamaient, se parlaient en riant ou se criaient dessus avec des yeux furibonds. Par quel miracle les chers bambins avaient-ils élaboré ce mode de communication ? La pauvre mère aurait été bien incapable de l'expliquer ; tout au plus en avait-elle observé l'installation progressive : d'abord un balbutiement de sons sans cohérence – jusque-là aucune raison de s'inquiéter. Mais la prononciation mimétique des mots ne s'était pas produite. Etrange… s'étonnait Korrig, puisqu'ils comprenaient parfaitement ce qu'on leur disait, preuve qu'ils enregistraient le langage maternel. Elle pensa que ce refus de restitution était dû à une incapacité phonatoire, et se promit de consulter le docteur Lauragais si cela continuait. Ou alors, était-ce un moyen d'affirmer et de protéger leur gémellité ?

En tout cas, Korrig était mortifiée d'être tenue à l'écart ; mais incapable aussi d'en vouloir à ses petiots, puisque ce repli n'enlevait rien à leur tendresse. Ils se blottissaient contre elle avec spontanéité, et séchaient tous deux leurs larmes dans son giron quand l'un ou l'autre s'était écorché les genoux aux cailloux du chemin, les rares fois où la mère les y conduisait après s'être assurée de l'absence de tout visiteur.

A deux ans, il fut évident que les frangins n'étaient pas affectés de la singularité maternelle. Procréés dans le ventre d'une naine, la rapidité de leur croissance était même surprenante : ils deviendraient de solides gaillards.

La préservation du secret restait la préoccupation permanente de Korrig. Le hasard allait lui procurer un allié précieux. Elle se rendait à la ferme de Kost-er-Min pour y faire provision de lait et de beurre. Bien sûr elle traînait un des jumeaux. Ceux-ci avaient compris la règle de l'alternance, et celui qui restait à la maison ne faisait plus la comédie. En revanche, l'heureux élu était aux anges. L'un et l'autre étaient curieux de tout ; ils s'immobilisaient pour suivre des yeux un papillon aux ailes moirées, ou les grosses libellules annelées de jaune et de noir. Le lézard qui filait entre les pierres sèches les intriguait, la vipère lovée dans un trou de soleil les faisait reculer, et de la pointe d'un rejet, ils adoraient taquiner la fourmilière.

Ce jour-là, Justin découvrit un oiseau mort sur le bord du chemin, une mésange charbonnière ; lâchant la main maternelle, il la ramassa ; les paupières chargées de larmes, il leva vers la mère de grands yeux interrogatifs.

— Elle a dû être blessée, fit celle-ci. Elle a pas eu la force de vivre…

Justin poussa un grognement pathétique qui émut Korrig.

— C'est triste, mais on peut plus rien. C'est la vie, tu sais. Viens, maintenant.

Ils reprirent le chemin de la ferme.

Korrig et son fils y furent accueillis par un bâtard court sur pattes, un chien de races, au pluriel. Le cabot leur aboyait dessus comme s'ils étaient diable et démon. Puis d'un coup il se mit à frétiller du croupion en gémissant, les oreilles couchées. Korrig s'accroupit afin de le caresser ; l'animal se renversa sur le dos, et quand elle gratta son ventre, il atteignit la béatitude suprême. Justin trépignait de joie.

Alerté par les aboiements, Mathurin Le Floch arriva, un bâton noueux à la main.

— C'est encore ce corniaud ! Ça fait trois jours qu'il est là.

— Il est pas à vous ? J'avais pensé que vous aviez changé de chien.

— Penses-tu. La Mirza était en chasse, et cet idiot-là aurait bien aimé lui faire son affaire. Il était pas le seul d'ailleurs. Le pire, c'est qu'on n'arrive pas à l'attraper, sinon, il y a longtemps que je l'aurais envoyé à la mairie.

Comme tous les paysans, les Le Floch possédaient un chien, une chienne pour être plus précis, dont la mission était de garder les vaches. Mirza était puissante et intelligente, et Korrig l'aimait bien, mais ce jour-là, elle semblait avoir disparu. La semaine précédente, elle avait donc eu ses chaleurs, et les prétendants n'avaient pas manqué. Ils avaient rôdé jour et nuit, hurlant leur détresse amoureuse ou s'entredéchirant à coups de crocs comme si le territoire appartenait à chacun. La nuit tombée, ils envahissaient la cour, et les plus hardis s'étaient même risqués à gratter à la porte de l'étable où était emprisonnée leur dulcinée. Les humeurs de la belle étant taries, les amoureux avaient levé le camp. Sauf celui-ci…

— Le pauvre, il a pas l'air bien méchant… fit Korrig.

— Avec toi, non. Mais dès qu'il y a quelqu'un qui passe, il se met à faire la vie comme s'il était chez lui.

Le paysan se frotta le visage, ce qui fit crisser sa barbe de trois jours.

Korrig eut alors une idée géniale. Un compagnon aussi virulent la préviendrait de toute intrusion, et elle aurait le temps de dissimuler un de ses jumeaux… Mathurin semblait suivre le cours de ses pensées.

— Ça fait trois jours qu'il a rien mangé. Il reste là assis à nous regarder comme un pauvre innocent. Dès qu'on essaie de l'approcher, il file pour revenir dès qu'on a le dos tourné. Mais si on commence à lui donner, on pourra plus s'en débarrasser. Ça te dirait pas d'avoir un chien ? Il a l'air de vous avoir à la bonne, toi et ton gamin, puisqu'il se laisse caresser…

— Tu crois qu'il va accepter d'abandonner sa fiancée ?

— Je vais te donner un bout de ficelle. Il sera bien obligé de te suivre.

— Ma foi, j'dis pas non. Ça fera une compagnie à mes… à mon fiston.

— Eh bien, voilà un problème de réglé. Tu le gardes enfermé quelques jours, le temps qu'il oublie son amoureuse, et tu verras bien… Il a pas l'air d'être une méchante bête.

Ce fut ainsi que Korrig adopta un chien. Portant d'une main le pot à lait et tenant la laisse de l'autre, la mère reprit le chemin du retour. Le gamin trottinait à côté du nouveau compagnon sans le quitter des yeux et à plusieurs reprises il manqua de s'étaler. Même s'ils ne lui répondaient pas, Korrig s'évertuait à parler à ses garçons, espérant que le déclic se produisît.

— Comment on va l'appeler, notre chien ?

Le fiston haussa les épaules. Ils marchèrent un long moment en silence, descendirent les marches de pierre qui amorçaient le chemin des pèlerins et prirent aussitôt celui qui partait sur la gauche. Soudain Korrig s'exclama.

— J'ai trouvé ! Il en fait du bruit quand il aboie ! On va l'appeler Torr-Penn, Casse-Tête, ça lui ira bien.

L'autre Justin guettait le retour de son frère derrière la chaumière. Lui aussi se mit à sauter de joie à la vue du chien. Celui-ci avait-il conscience de la ressemblance parfaite entre les deux garçons ? Difficile à croire, et pourtant il regardait les jumeaux à tour de rôle comme s'il avait la berlue.

Torr-Penn remplit son rôle à merveille. En quelques jours, il s'appropria le territoire, et passa son temps à surveiller le chemin à travers la barrière. L'ouïe fine et le flair développé, il anticipait l'arrivée de n'importe qui. Il fallait l'entendre alors ! Le roquet courait d'un bout à l'autre de la clôture, se dressait sur ses pattes arrière, en poussant des aboiements d'une férocité redoutable.

Un Justin se cachait, Korrig se précipitait. Ce n'était souvent qu'un passant, parfois un chasseur.

— Dis donc ! Il en fait du bruit ton molosse…

— Il fait son travail, mais il est pas méchant.

Personne n'échappait à la hargne du gardien, et surtout pas les paysans de Kost-er-Min, à qui il ne pardonnait pas de l'avoir privé de sa fiancée. Ceux-ci riaient.

— Un jour, faudra qu'on lui amène Mirza, plaisanta Mathurin.

— Sans doute, oui ! fit Denise. Il est capable de ficher le camp et de revenir rôder autour de la ferme.

— Penses-tu ! Il est trop bien chez Korrig.

Un matin, le fermier arriva avec sa chienne, trois fois plus grande que son ancien amoureux. Torr-Penn commença à tempêter. Quand il aperçut son égérie de l'autre côté de la barrière, il se mit à gémir, les oreilles dressées, en gigotant de l'arrière-train.

— Ah, mon salaud ! fit Mathurin. Tu en pinces toujours pour ta copine... Regardez-le faire le joli cœur...

Torr-Penn tourna vers sa maîtresse des yeux implorants. Korrig eut pitié et lui ouvrit la barrière. Il s'approcha de Mirza et ne trouva rien de mieux que de lui flairer le derrière. La chienne n'eut pas l'air d'apprécier cette familiarité immédiate ; elle se déroba, l'autre insista. Alors elle lui lança un coup de croc en grondant, et Torr-Penn se réfugia près de sa patronne en couinant. Le paysan riait de bon cœur.

— Ça t'apprendra à mettre ton nez dans les affaires des autres.

25

Deux années s'écoulèrent, les jumeaux avaient du mal à marcher dans les vieux sabots de la mère, il fallait les chausser convenablement. Les habits, c'était Korrig qui s'en chargeait. Ce n'avait pas été une mince affaire de les vêtir de façon identique, puisqu'ils étaient amenés à se remplacer au pied levé. Mais la faiseuse de coiffes avait l'aiguille experte, aussi bien à coudre qu'à tricoter. La défunte lavandière avait emmagasiné assez de tissu et de laine pour confectionner deux paires de tenues : sarraus, culottes courtes et chemises, pull-overs et chaussettes montant aux genoux. Pour les brodequins, ce fut une autre histoire…

Le marchand tenait boutique en haut de la place. C'était un brave homme, resté veuf quelques années après son mariage, une troisième grossesse malencontreuse. Déjà lesté de deux gamines, il n'avait jamais trouvé à se remarier. A vrai dire, il n'avait pas cherché, ignorant les délicates chevilles des jeunes bourgeoises qui relevaient plus que nécessaire leurs jupes pour essayer une paire de bottines. Mais il avait aimé sincèrement son épouse, et ne pas lui rester fidèle aurait été un sacrilège, même au-delà de la mort.

Jérôme Le Bras était un bon commerçant, honnête et discret, affable sans obséquiosité. Il se consacrait corps et âme à ses deux loupiotes. Sabine et Pauline étaient des fillettes charmantes, aux cheveux clairs, aux yeux bleus, et avec le teint légèrement cireux des enfants anémiés. Timides et d'humeur égale, elles avaient trouvé à se marier sans avoir fréquenté beaucoup de garçons ; la cadette d'abord, puis, quelques mois plus tard, son aînée de trois ans, au physique plus ingrat. Deux beaux mariages au demeurant, dont le père s'était efforcé de paraître fier, alors que c'était un déchirement d'être privé de ses filles chéries.

A quarante-cinq ans, le pauvre homme avait les cheveux blancs, le teint gris et le regard triste.

Jérôme Le Bras adorait Korrig. L'année précédente, il lui avait cédé à un prix modique une jolie paire de bottines d'adolescente, sa façon de faire la charité à celle qu'il estimait frappée par le destin. Quand elle entra en tenant Justin, le visage du marchand s'éclaira.

— Me dis pas que tu as déjà usé tes bottines !

Korrig éclata de rire, et elle releva le bas de sa jupe noire.

— Non, non... Je les mets seulement pour venir en ville, et encore quand il pleut pas. Sinon, je porte des sabots comme tout le monde.

— Alors, c'est pour ton petiot.

— Tout juste. Il a pas encore des grands pieds, mais vous aurez bien quelque chose à lui proposer.

— Certainement. Je vais aller voir.

Avant de s'éclipser, il sortit de derrière son comptoir un bocal empli de berlingots multicolores et s'accroupit face à Justin.

— Tu aimes bien les bonbons ?

— C'est qu'il parle pas encore, intervint aussitôt Korrig.

— Il a bien raison. Il a le temps de dire des bêtises. Mais il comprend quand même ce que je lui dis ?

— Oh pour ça, oui ! Surtout quand il s'agit de son ventre.

— Tiens, petit bonhomme, prends donc un bonbon.

La mère avait inculqué à ses jumeaux un sens profond de l'égalité, et ils avaient l'habitude de tout partager. L'enfant prit un premier berlingot qu'il serra dans sa main gauche, puis un second, pour son frère.

— Veux-tu bien ! fit Korrig. Le monsieur t'a dit d'en prendre un, pas deux !

— Laisse-le donc. Il vient pas tous les jours me rendre visite, il a raison d'être prévoyant.

La mère était horriblement gênée ; le jeune garçon la regardait de ses grands yeux étonnés. Le marchand était déjà parti en arrière-boutique. Korrig serra son fils et lui déposa un baiser sur la joue.

— C'est bien de penser à ton frère. Mais il faut écouter ce qu'on te dit.

Le Bras revint avec trois ou quatre boîtes.

— Alors, ils sont comment, mes berlingots ?

— Il les mangera quand on sera rentrés, et je suis sûre qu'il pensera à vous avec beaucoup d'émotion. C'est un bon garçon, vous savez.

Le commerçant sortit plusieurs paires de chaussures, qui se ressemblaient, hormis la taille. La première allait parfaitement, autrement dit avec une marge de trois centimètres au bout du pied afin de les faire durer un peu.

— Je suppose qu'il va les garder pour rentrer ?

— Oui… Il faut qu'il apprenne à marcher avec.

On mit les vieux sabots de Korrig dans la boîte. Pas une seconde celle-ci n'avait oublié le frère resté à la maison : il faudrait l'équiper lui aussi.

— Vous avez une autre paire du même modèle ?

Le marchand la regarda d'un air intrigué.

— Tu sais, ce sont des chaussures très solides, et il est pas près de les user, à moins qu'il s'en serve pour taper dans les cailloux. Pourquoi ? Tu veux en acheter deux paires ?

Korrig avait pris conscience de son inconséquence.

— Non, mais je les trouvais très belles, et je me disais que plus tard, quand il aura grandi…

— Il y aura beaucoup d'autres modèles d'ici là. Tout aussi jolis, et sans doute même plus.

Le garçonnet avait du mal à marcher, mais il n'y avait pas plus fier, et il faisait attention à ne pas écorcher ses nouvelles chaussures. Ils arrivèrent en vue de la chaumière, et l'enfant pressa le pas, impatient de retrouver son « besson ».

— Va chercher ton frère, fit Korrig. Je crois que tu as quelque chose pour lui.

Justin donna le berlingot et enfourna le sien sans plus attendre. L'autre lorgnait avec envie les brodequins neufs. Soudain, le premier s'assit par terre et dénoua les lacets. Intriguée, la mère le laissait faire. Il se releva et tendit les chaussures à son frère. Korrig essuya une larme, regrettant une fois de plus de les avoir fourrés dans un piège aussi cruel.

— La semaine prochaine, on ira acheter une autre paire, les mêmes. D'ici là, on va ranger celles-ci, comme cela, il y aura pas de jaloux.

Au Faouët ne tenait boutique qu'un marchand de chaussures, sinon le problème aurait été réglé. Jérôme Le Bras fut surpris de voir revenir Korrig avec son fils, à nouveau équipé de vieux sabots.

— Il a déjà bousillé ses chaussures neuves ?

La naine avait préparé son discours, mais ce fut d'une voix chevrotante qu'elle balbutia :

— Pire que ça ! Il les a perdues.

— Perdues ? Mais comment ?

— Un gamin a dû les chaparder. On était partis au Grand-Pont. Il a voulu aller tremper les pieds dans l'eau, il a posé ses galoches à l'abri d'un rocher. Quand on est revenus, elles étaient plus là.

Au fil de ses paroles, Korrig avait recouvré son aplomb. Le marchand compatit à leur malheur.

— Il vous reste les mêmes ?

— Tu as de la chance. Un petit garçon est venu ce matin acheter une paire, et il a failli prendre les dernières. Autrement, tu en aurais choisi d'autres. J'en ai justement reçu de nouvelles ce matin. Tu veux pas les voir ?

— Non, non. Celles qu'on nous a volées étaient très bien.

Croyant à l'infortune de Korrig, le marchand lui fit un prix et recommanda à son fiston de faire attention cette fois. Au moment où ils sortaient, il rappela l'enfant :

— Tu veux pas deux autres berlingots ?

26

Mathurin Le Floch était chasseur, mais solitaire. Avec son fusil à deux coups, il se mettait à l'affût à la tombée de la nuit face à l'orée du bois. Au crépuscule, les lapins de garenne sortaient du couvert ; il les laissait batifoler un peu avant de tirer. Ce n'était pas un « viandard » : deux cartouches, deux lapins, car il n'était pas maladroit. Mathurin aimait aussi chasser le ramier. Là encore, c'était à l'affût, sous les chênes : les pigeons raffolaient des glands. Il patientait des fois plus d'une heure avant qu'un vol ne vînt se poser au-dessus de sa tête. Pas de geste brusque ; il visait la branche où les volatiles étaient le plus regroupés, et il lui arrivait d'en abattre trois ou quatre à la fois.

La chasse, mais aussi la rivière. Il n'y avait pas plus fin pêcheur que Mathurin au Faouët. Il fabriquait lui-même ses mouches, et il gardait dans la basse-cour un coq qui lui fournissait les plumes de son cou. Pas de gaieté de cœur, bien entendu, et quand le paysan entrait dans le poulailler en lui murmurant des amabilités, le malheureux volatile filait se cacher, car il savait ce qui l'attendait. Ce que le fier oiseau ignorait en revanche, c'est que la beauté de son plumage lui évitait de passer au four : cela méritait bien de souffrir un peu. La pêche à la mouche était un art difficile. A petits coups de poignet, la canne fouettait l'air et faisait voleter le leurre monté sur l'hameçon au-dessus du trou d'eau supposé héberger une truite. Par temps orageux, le poisson était vorace, et il était fréquent qu'il sautât de l'eau pour gober l'« insecte » au vol. Sinon, il fallait laisser tomber la mouche à un endroit précis.

Mathurin Le Floch prisait de plus en plus la compagnie de son filleul, et il n'était pas à court d'idées afin de le récupérer. Un après-midi, il arriva avec sa canne à pêche et son panier d'osier en bandoulière.

— Il est pas là, mon filleul ?

— Il doit être en train de jouer dans le jardin. Pourquoi ? Tu veux le voir ?

— J'allais taquiner la truite. Je me suis dit que ce serait bien de lui montrer, puisque je suis son parrain et que le pauvre n'a pas de père pour lui apprendre.

— Mais il n'a que quatre ans, Mathurin !

— Et alors ? Il vaut mieux commencer de bonne heure.

Korrig hésita : la proposition était généreuse, mais elle allait faire un jaloux. Comment refuser cependant ?

— Attends, je vais voir où il est.

Les jumeaux étaient cachés derrière le poulailler. Ils avaient entendu le paysan ; ils adoraient leur parrain, et ils s'avancèrent d'un même élan. Korrig se sentit fondre d'émotion ; elle posa un bras sur l'épaule de chacun.

— Vous savez bien que c'est pas possible, murmura-t-elle. Je vais faire des crêpes. Celui qui restera avec moi m'aidera.

Du coup, ils firent un pas en arrière : quand la mère tournait la pâte, ils avaient le droit de déguster les miettes qui restaient collées sur le bord de la *pillig* : c'était bon, ça croustillait sous la dent. Alors Korrig ramassa une plume sur le sol et mit ses deux mains derrière le dos. Les jumeaux étaient habitués à ce genre de tirage au sort. D'un coup de menton, la mère désigna celui qui devait se prononcer. Le perdant ne manifesta aucune tristesse ; la prochaine fois, ce serait à son tour d'accompagner le parrain.

Le chevreuil n'avait pas perdu l'habitude de rendre visite à celle qui lui avait sauvé la vie. Mabig était devenu un splendide cervidé à l'allure altière. Les jumeaux adoraient le caresser, et il veillait à ne pas les bousculer. Seulement, il n'était pas passé à la chaumière depuis l'arrivée de Torr-Penn. Ce jour-là, il déboucha face au cabot tonitruant. En lui était gravé de façon indélébile le souvenir de la meute qui l'avait poursuivi : il fit demi-tour et disparut comme un éclair sous les frondaisons.

Korrig avait assisté à la scène. Elle attrapa le chien par l'échine et le fourra dans la maison en le secouant :

— Mabig est un ami. T'as pas le droit de lui aboyer après ! Viens, Justin. On va aller le chercher s'il a pas filé trop loin.

La mère et le fils s'aventurèrent dans le sous-bois en appelant le chevreuil. Celui-ci ne s'était pas enfui au diable. Soudain, ils aperçurent l'animal dressé au milieu d'une clairière ; il les attendait. Il hocha la tête et s'approcha. Korrig avait eu soin de mettre un ou deux morceaux de sucre dans la poche de son tablier.

— Tiens, Justin. Donne-lui ça afin de le consoler.

Ils le caressèrent, lui parlèrent, et le chevreuil avait l'air de les comprendre. La naine savait cependant qu'il était illusoire d'espérer son retour à la maison tant que le chien serait là.

En revenant au gîte, Korrig allait avoir une nouvelle alerte. Elle avait presque terminé une coiffe pour une paysanne de Stéroulin ; d'habitude, elle se chargeait des livraisons, mais Marianne Couzig était du genre impatiente, et elle avait décidé d'effectuer le déplacement afin de voir où en était sa commande. Elle se tenait devant la barrière ; Torr-Penn tempêtait dans la chaumière. Le problème, c'est que celle-ci avait croisé le parrain faisant route vers l'Ellé avec l'autre jumeau, et elle fut stupéfaite de le retrouver déjà en compagnie de sa mère.

— Qu'est-ce qu'il fait là ? demanda-t-elle en écarquillant de grands yeux.

— Rien de spécial, répondit Korrig, étonnée de la question. Nous sommes allés nous promener. Pourquoi ?

La cliente expliqua la raison de sa surprise, et Korrig mit un certain temps à trouver la répartie.

— Il aura changé d'avis et il a pris le raccourci qui passe en bas de la colline.

— Le raccourci en bas de la colline ? Quel raccourci ?

— Ah, ma pauvre Marianne… Tu connais pas aussi bien la campagne que les gamins. Celui-ci n'a pas son pareil pour se faufiler partout comme un furet. Tu l'as vu il y a combien de temps avec Mathurin Le Floch ?

— Je sais pas, moi, il y a un quart d'heure. Peut-être plus…

— C'est le temps que tu as mis pour venir ici ; il lui en a pas fallu davantage pour passer par l'autre côté. Je t'ai dit, il court plus vite que toi.

L'explication se tenait, et la paysanne n'insista pas. Elle contempla la coiffe que Korrig était en train de lui confectionner, ne trouva rien à redire et dut convenir que c'était de la belle ouvrage. Elle s'inquiéta de savoir quand ce serait terminé, cela traînait un peu, ce à quoi la faiseuse répondit en souriant que ce serait fini avant la date convenue.

Docile et bien dressé, Justin avait filé dans le jardin derrière, où il élevait avec son frère une colonie d'escargots dans une vieille bassine recouverte d'une planche. Entretemps, il s'était mis à pleuvoir, au point que Mathurin et son filleul avaient renoncé à leur partie de pêche. Quand la cliente prit congé, ce Justin-ci arrivait au loin en courant. Cette fois, Marie Couzig se frotta les yeux : le fils de la faiseuse de coiffes était là quelques minutes auparavant, elle l'avait de ses yeux vu, et le voilà qui revenait au bout du chemin ! La situation se compliquait, mais Korrig n'eut pas le temps de battre en retraite.

— Y a pas à dire, ton gamin, il court plus vite que le lièvre, ou il vole comme l'éclair, fit la Couzig.

— Tu sais, Marie, ça fait une demi-heure que tu cherches la petite bête au sujet de ta coiffe. Mon fiston, il a eu cent fois le temps de faire le tour du bois de Sainte-Barbe et de rejoindre son parrain.

— Quand même ! Il a tout juste quatre ans, si mes souvenirs sont bons…

— Qu'est-ce que tu veux que je te dise… C'est comme ça, ou alors, il a le don d'ubiquité, se permit d'ironiser Korrig.

C'était un mot inconnu pour la paysanne et, de peur de passer pour une cruche, elle se retint d'en demander la signification.

27

Les jumeaux avaient donc quatre ans. En dehors du territoire maternel, la forêt voisine était le seul lieu où ils avaient le droit de profiter ensemble du grand air. A l'abri des regards, c'étaient des parties interminables ; devenus maîtres dans l'art de se dissimuler, ils adoraient jouer à cache-cache, disparaissant derrière une souche moussue, se coulant dans l'anfractuosité d'un chaos de rochers, à califourchon sur une grosse branche afin de se confondre dans le feuillage d'une fourche basse. Ils avaient beau rivaliser d'ingéniosité, chacun découvrait toujours la cachette de son frère. Bien entendu, la faune du sous-bois n'avait plus de secrets pour eux. Ils reconnaissaient chaque oiseau à son vol ou à son chant. Korrig leur apprenait à siffler en imitant le bouvreuil jusqu'à l'amener dans l'arbre au-dessus de leur tête. Parfois le chien les accompagnait, mais ils préféraient le laisser à la chaumière, car avec lui il était hors de question de passer inaperçu. Il aurait été impossible par exemple de surprendre les lapins et les lièvres ; ils s'approchaient à pas de loup, retenaient leur souffle et claquaient dans les mains au dernier moment pour voir tressauter leurs petits culs blancs dans une fuite éperdue. A l'aide d'un rejet de saule ou de châtaignier, ils taquinaient les grenouilles afin de les faire sauter le long du ruisseau, et trouvaient tout aussi amusant de dénicher les crapauds pustuleux sous les mousses humides. Ce n'étaient que des jeux innocents : ils n'avaient pas la cruauté des jeunes paysans.

Les jumeaux apprenaient aussi à tirer parti des richesses de la forêt. Dès la fin du printemps, ils cueillaient les girolles jaune d'or au flanc des talus humides, les mûres des ronciers sans s'écorcher, et au début de l'hiver, ils savaient déguster les nèfles astringentes lorsqu'elles étaient à moitié pourries. Ils auraient bien mis à griller quelques châtaignes, mais la mère leur interdisait d'allumer le moindre feu.

Les jumeaux se cantonnaient toujours dans ce langage que Korrig trouvait de plus en plus barbare. Ils avaient cinq ans. On était en hiver, et chose curieuse, à chaque anniversaire s'était déclenchée une tempête aussi violente que la nuit de la naissance. Cette année-là, la pluie laissa place à la neige ; ce n'était pas fréquent en Bretagne, mais si près des montagnes Noires, Le Faouët avait droit à un ou deux saupoudrages annuels. La campagne devenait alors un paradis pour les enfants, les mains et les pieds gelés par la neige fondue.

La nuit de cet anniversaire-là, les flocons tombèrent dru, emmitouflant la campagne d'un épais manteau. Bien au chaud, les jumeaux ne s'attendaient pas à découvrir au petit jour une pareille métamorphose. Ils piaffaient d'impatience, bien décidés à explorer ce paysage devenu inconnu. Avant toute chose, Korrig dut déblayer le seuil de la chaumière. Le vent n'était plus que bise, mais d'une sournoiserie qui mordait les doigts et les joues. Etait-ce raisonnable de laisser sortir des enfants de cet âge ? Elle-même se souvenait de son ravissement lorsque le paysage se parait de blanc ; la mère usait de la même prudence à son égard, et la naine lui en voulait à mort.

— Bon, mais à une condition : que vous restiez pas trop longtemps. Et puis, couvrez-vous, vous allez attraper la crève !

Un bonnet enfoncé à la hâte par-dessus les oreilles, un cache-nez noué en un tour de main, leur paletot boutonné sous le menton, les deux frères étaient déjà dehors, enfonçant jusqu'aux chevilles dans le manteau poudreux.

Eblouis par le scintillement, les garçons hésitaient. A travers les feuillus dépouillés se profilait la colline Sainte-Barbe ; sous une parure aussi inhabituelle, elle se prélassait avec des allures de princesse ventrue, et les sapins hésitaient à s'ébrouer de crainte de perdre leur coiffe immaculée. Korrig observait ses jumeaux :

— Alors ? Vous avez peur à présent ?

Ils la regardèrent en souriant et coururent en levant les genoux. Le chien entreprit de les accompagner, mais au bout de quelques mètres, il renonça à se mouiller le ventre à cause de ses pattes trop courtes.

La neige effaçait les repères habituels, mais offrait de nouvelles surprises. Les accents noirs des oiseaux transis ponctuaient la blancheur cristalline, et de place en place, les deux gamins s'étonnaient de leurs empreintes menues. A un moment, ils repérèrent des traces plus profondes, à n'en point douter celles des sabots de Mabig. Il était de toute évidence le seul chevreuil à avoir élu domicile dans les bois de Sainte-Barbe, importé dans le ventre de sa mère ; les jumeaux entreprirent de le suivre. Ils l'appelaient, mais le silence ouaté capturait leur voix et en étouffait l'écho. Tout à coup, la silhouette majestueuse du cervidé se découpa en contre-jour dans la lumière étincelante. Lui aussi avait reconnu ses jeunes amis, et il se laissa approcher, caresser. Puis il s'évanouit dans la brume qui montait de l'Ellé.

Les sentiers habituels avaient disparu, les Justin se sentaient désorientés. Soudain des nuages noirs empêchèrent le soleil de se faufiler entre les troncs, et de nouveaux flocons voletèrent autour d'eux. Ils prirent conscience alors que bientôt seraient effacées les traces de leur pas et qu'alors ils seraient bel et bien perdus. Il était temps de rentrer.

Voilà plus d'un quart d'heure que Korrig les appelait. Elle sentait croître son angoisse : il faisait de plus en plus froid, et il s'était remis à neiger. La nuit tomberait sans crier gare, et son obscurité éteindrait en quelques minutes la lumière reflétée par la carapace gelée. Elle n'avait plus le choix ; elle s'enfonça dans le sous-bois. A mesure qu'elle avançait, la nouvelle averse estompait les empreintes pataudes.

Korrig n'eut pas à aller bien loin ; la neige se mit à crisser : ils revenaient. Les misérables devaient être frigorifiés... Elle courut à leur rencontre ; dans le creux du sentier avait gelé une flaque d'eau. Les pieds de la naine glissèrent sur la couche de glace, et elle fit une superbe cabriole sous les yeux ébahis des jumeaux. Sa tête heurta la surface dure, et Korrig ne se releva pas.

Les garçons se précipitèrent.

— Maman, tu t'es fait mal ?

— Attends, on va t'aider.

Les jumeaux s'escrimaient à la relever, mais malgré sa petite taille elle était trop lourde. Ils réussirent cependant à l'asseoir et lui soutinrent le dos. Encore à moitié inconsciente, Korrig croyait rêver.

— Ça va mieux ?

— On a eu peur, tu sais.

Non... Ce n'était pas une hallucination, ses gamins parlaient, et elle, n'osait rien dire, de peur de les entendre se réfugier à nouveau dans leur baragouin.

— Viens, tu peux pas rester là.

— Non, tu vas attraper froid.

Korrig assistait à une seconde naissance, presque aussi capitale que la première : ses sauvageons émergeaient enfin de leur chrysalide de silence. Ils avaient aussi la même voix, les mêmes inflexions, et déjà le souci de partager la parole.

— Vous êtes gentils. Aidez-moi à rentrer. Sinon, on va geler sur place.

Korrig se releva avec précaution, fit mouvoir ses articulations : plus de peur que de mal, elle en serait quitte pour quelques bleus.

— Ça m'apprendra aussi à courir comme une gamine. Qu'est-ce que vous avez vu dans le bois sous la neige ?

Ils lui racontèrent leur émerveillement, la rencontre avec Mabig, et elle ne se lassait pas de les écouter, stupéfaite qu'ils aient emmagasiné tant de mots et qu'ils sachent en faire des phrases sans les avoir jamais utilisés. Ce jour-là, elle comprit que ses loupiots étaient intelligents ; sur ce plan-là, le destin avait fait preuve de clémence.

— Pauvre Mabig, comme il doit avoir froid...

— Il était content de nous voir.

— Oui, fit l'autre. Mais il a pas voulu nous suivre.

La soutenant comme une vieille femme, ils la guidèrent dans la chaumière, la firent asseoir près de la cheminée où flambait un bon feu. L'un allait chercher ses chaussons restés dans les sabots, l'autre arrangeait son châle sur ses épaules. Korrig avait les larmes aux yeux.

— On va faire à manger, si tu veux.

— Oui, dis-nous comment faire.

— Je suis quand même pas à l'article de la mort. J'ai rien de cassé, et j'ai la tête dure. La cabriole m'aura remis les idées en place.

Elle se leva et coupa du vieux pain qu'elle mit à tremper dans le bouillon qui mijotait sur la cuisinière. Elle soupira, ses jumeaux étaient des puits de mystère. Ils disposaient les écuelles et les cuillers sur la table, les verres. Bientôt tous les trois furent servis, et le breuvage chaud les revigora des onglées de l'après-midi. Assis comme d'habitude face à la mère, ils soulevaient leur cuiller dans une synchronie parfaite. Au début, elle avait cru qu'ils calquaient leurs gestes afin de s'amuser, mais il en était ainsi de toutes leurs activités quotidiennes, et il était impossible de jouer avec une telle perfection.

— Pourquoi vous parliez pas ? demanda-t-elle soudain en les regardant à tour de rôle.

Ils haussèrent les épaules en même temps, et se regardèrent comme s'ils se faisaient des politesses.

— On sait pas.

— On avait peur de dire des bêtises.

— Si les gens nous avaient entendus, ils auraient compris qu'on était deux, et après ce que tu nous avais dit…

— Oui, qu'on n'avait pas le droit d'avoir deux enfants pareils.

De les savoir capables à présent de tenir une conversation, elle éprouvait le besoin de leur expliquer.

— Je vous ai dit ça parce que je sais pas qui est votre père…

Et eux, avec leurs grands yeux écarquillés, savaient-ils seulement ce qu'était un père ?

— Tous les enfants ont un papa à la maison, un monsieur si vous préférez, comme Mathurin.

Ils réfléchissaient.

— Mathurin n'est pas un papa, puisqu'il a pas d'enfants.

— Ce serait trop long à vous expliquer. Vous comprendrez plus tard, quand vous serez plus grands.

28

Le lendemain matin, mue par un mauvais pressentiment, Korrig se réveilla plus tôt que de coutume. Les jumeaux avaient grandi, et leurs berceaux devenaient trop petits ; pour leur laisser son lit, elle s'était résolue à rejoindre celui de la mère, dont elle avait cependant démonté les portes coulissantes, répugnant à dormir enfermée. Elle avait installé les garçons dans la pièce du repassage. Bientôt, il faudrait songer à acheter un second lit.

Des râles rauques, entremêlés de sifflements aigus : Korrig crut à quelque bestiole entrée pendant la nuit. Une fouine, il paraît qu'elles n'avaient pas leur pareil pour se faufiler par la moindre ouverture et s'installer dans des endroits impossibles dont on ne parvenait plus à les déloger. Elle se leva à la hâte : les bruits bizarres provenaient de l'atelier. Ce ne serait pas la première fois que ses rejetons s'amuseraient aussitôt les yeux ouverts… Soudain éclatèrent deux quintes de toux simultanées. Elle se précipita ; cramoisis et brûlants de fièvre, les garçons avaient du mal à respirer.

— Attendez, je vais vous chercher du lait chaud.

Quand Korrig revint, ils avaient émergé de leur léthargie. Ils trempèrent leurs lèvres dans le breuvage fumant, mais ils grimacèrent au moment de l'avaler.

— C'est de votre faute aussi. Je vous avais dit de pas rester traîner dans la neige.

De la poche du tablier enfilé par-dessus sa chemise de nuit, Korrig tira un flacon de sirop, acheté à la pharmacie lors d'un début d'angine. Chacun eut droit à une pleine cuillerée.

— Maintenant, vous allez rester au chaud.

C'était leur première vraie maladie, hormis un rhume par-ci par-là et une ou deux otites, soignées à l'aide de trois gouttes de joubarbe mélangées à un peu d'huile tiède, et un début d'angine, donc. Cette fois, c'était plus sérieux. Depuis longtemps, Korrig appréhendait une véritable affection ; selon toute vraisemblance, les deux en seraient atteints, et elle serait bien embarrassée pour appeler le médecin.

Le sirop administré resta sans effet, et l'état des garçons s'aggrava au fil de la journée. Quand ils toussaient, on croyait entendre Torr-Penn aboyer, et celui-ci hochait la tête pour les écouter, se demandant pourquoi ses jeunes maîtres essayaient de l'imiter. La fièvre ne faiblissait pas, et Korrig cherchait le stratagème pour faire venir le médecin. A court de solution, elle préféra attendre le lendemain matin.

Korrig passa une nuit épouvantable, torturée par les sifflements des jumeaux quand ils essayaient d'inspirer et encore plus par la toux caverneuse qui les secouait sans répit. Il n'avait pas neigé depuis, mais il faisait toujours aussi froid. Korrig alimentait la cheminée, puis retournait bien vite au chevet de ses malades. Elle leur appliqua des compresses chaudes, leur fit ingurgiter un grog avec une cuillerée de *lambig* ; ils s'efforçaient de sourire avec un regard reconnaissant, bredouillant de leur voix enrouée qu'elle ne devait pas s'inquiéter, que bientôt cela irait mieux.

Au petit jour, les pauvres étaient épuisés, et elle aussi. Elle leur expliqua la situation ; elle allait chercher le docteur Lauragais, mais il ne fallait pas qu'il découvrît le secret.

— C'est trop tard maintenant. Les gens comprendraient plus, et tout le monde penserait que je suis folle. Il est fort probable qu'on me laisserait plus m'occuper de vous.

— Qu'est-ce qu'on deviendrait ?

— On vous mettrait à l'Assistance publique, comme les orphelins.

Malgré leur souffrance, les jumeaux protestèrent qu'il n'en était pas question.

— L'un de vous va se mettre dans mon lit. C'est lui que le docteur auscultera. L'autre restera ici, mais il devra se taire pendant que le médecin sera là, et même éviter de tousser. Lequel de vous deux se sent assez vaillant pour ne pas faire de bruit ?

Les deux hochèrent la tête… Même abattus par la maladie, ils ne changeaient pas, chacun toujours prêt à se sacrifier pour son frère. Korrig attrapa la petite cuiller posée sur la table de nuit et la cacha derrière son dos.

— Qui a dit la dernière fois ?

Celui-ci ferma les paupières, et l'autre, d'une main tremblante, désigna le côté où il pensait l'objet dissimulé. Ce n'était pas le bon choix, et la mère l'aida à se lever afin de rejoindre le lit-clos.

— Je vais me presser. D'ici mon retour, soyez courageux tous les deux.

Korrig s'emmitoufla dans un grand châle et prit la route du bourg, en veillant cette fois à ne pas glisser sur la neige glacée.

Le docteur Lauragais n'avait pas commencé ses consultations, et il n'y avait encore aucun client dans la salle d'attente.

— C'est pour mon garçon. Il va pas bien du tout, il a passé une nuit épouvantable et il était trop faible pour vous l'amener.

Korrig décrivit au mieux les symptômes.

— Tu me dis qu'il a l'air d'aboyer quand il tousse ?

— Oui, un peu.

Elle hésita.

— Il a quand même pas attrapé la rage ?

Le médecin sourit.

— Non, je ne pense pas. Et il a beaucoup de fièvre ?

— J'avais pas de thermomètre pour prendre sa température, mais il était brûlant.

— Va le retrouver au plus vite. Je te rendrai visite dès que possible.

— C'est que… bredouilla Korrig. Je suis très inquiète, c'est comme ça qu'elle est passée, ma mère. Je voudrais pas que mon garçon…

Le docteur soupira.

— Je comprends… Tant pis pour mes patients, je vais leur mettre un mot sur la porte. Le temps de prendre ma mallette et de m'habiller chaudement et je t'accompagne. Attends-moi dehors, j'en ai pour une minute.

Le bourg dormait encore, figé dans le froid glacial. Le médecin allait à grandes enjambées, et Korrig peinait à le suivre.

— Avec ce temps-là, c'est fou le nombre de gens qui ont attrapé du mal, surtout les gosses. Ici, on n'est pas habitué au froid.

— Les miens voulaient…

— Les tiens ?

— Justin avait trouvé des copains pour jouer dans le bois. Si on les laissait, ces filous-là iraient sans rien sur le dos, se rattrapa Korrig. C'est là qu'il a dû prendre froid.

Le docteur avait déjà oublié le lapsus de la naine, et ils arrivèrent bientôt en vue de la chaumière. Bien sûr, ils furent accueillis de sévère façon par le molosse de service.

— La paix, Torr-Penn ! C'est le médecin qui vient soigner ton maître.

Dès qu'il pénétra dans la pièce, Lauragais sut que Korrig n'avait pas noirci le tableau : le jeune garçon n'allait pas bien en effet. Elle pensait à l'autre dans la pièce à côté, avec la seule consolation qu'en raison de leur mimétisme, il devait se trouver dans le même état que son frère. Pas pire en tout cas.

Le médecin ausculta le malade, à moitié inconscient.

— La respiration qui siffle, une toux creuse et de la fièvre…

Il se tourna vers la mère :

— Ton petit bonhomme a le croup.

— Le croup ? C'est grave ?

— Assez oui, et il peut y avoir des complications. Par précaution, on va le conduire à l'hôpital.

Korrig crut que tout s'effondrait autour d'elle. L'hôpital pour celui-ci, mais l'autre ? Elle se souvenait de la mère ; Francine n'avait pas voulu, et elle était morte, mais accepter, c'était sacrifier un des jumeaux ou dévoiler le terrible secret.

— Non… C'est pas possible… Il faudrait que je l'accompagne. Qui va s'occuper de mes poules et de mes lapins ? Qu'est-ce que je vais faire du chien ?

Loin d'être surpris, le docteur poussa un profond soupir.

— Ce ne sera que pour quelques jours. Les fermiers de Kost-er-Min sont de braves gens, et je sais que vous vous entendez bien.

— S'il va à l'hôpital, je suis certaine qu'il va mourir.

— Comment peux-tu affirmer une pareille stupidité ? C'est s'il reste ici qu'il risque de mourir, comme ta pauvre mère.

— Non, je suis sûre. Depuis que je suis toute petite, j'ai des prémonitions, et elles se sont toujours réalisées.

— Je suis médecin, Korrig. Je n'ai pas le droit de laisser souffrir ton pauvre garçon sous prétexte que tu aurais des visions prémonitoires, ce serait une grave faute professionnelle.

A ce moment, un gémissement parvint du lit-clos. Puis une faible voix.

— Je crois… que ça va mieux…

Malgré la fièvre qui le terrassait, le gamin avait suivi la conversation. Aussitôt, il avait pensé à son frère, au secret de la mère, au triste sort qui les attendait si on les lui enlevait. Le docteur s'approcha et lui posa une main sur le front. Il n'en revenait pas.

— C'est vrai qu'il respire un peu mieux et qu'il est moins chaud.

— On veut pas aller à l'hôpital, fit Justin.

Lauragais soupira.

— Si tu t'y mets, toi aussi… C'est toujours la même rengaine, mais enfin… Je veux bien attendre demain pour voir si ça s'améliore encore. Mais si ça ne va pas mieux, il faudra venir me chercher tout de suite.

Korrig aurait promis n'importe quoi.

— Vous allez me dire les médicaments que je dois acheter, et je vais le soigner aussi bien qu'à l'hôpital.

De guerre lasse, le médecin griffonna une ordonnance.

— Cours à la pharmacie, et surveille bien ton petiot. On ne joue pas avec le croup.

Dès que le praticien fut parti, Korrig se précipita dans l'atelier. L'autre Justin allait mieux lui aussi. Une semaine plus tard, ils étaient rétablis.

29

Septembre 1925. Les Justin avaient remonté l'Ellé jusqu'à Barrégant, une performance à cinq ans. Le cours encaissé de la rivière les mettait à l'abri de toute rencontre. Pas des chutes, à cause des rochers glissants. Ils rentraient, trempés mais heureux ; Torr-Penn tempêtait.

— La mère a de la visite.

— Ouais, faut faire attention.

En train de repasser ses coiffes, Korrig sortit aux premiers aboiements. C'était mademoiselle Cogan, l'institutrice. La naine avait revu son ancienne maîtresse à plusieurs reprises ; à chaque fois, celle-ci s'extasiait de la bonne santé de son garçon, sincèrement soulagée qu'il ne fût pas affligé du même handicap.

Emissaire d'une culture française soucieuse de débourber les autochtones de leurs traditions, l'institutrice ne respecta pas les procédures d'usage. Elle demanda tout de go :

— Ton petit Justin, quand est-ce que tu comptes l'inscrire à l'école ?

Stupéfaite, Korrig mit du temps à répondre :

— Oh ! on a le temps, il a encore que cinq ans.

— Justement, le moment est venu de lui apprendre à lire et à écrire. Et à compter aussi.

— J'ai commencé.

— Sans vouloir t'offenser, Korrig, à chacun son métier. Toi, tu n'as pas ton pareil pour les coiffes ; moi, je suis payée par l'Etat français pour instruire les enfants de la commune. C'est tout ce que je sais faire, et je crois que je ne me débrouille pas trop mal.

Elle y mettait les formes. Mais elle ignorait pour les jumeaux…

— C'est pas ce que je voulais dire, mais je suis une infirme, et Justin m'aide beaucoup à tenir la maison, vous savez.

La maîtresse sourit, pas dupe de la compassion que la naine essayait d'éveiller.

— L'école est obligatoire, Korrig, pour ton gamin comme pour les autres, et si tu ne l'y amènes pas, il ne sera qu'un pauvre analphabète qui ne pourra rien faire dans la vie. C'est ce que tu veux ?

Korrig haussa les épaules. Tout cela, elle le savait depuis longtemps.

— La rentrée, c'est la semaine prochaine. Il faut me l'envoyer ; tu sais bien que je m'occuperai de lui, comme je me suis occupée de toi.

La pauvre mère promit de réfléchir.

— C'est obligatoire, je te dis, insista mademoiselle Cogan. La mairie m'a promis de vérifier que tous les enfants reçoivent l'éducation à laquelle ils ont droit. Il n'est pas là, ton fils ?

— Il doit être à jouer dans la forêt. Vous voulez que je l'appelle ?

— Pourquoi pas ? Il a dû encore grandir, j'aurais aimé lui dire bonjour.

Korrig avait compris qu'elle voulait surtout le séduire pour obtenir son appui. Elle appela Justin, en espérant que les deux ne rappliquent pas en même temps.

Tapis derrière le talus, les jumeaux n'avaient rien perdu de la conversation. Ils se donnèrent des coups de coude, jusqu'à ce que l'un d'eux se décidât à montrer le bout de son nez.

— Approche, Justin, n'aie pas peur… fit l'institutrice. Quel beau jeune homme ! Tu n'aurais pas envie d'aller à l'école ?

Le jeune garçon reprit les arguments de Korrig.

— Ma mère m'apprend ce qu'il faut.

— Sans doute, mais elle ne sait pas tout. C'est normal, puisqu'elle n'est pas institutrice.

— Je veux pas aller à l'école.

— Pourquoi ?

— C'est trop loin. Maman est… Enfin vous savez bien ! Elle a besoin de moi.

— Comment elle faisait quand tu n'étais pas né ?

— Maintenant je suis là.

Diable… se dit l'institutrice. En voilà encore un fichu caractère !

Korrig était fière de son fils, mais elle avait eu le temps de réfléchir.

— Mademoiselle Cogan a raison. Aujourd'hui, on peut plus se permettre de rester un ignorant. Je veux que tu aies un beau métier quand tu seras grand. Plus beau que celui de ta grand-mère que tu n'as pas connue, plus beau que le mien, un métier d'homme.

Puis elle se tourna vers la maîtresse :

— Vous pouvez inscrire Justin dans votre effectif. Je vous l'amènerai le jour de la rentrée.

30

Les coiffes résistaient mieux que les costumes aux modes parisiennes qui s'immisçaient dans la péninsule bretonne, et les paysannes continuaient à se parer des jolies ailes de dentelles enroulées. Korrig avait cependant la prudence de diversifier son commerce. Elle s'adonnait à des travaux de couture, notamment pour vêtir les enfants ; les clientes apportaient le tissu, mais elle serait bientôt obligée de se constituer son propre stock. Elle excellait également pour les bonnets de baptême, qu'on exposait ensuite sous un globe de verre. Un souvenir sacré au même titre que les couronnes de mariées, contemplées par celles-ci avec nostalgie, surtout quand la situation conjugale se dégradait.

Korrig coupa donc les sarraus d'écoliers dans une pièce de coton noir et les cousit. Elle en fit deux, au cas où. Une solution dans le droit fil de leur naissance : ils iraient à l'école un jour sur deux, chacun à leur tour, et le soir, ils mettraient en commun le savoir acquis pendant la journée.

Korrig conduisit le premier au bourg. On se retournait sur leur passage : la naine emmenait son gamin à l'école ! Mademoiselle Cogan se tenait devant le porche afin d'accueillir ses nouvelles ouailles. A la vue de Korrig, son visage s'éclaira :

— Je craignais que tu aies changé d'avis.

— Non, non. Justin viendra apprendre comme les autres enfants. Il est très content d'ailleurs.

— C'est vrai, Justin ?

Celui-ci ne répondit pas, impressionné par la cour bruyante où sa mère allait l'abandonner, alors que son frère était resté à la maison. C'était la première véritable séparation, et bien que les jumeaux aient convenu de se montrer à la hauteur, le cœur lui battait la chamade.

— Bon… fit la mère, visiblement aussi émue. Je vais te laisser. Ecoute bien tout ce que dit mademoiselle Cogan.

— Ne t'inquiète pas, fit celle-ci. Tout va bien se passer.

Korrig s'en alla la mort dans l'âme ; elle se souvenait des mille tracasseries dont elle avait été victime les premiers jours, de la force de caractère nécessaire pour ne pas céder au désespoir. Pourvu que ses Justin ne subissent pas le même sort !

Le jumeau du premier jour fut considéré avec curiosité, car, aux yeux de la communauté scolaire, l'enfant d'une infirme ne pouvait être ordinaire. Les fouineurs rassasiés quant à la morphologie, Justin dut subir un flot de questions au sujet de sa mère. On s'étonnait de la façon dont pouvait vivre une naine : est-ce qu'elle s'alimentait comme une personne normale ? Dormait-elle sur le dos ou en chien de fusil ? Comment était son corps sous ses habits ? Avait-elle les mêmes fonctions naturelles que les autres femmes ? Justin souriait et répondait que sa mère ne présentait rien de particulier.

— Elle est sévère avec toi ?

— Quand il faut, oui.

— Là, tu racontes des bobards. T'es presque aussi grand qu'elle, tu vas pas nous faire gober qu'avec ses petits bras elle est capable de te flanquer une taloche quand t'obéis pas ?

— Ça lui est arrivé, mais je lui en ai pas donné souvent l'occasion.

La cloche sonna ; le moment était venu de se regrouper afin d'entrer en classe. Mademoiselle Cogan n'oublierait jamais l'image de la petite Korrig sagement rangée au bas des marches, sans doute le plus beau souvenir de sa carrière ; en tout cas, le plus émouvant. Justin n'avait pas traîné lui non plus. A son regard franc et à sa mine avenante, on devinait d'emblée que c'était un bon garçon.

L'institutrice réclama le silence ; les vacances étaient terminées ! Elle les convia à entrer et les laissa s'installer à leur gré. Curieuse coïncidence, Justin Lescoët s'assit à la place qu'occupait sa mère.

Ce jour-là, on n'apprit pas grand-chose, sinon à bien se tenir sur les bancs des pupitres cirés. La maîtresse distribua les fournitures, les livres et les cahiers. Elle demanda qui savait déjà lire un peu. Seuls se levèrent quelques doigts, ceux des enfants du bourg, dont les parents avaient le temps et l'instruction suffisante pour leur enseigner les rudiments ; Justin n'osa pas. Il convenait de vérifier, et mademoiselle Cogan ordonna de prendre le livre de lecture : *Le Tour de la France par deux enfants.* Sans doute ceux qui prétendaient savoir avaient-ils fanfaronné, car ils ahanaient de bien maladroite façon. L'institutrice gardait un œil sur le petit Lescoët ; sa mère avait affirmé lui avoir inculqué les premières bases. Contrairement à ceux qui ne savaient pas du tout, il avait l'air de suivre dans le livre à la page indiquée. Quand fut terminée la prestation des téméraires, elle s'adressa à lui :

— Et toi, Justin ? Est-ce que tu sais lire ?

Le pauvre garçon avait écouté ses camarades balbutier, et il regrettait de ne pas avoir levé le doigt, persuadé qu'il aurait fait au moins aussi bien qu'eux.

— Oui… Un peu.

— Montre-nous donc.

Justin commença. C'était loin d'être parfait, mais il ne butait pas sur les mots, et le ton y était : il comprenait ce qu'il lisait. Sa mère lui avait recommandé de ne pas se faire remarquer ; aussi, quand il eut fini, dissimula-t-il son immense fierté.

— C'est très bien, Justin. Tu diras à ta mère qu'elle a fait du bon travail.

Quelques ricanements montèrent des rangs du fond : la naine savait lire ? Mademoiselle Cogan préféra ne pas relever. Le reste de la journée se déroula normalement. Justin engloutit dans une salle prévue à cet effet la frugale collation préparée par la mère : une tranche de lard pas trop gras entre deux tartines de pain.

Pensez s'il était attendu à son retour à la chaumière. Par Korrig bien entendu, mais encore plus par le frère qui s'était ennuyé toute la journée. On le pressa de questions auxquelles il s'efforça de répondre avec précision.

— Ecoute bien, disait la mère à l'autre. Demain, il faudra faire pareil, la maîtresse doit croire que c'est toi qui étais à l'école aujourd'hui.

Celui-ci écoutait, émerveillé et inquiet. Il se fit répéter la place où il devait s'installer, le nom des camarades qu'il serait supposé connaître.

— Qu'est-ce que tu as appris ?

— Pas grand-chose. La maîtresse a demandé qui savait lire déjà un peu.

— Tu n'as pas fait le malin, j'espère ?

— Non, mais c'est elle qui m'a demandé de lire.

— Et alors ? Parle donc !

— Elle a dit de te féliciter, que je me débrouillais bien.

La manigance fonctionna à merveille et obtint même des résultats inattendus. La nécessité de mettre les connaissances en commun supposait une attention sans faille tout au long de la classe. Le fait chaque soir de les restituer et de les expliquer au frère et à la mère en consolidait l'acquisition, et très vite, les jumeaux se révélèrent les meilleurs élèves de mademoiselle Cogan.

Deux années s'écoulèrent ainsi. Justin avait toujours droit au tableau d'honneur. Dans la division des petits, cela ne posa aucun problème, mais avec l'âge s'éveillèrent les jalousies, notamment chez les gosses des notables qui n'aimaient pas être surclassés par les péquenots. On se moquait de Justin en contrefaisant la mère. Des pitreries que les jumeaux ignoraient ou dont ils riaient, ce qui avait le don d'exacerber les tourmenteurs et de renforcer leur soif de vengeance.

Un soir, Justin fut parmi les derniers à sortir de l'école. Depuis plusieurs jours, Gaston Clédy, Benoît Limantour et Arsène Quidu le guettaient, et ils décidèrent de le filer dans le chemin des pèlerins. Justin le remarqua aussitôt. Il pressa le pas, les autres aussi, et bientôt proie et poursuivants se mirent à courir.

Le hasard a parfois la bonne idée de choisir le camp de l'opprimé. Ce jour-là, le Justin resté à la maison s'était ennuyé, et quand l'heure de la fin des classes approcha, il s'éclipsa à l'insu de la mère afin de venir à la rencontre de son frangin. Il le raccompagnerait en marchant l'un et l'autre de chaque côté des talus, ce ne serait pas la première fois. Soudain, il entendit courir dans sa direction, et il se tapit aussitôt derrière un bosquet. Avec surprise, il vit son frère débouler à toute allure et passer devant lui, le cartable ballottant sur son dos ! Il ne fut pas moins étonné de voir les trois galopins lancés à sa poursuite.

Attendez, se dit-il. Foi de jumeaux, on va vous jouer un petit tour à notre façon.

Plus chétif que ses tortionnaires, le Justin en fuite courait moins vite. Sur le point d'être rattrapé, il bifurqua dans le premier chemin venu. Un peu inconsidérément en fait, c'était un cul-de-sac envahi par des ronciers inextricables. Les pas lourds de la meute résonnaient déjà derrière lui, et il était trop tard pour faire demi-tour ; il se cacha de son mieux.

Les trois vauriens jubilaient à l'idée de frotter les oreilles du prétentieux qui les emmerdait à s'accaparer les récompenses et les félicitations. C'est à ce moment que l'autre jumeau décida d'intervenir. Il s'avança à son tour dans le chemin, et au moment où son frère allait être découvert, il interpella ceux qui le poursuivaient.

— Vous me cherchez, peut-être ?

Ceux-ci auraient juré que leur proie était devant eux, et ils se regardèrent d'un air décontenancé.

Allons. Le petit mulot s'était fourré dans quelque trou, et ils étaient passés près de lui sans le voir. Ils firent volte-face et reprirent leur traque.

Le frère avait compris la combine. Ce fut à son tour de filer incognito les trois escogriffes. L'autre Justin disparut dans un champ aux yeux de ses poursuivants, et au même moment, son frère les héla à une vingtaine de mètres dans leur dos.

— C'est pas la peine de vous presser, je suis là. Vous aviez quelque chose à me dire ?

Puis il sauta le talus, comme s'il reprenait la fuite. Bien sûr, son jumeau émergea aussitôt à l'autre bout de la prairie. Cette fois, celui-ci n'eut pas besoin de prendre la parole. Les trois bourreaux se frottèrent les quinquets, croyant avoir la berlue, et ils remontèrent le chemin du bourg sans demander leur reste.

31

C'était de la sorcellerie ! Une chose tout à fait plausible… Le fils d'une naine ne pouvait être un enfant normal. Déjà, ne pas avoir été frappé de l'infirmité de sa mère dépassait l'entendement. Ils racontèrent à la maison le sortilège dont ils avaient été victimes ; on les écouta à peine, en haussant les épaules.

« Mais puisque j'vous dis ! »

Le Justin disparaissait et réapparaissait cinquante mètres plus loin en une seule seconde, ils étaient trois, ils n'avaient quand même pas rêvé ! Le problème, c'est que si chacun tenait le même discours à la table familiale, ils ne pouvaient le défendre en commun.

L'affaire en serait restée là si l'un des fiers-à-bras n'avait été le petit-fils de Quat'sous. Depuis longtemps, Marie Morwenn avait transmis à sa fille son animosité à l'encontre de Francine Lescoët et de sa petiote, qui avait réussi si brillamment son certificat d'études alors qu'elle, Solange, n'était jamais parvenue à le décrocher. Le suicide de sa mère l'avait bouleversée, rien de plus normal… La terrible sentence lors de la veillée mortuaire avait été colportée par les lavandières témoins de la scène, à l'avantage de la naine bien entendu, mais la Solange l'avait interprétée à sa façon : si sa mère s'était jetée dans l'Ellé, c'était de la faute de Korrig ! A cause d'une dispute ordinaire qui avait mal tourné ! Comme s'il n'y avait pas assez d'une morte dans cette histoire…

Solange Clédy prêta attention aux jérémiades de son Gaston.

— C'est quand même bizarre… fit-elle à son mari. T'as entendu ce qu'il raconte ?

Celui-ci était menuisier, et ses tenons et ses mortaises s'assemblaient mieux que les idées dans son cerveau. Il leva le nez de son assiette de soupe, mais ne répondit qu'après avoir aspiré bruyamment la cuillerée qu'il laissait refroidir entre ses gencives :

— Quoi, bizarre ? Tu vois pas qu'il essaie de faire son intéressant ?

— C'est pas vrai ! s'insurgea le gamin. J'étais pas tout seul !

— Qui il y avait avec toi ?

— Benoît Limantour et Arsène Quidu.

— Tu parles ! Des fieffés menteurs comme toi. Si on commence à vous écouter, on n'a pas fini. Laissez-moi manger.

La conversation se tenait au dîner, une heure de la journée où il valait mieux ne pas chatouiller le père Gaspard, qui l'après-midi levait plus volontiers la chopine que son marteau. Solange n'insista pas, mais le lendemain, flanquée de son fiston, elle rendit visite aux mères des deux autres protagonistes afin d'en avoir le cœur net. La première confirma les propos de Gaston, et Solange réussit à la convaincre de l'accompagner chez Ernestine Limantour. De pouvoir témoigner ensemble, le Gaston et ses deux acolytes racontèrent leur mésaventure avec une indignation convaincante. Du coup, les trois commères commencèrent aussi à se poser des questions.

— J'ai toujours pensé que la Korrig avait des pouvoirs, fit Solange Clédy. Autrement, elle aurait jamais réussi à avoir son certif. Une naine, ça a un cerveau à peine plus gros qu'une nèfle.

Les deux autres se montraient plus pondérées.

— Ce serait bien d'aller lui demander ce qui s'est passé, proposa Titine Limantour.

— Oui, on peut pas accuser sans savoir, abonda Radegonde Quidu. Korrig, c'est une brave fille, pour qui la vie a pas toujours été très rose.

— C'est une sorcière ! s'entêta Solange. Mais je veux bien aller avec vous. On emmène les gamins, on verra ce que dira son fils.

Une curieuse expédition prit donc la direction de la chaumière de Korrig. Solange Clédy marchait en tête, d'un pas décidé que les autres avaient du mal à suivre.

Torr-Penn élargissait chaque jour son territoire en levant la patte. Les commères jacassaient fort, et le brave toutou en décela l'approche à plus de cent mètres. Il leva la tête, dressa les oreilles, son poil se hérissa, et il se mit à claironner avec sa véhémence habituelle en filant au-devant des envahisseurs.

Korrig cousait dans son atelier ; ses deux garçons désherbaient le potager. Aussitôt, elle posa son ouvrage. Les jumeaux avaient entendu eux aussi le boucan du chien, et un Justin s'était déjà éclipsé. Elle se posta derrière la barrière. La cohorte belliqueuse déboucha au bout du chemin, et elle reconnut tout de suite la fille de Quat'sous.

Qu'est-ce qu'elle veut, cette vipère ?

Korrig remarqua alors que les trois femmes étaient accompagnées de leurs fistons. Il s'est passé quelque chose à l'école, se dit-elle. Justin n'en menait pas large :

les jumeaux s'étaient bien gardés de se vanter de leur exploit de la veille.

Les redresseuses de torts approchaient, toujours escortées de Torr-Penn, qui aboyait en leur tournant autour, à distance suffisante cependant pour éviter un coup de sabot. A leurs mines menaçantes, Korrig se sentit inquiète.

— Tu serais pas au courant de ce qui se passe ? demanda-t-elle à voix basse à Justin.

Celui-ci baissa la tête d'un air penaud.

— J'espère que t'as pas fait une grosse bêtise.

Les mégères s'arrêtèrent face à la barrière.

— Tu pourrais pas dire à ton clébard de la fermer ! attaqua aussitôt la mère Clédy.

Soucieuse de ne pas envenimer la situation, Korrig ordonna à son chien de cesser son tintamarre. Le corniaud la regarda, mais recommença de plus belle.

— Va le chercher, dit Korrig à Justin. Et mets-le dans le jardin. Sinon, on pourra pas s'entendre.

Le moment était venu de demander des comptes. Que des enfants racontent une telle histoire, passe encore, mais des adultes… Grande gueule dans le dos des gens, la femme du menuisier n'était pas des plus courageuses. Ni des plus franches.

— Dis-lui, toi, ce qui s'est passé, fit-elle à Radegonde Quidu.

Surprise d'une lâcheté aussi manifeste, celle-ci voulut protester, mais Solange Clédy s'était écartée pour la mettre en première ligne.

— Nos garçons nous ont raconté une drôle d'histoire.

Consciente de la gêne de ses assaillantes, Korrig avait tout intérêt à laisser venir. Elle se contenta de froncer les sourcils. Radegonde cherchait ses mots.

— C'est à propos de ton fils. Ils l'ont vu à un bout dans le chemin, et quand ils se sont retournés, il était à l'autre bout, alors qu'il avait disparu de l'endroit où il était juste avant.

Un embrouillamini aussi pitoyable dissipa les craintes de Korrig et la fit sourire. Entre-temps, Justin était revenu.

— Je ne comprends pas ce que vous voulez m'expliquer, fit Korrig.

Alors Solange attrapa son fiston par la manche et le poussa en avant.

— Raconte ce que tu as dit hier soir.

Sa superbe éteinte, le Gaston avait perdu sa loquacité.

— C'est Justin... bredouilla-t-il. On rentrait de l'école, et on a eu envie de jouer avec lui. Il a cru qu'on lui voulait du mal, et il s'est mis à courir. Alors, nous, on l'a suivi pour lui expliquer. On allait le rattraper quand ça s'est passé.

Korrig commençait à deviner le tour joué par ses jumeaux, et en son for intérieur, elle s'en réjouissait.

— Je ne comprends rien à vos histoires. Qu'est-ce qui s'est passé, enfin ?

— Soudain, on l'a rattrapé, reprit Gaston. Il était pas loin de nous et on le voyait. Hein, les copains, qu'on le voyait ?

Les deux autres poussèrent un grognement affirmatif, mais aucun ne se risqua à prendre la suite d'un récit aussi mal embarqué.

— Cela me dit toujours pas ce qui s'est passé, reprit Korrig.

— Eh ben, d'un coup, on le voyait plus et on l'a entendu appeler derrière nous.

— Je vois pas ce que cela a de surprenant, il avait fait le tour.

— C'est pas possible, il avait pas eu le temps. Et il a recommencé juste après.

— Qu'est-ce qu'il a recommencé ?

— A disparaître, à apparaître. On le voyait, on le voyait plus, on savait pas où il était.

— C'est quand même bizarre, fit Solange qui sentait que la situation virait au ridicule. Peut-être que ton gamin pourrait nous expliquer ?

Justin avait eu le temps de préparer sa version des faits.

— C'est vrai qu'ils m'ont poursuivi, tous les trois, et je savais bien que c'était pas pour jouer. Voilà plusieurs semaines qu'ils menacent de m'attraper pour me tirer ma culotte et me flanquer le derrière dans les orties.

— C'est pas vrai, on n'a jamais dit ça ! s'exclama Gaston.

— Quand j'ai compris qu'ils me cherchaient, j'ai filé et je me suis caché. Ils sont passés sans me voir. Moi, j'en ai profité pour partir dans l'autre sens. Comme ils me trouvaient plus, ils ont fait demi-tour, et là, ils m'ont vu en train de m'enfuir. Cette fois, je leur ai échappé, et je suis rentré à la maison. Après je sais pas ce qui s'est passé, mais il commençait à faire sombre, et on voyait plus grand-chose entre les talus du chemin.

— C'est pas vrai que tu es parti, t'es qu'un menteur ! On t'a vu trois ou quatre fois encore. De toute façon, ma mère l'a souvent dit, et encore tout à l'heure : toi et la naine, vous êtes que des sorciers ! Hein que tu l'as dit, maman ?

Du coup, la Solange ne savait plus où se mettre.

— Tu dois bien te douter, Korrig, que je n'ai jamais proféré une horreur pareille.

— C'est pourtant ce qu'affirme ton garçon.

— Il faut pas l'écouter, il raconte n'importe quoi.

— Ah bon ! Pourtant tu le crois quand il invente une histoire à dormir debout à propos de mon fils ?

— Je suis pas le seul à avoir raconté, protesta encore Gaston, mais avec moins d'aplomb. Benoît et Arsène, ils étaient là eux aussi, et ils ont vu la même chose que moi.

— Vous vous serez mis d'accord pour faire du mal à mon Justin. Vous savez, c'est grave d'accuser les gens d'être des sorciers. A d'autres époques, des malheureux ont été brûlés à cause des calomnies de personnes comme vous. Je crois bien que je passerai à la gendarmerie pour signaler ce qui vient de se passer.

Deux qui regrettaient de s'être fourvoyées dans une telle mascarade, c'étaient Ernestine Limantour et Radegonde Quidu. A la menace de gendarmerie, elles se rendirent compte de la gravité de leurs accusations. Chacune avait récupéré son fiston.

— Pourquoi tu as été raconter des conneries ? fit Radegonde au sien. Tu vas voir ce que ton père va te passer quand on va rentrer !

— C'est pas des conneries, pleurnichait le gamin. C'est vrai qu'il faisait sombre, et que les choses qu'on croit avoir vues, peut-être qu'elles existaient pas.

Ernestine Limantour n'était pas plus tendre avec le sien.

— Vous êtes toujours à traîner tous les trois ensemble. Pourquoi vous poursuiviez Justin ?

Secoué par la manche, Benoît se taisait et baissait la tête. Korrig jubilait ; elle s'apprêtait à répondre, mais son fils la devança :

— Ils sont jaloux parce que j'apprends bien à l'école. Ils disent que je suis le chouchou de la maîtresse.

— Je sais pas si je vais passer à la gendarmerie, fit Korrig en saisissant l'opportunité. Mais une chose est certaine, demain j'irai voir mademoiselle Cogan. Il est important de la mettre au courant qu'elle a dans sa classe le fils d'une sorcière.

En prononçant ces derniers mots, Korrig avait fusillé du regard Solange Clédy, et malgré la rage qui bouillait en elle, celle-ci détourna les yeux. Après une défaite si cuisante, il est difficile de battre en retraite. Ce fut Radegonde qui trouva la première une issue honorable.

— On lui avait dit à Solange : il faut être sûre avant d'accuser, mais elle a rien voulu entendre.

La mère Clédy poussa un cri d'indignation.

— Ça, c'est la meilleure !

Pour Korrig, l'occasion était trop belle d'enfoncer le clou :

— Après ce qui s'est passé entre ma mère et la tienne, j'aurais jamais pensé que tu oses venir me tourmenter. Je voulais pas de mal à Quat'sous, de toute façon, elle a payé pour ce qu'elle a fait. Je te veux pas de mal non plus, Solange Clédy, mais je suis contente que les saloperies que tu profères sur mon compte ont été entendues par deux femmes de bon sens. Surveille mieux ton gamin la prochaine fois, et sois bien certaine que si toi et ton fils, vous continuez à embêter le mien, les choses ne se termineront pas de la même façon.

La misérable attrapa son vaurien et fila sans demander son reste. Quelques secondes plus tard retentirent des vociférations, suivies d'une paire de gifles qui claquèrent dans le silence et déclenchèrent les pleurs du pauvre Gaston qui venait d'écoper pour les autres.

Ernestine et Radegonde s'excusèrent encore, et s'en allèrent à leur tour, mais pas trop vite, de façon à laisser la Clédy prendre le large.

— De toute façon, si elles te font du mal, on les tuera.

Ses jumeaux affichaient un visage grave et un regard sévère que Korrig ne leur avait jamais connus. Du genre plutôt pacifiques, c'était la première fois qu'ils tenaient des propos aussi violents. C'était de sa faute aussi... De la faute au secret... Depuis le premier mensonge, elle se persuadait qu'il était trop tard. Par ses menaces, elle leur avait transmis l'obsession de taire la dualité de leur identité. Mais pas à n'importe quel prix quand même...

— On n'a plus rien à craindre de ces harpies après ce qui s'est passé. Leurs garçons cesseront aussi de vous importuner.

En cela, Korrig ne se trompait pas. Les jours suivants, Gaston et ses acolytes firent profil bas face à Justin. Ils soutenaient cependant leur version des faits, une histoire chargée de mystère, et qu'on avait envie de croire. Fils d'une naine, peut-être après tout Justin possédait-il des pouvoirs, au même titre que les rebouteux et les bonnes femmes qui savaient « décompter » sur les verrues et les eczémas ?

32

Cinq heures de l'après-midi, il faisait encore chaud : trente degrés, une vraie canicule en pays breton. Anesthésiés, les jumeaux folâtraient dans les bois de Sainte-Barbe. A huit ans, leur nouvelle passion était de traquer les vipères dans les clairières ensoleillées. La peur rendait l'exercice intéressant. Pas pour les tuer, mais pour s'en approcher avec des mouvements insensibles qui laissaient au reptile l'illusion de ne pas avoir été aperçu. Au plus près, le regard de la bestiole était fascinant, ainsi que sa faculté de se détendre comme un ressort à tout instant afin de planter ses crochets dans la chair de l'intrus, le piment du risque. Persuadés que le destin avait vidé son sac à malices, les deux frères se croyaient invulnérables.

Une fois cependant, l'accident faillit se produire. Justin ne dut son salut qu'au cri de son frère ; il recula sa jambe au moment précis où jaillissait la gueule ouverte. D'avoir pu constater la réalité du danger encouru, les garçons auraient dû renoncer à leur jeu morbide ; exaltés d'être indemnes, ils s'enhardirent encore. Ce jour-là, ils affrontèrent une demi-douzaine de péliades, d'une paresse redoutable dans la fournaise.

A la rentrée, les deux frères passèrent sous la houlette de monsieur Le Poul, Onésime, un prénom que celui-ci était parvenu à tenir secret : on le comprend... Au demeurant, c'était un bon maître d'école, si souvent d'humeur égale que ses rares colères étaient toujours efficaces. Les jumeaux travaillaient toujours aussi bien.

Onze ans ; l'année suivante se profilait le certificat d'études, et il n'était pas question de faire moins bien que la mère. Mademoiselle Cogan – en qualité de directrice – passa voir Korrig : qu'est-ce qu'il voulait faire plus tard, le petit Justin ? Avec une réussite scolaire aussi manifeste, il était nécessaire de se montrer ambitieux.

Le sujet tracassait la mère, toujours pour la même raison. Elle ne savait pas, elle en parlerait à son garçon.

— Il faudra l'inscrire au cours complémentaire, insista la maîtresse. S'il continue comme cela, il pourrait être instituteur. Tu te rends compte, Korrig ? Instituteur !

Bien sûr qu'elle se rendait compte, mais il y avait trop longtemps que l'impasse s'était refermée dans son dos.

L'année scolaire toucha à sa fin, et les jumeaux purent à nouveau gambader à leur gré dans les bois de la colline. Ils prisaient de plus en plus la vie sauvage. Quel plaisir d'observer les marottes des animaux, d'assister à leurs chamailleries et à leurs amours ! Bien sûr nombre de drames les révoltaient, et ils avaient du mal à accepter les lois de la nature. C'est vrai qu'ils faisaient partie des opprimés, et qu'en eux germaient des velléités de rébellion.

Les fourmilières impressionnaient particulièrement les frangins, des forteresses toujours en alerte. De la communauté admirable émanait une puissance phénoménale. Dans un dédale de sentes minuscules, les bestioles charriaient sans relâche leurs proies mortes vers le tertre, ou des brindilles pour renforcer le dôme, quand ce n'étaient pas leurs œufs, vers un lieu sans doute plus sûr. Dans une organisation sans faille, chaque individu accomplissait une tâche définie, avec une abnégation à toute épreuve. Ces êtres minuscules n'étaient-ils pas plus intelligents que les grands-pieds, toujours à pérorer sans réfléchir, avec la morgue d'une suprématie usurpée ?

Un jour, les fourmis charroyaient un énorme scarabée, un spectacle hallucinant ; nos entomologistes eurent soudain le sentiment d'une présence dans leur dos. C'était une gamine, arrivée là sans bruit, avec la discrétion des musaraignes qui courent entre les mousses joufflues. Il était trop tard pour s'enfuir, et ils pestaient contre leur inconséquence. Intriguée, elle les dévisageait à tour de rôle, se croyant victime d'une hallucination. Fluette, elle avait d'immenses yeux, dans les sept ou huit ans ; ils ne la connaissaient pas. Elle ressemblait à leur mère.

— Qu'est-ce tu fais là ?

La fillette haussa les épaules.

— Tu sais pas ?

Elle secoua la tête, et de son index droit, elle désigna sa bouche.

— Tu as faim ?

Elle fronça les sourcils et laissa tomber ses bras le long des cuisses, excédée de ne pas être comprise. Puis elle ouvrit les lèvres démesurément, et fit mine de parler, en faisant non de la main.

— Tu es muette… C'est ça, n'est-ce pas ?

Cette fois la gamine approuva du chef, avec un sourire lumineux. Elle désigna le visage de chacun des garçons et écarta les mains afin de leur signifier son étonnement.

— Oui, fit un des Justin. Nous sommes jumeaux, mais il faudra le dire à personne, c'est un secret.

Une fois de plus, elle montra sa bouche, et elle sourit en hochant la tête : elle ne risquait pas de trahir.

— C'est vrai, mais comment tu fais pour t'exprimer alors ?

De l'index gauche, elle fit semblant d'écrire dans sa paume droite, et elle serra fort les paupières pour leur signifier qu'elle ne les avait pas vus.

— Bon… J'espère qu'on peut te faire confiance, parce que c'est très important que personne soit au courant.

A ce moment, le vent porta une voix lointaine, et la petiote parut soudain inquiète. Quelqu'un l'appelait, et elle serait partie si le jumeau le plus proche ne l'avait agrippée par la manche.

— Attends, on sait même pas comment tu t'appelles.

Sur le bord du chemin poussaient des violettes. Elle en cueillit une et la présenta aux deux garçons. Ceux-ci étaient de plus en plus intrigués.

— C'est gentil, mais qu'est-ce tu veux qu'on en fasse ?

Elle secoua la tête avec véhémence, puis elle pointa un doigt sur la fleur et le reporta sur sa poitrine.

— Tu t'appelles Violette ?

Elle acquiesça d'un large sourire, qui se figea en une seconde quand retentit un nouvel appel dans lequel les Justin reconnurent cette fois le prénom qu'ils venaient de deviner. Elle disparut dans le sous-bois avec une agilité surprenante.

Les jumeaux se demandaient s'ils n'avaient pas rêvé. Après tant d'années de dissimulation réussie, quels crétins de s'être fait prendre ! Redoutant les conséquences de leur distraction, ils avouèrent à Korrig la curieuse rencontre. Bien sûr, celle-ci commença par les houspiller.

— Pour qui on va passer ?

— T'inquiète pas. Elle risque pas de parler.

— Et pourquoi donc ?

— Elle est muette. On l'avait jamais rencontrée. Tu sais qui c'est ?

— Je crois le deviner…

Violette était la fille de miséreux qui habitaient jusque-là à Restalgon, une petite maison en location, sur la route de Gourin. Le mari buvait comme un trou ; il travaillait à la conserverie, mais les patrons en avaient eu assez de le voir tituber entre les machines, toujours à la merci d'un accident, et ils l'avaient licencié. La mairie avait eu pitié de son épouse, et ils avaient relogé les Feuillet dans une bicoque retapée au bas de la colline, plus haut que le Grand-Pont, celle du père Daumier, décédé sans héritier.

— La mère est lavandière, comme l'était votre grand-mère. Un métier difficile. Je savais pas que les Feuillet avaient une fille.

— Si… Elle a réussi à nous faire comprendre qu'elle s'appelle Violette.

Korrig tressaillit.

— Violette ? Comme moi…

— Tu t'appelles pas Violette, mais Korrig !

— Eh bien non… Je vous l'ai jamais dit, mais mon véritable prénom, c'est Violette. On m'a toujours appelée Korrig, parce que je suis naine.

— Quelle drôle d'idée ! C'est pour se moquer de toi ?

— Non… C'est votre grand-mère qui en avait décidé ainsi, pour montrer à tout le monde qu'elle avait pas honte que je sois petite. Violette, c'est vrai que c'était joli.

Korrig secoua encore la tête d'un air pensif.

— Moi je suis naine, et la gamine des Feuillet, elle est muette. Si un jour vous avez une fille, faudra surtout pas l'appeler Violette.

33

Les jumeaux avaient à présent une motivation supplémentaire d'arpenter les bois de Sainte-Barbe. Le lendemain, Violette les attendait au même endroit. La tristesse de son visage s'éclaira peu à peu d'un sourire mélancolique, mais qui ne réussit pas à allumer les prunelles vertes de ses grands yeux. C'était la mine de quelqu'un qui venait de vivre des événements douloureux. Elle restait immobile. Pas de coiffe comme en portaient encore beaucoup de gamines de son âge, elle avait les cheveux mi-longs, remontés sur les tempes par deux barrettes ; les pointes rebiquaient, coupées par des ciseaux maladroits, de toute évidence ceux de la mère. C'est vrai qu'elle paraissait misérable et fragile, avec ses sabots éraflés, avec sa blouse lustrée, dont les manches trop courtes laissaient dépasser des mains osseuses.

Violette était affreusement gênée par l'insistance de leurs regards ; d'un geste preste, elle lissa son vêtement et baissa la tête. Conscients de leur indélicatesse, les jumeaux lui dirent leur joie de la revoir. Elle hocha vivement la tête ; elle aussi. De la poche de sa blouse, elle sortit un calepin tout racorni et un bout de crayon. Elle s'assit sur une bille de bois et griffonna avec une rapidité surprenante ; elle tendit le carnet aux Justin.

« Je n'ai rien dit. »

Elle souriait.

— C'est bien.

— Oui. Personne sait que nous sommes des jumeaux. Nous sommes les fils de Korrig, la naine. Tu as certainement entendu parler d'elle ?

Elle approuva, puis recommença à écrire.

« Comment vous vous appelez ? »

Cette fois, ce fut au tour des garçons de se sentir penauds.

— Justin, fit le premier.

Elle tendit l'index vers le second qui se mordait les lèvres.

— Justin, moi aussi.

A nouveau, Violette fronça les sourcils.

— C'est plus facile pour notre mère. Cela lui évite de se tromper.

Alors, ils s'assirent près d'elle, un de chaque côté, et ils lui racontèrent leur enfance, les subterfuges pour ne jamais être vus ensemble, parce que la pauvre Korrig avait honte d'avoir eu des jumeaux.

Elle saisit le poignet de chacun et leur secoua le bras.

— On sait pas. Sans doute parce qu'elle est une naine.

Ils lui dirent aussi leurs années d'école, l'alternance, les travaux du soir, où chacun expliquait à son frère ce qu'il avait appris dans la journée.

— Toi, tu vas pas à l'école, on t'a jamais vue.

Elle secoua la tête tristement, et pointa les doigts vers ses lèvres muettes.

— On comprend… Pourtant tu sais lire et écrire ?

Elle reprit son carnet.

« C'est ma mère. »

Elle hésita, puis elle rajouta une ligne :

« Et votre père ? »

— On le connaît pas.

— Non, maman parle jamais de lui.

— Quand on lui demande, elle devient triste, et elle se met à parler d'autre chose, ou elle s'en va.

— Et le tien ?

Se souvenant des confidences de la mère, le frère décocha au bavard un regard assassin par-dessus l'épaule de la pauvrette. Violette se leva et s'écarta de quelques pas. Quand elle se retourna, elle avait les yeux pleins de larmes, et elle était livide.

— Ne dis rien, on a compris que ça va pas.

— Il va retrouver du travail, essaya de se rattraper l'auteur de la bévue. Dans quelque temps, ça ira mieux, tu verras.

— Viens, on a plein de choses à te montrer.

— Des choses qu'on n'a jamais montrées à personne.

La gamine essaya de sourire à travers ses larmes. Alors ils lui saisirent chacun une main comme deux grands frères, et l'emmenèrent dans les sentiers.

Les jumeaux connaissaient une anfractuosité de roches où l'on pouvait à peine se glisser. En se contorsionnant, ils se fourrèrent dedans, leur invitée entre eux. Les flancs de la crevasse comprimaient leur poitrine quand ils inspiraient à pleins poumons. Ils lui expliquèrent qu'ils se trouvaient dans le ventre de la terre, et que là, personne ne pourrait jamais les dénicher. Elle les écoutait gravement, surprise de leur obsession à se cacher, même dans ces bois aux fourrés inextricables. Sans que ce fût leur intention, ils étaient fiers de leur ascendant sur la fillette.

— Si la terre se mettait à trembler, on serait tous les trois écrasés comme des moucherons.

— Et on disparaîtrait pour de bon. Tu n'as pas peur ?

Du coup, la gamine croyait sentir les vibrations du sol, transmises par les mors de granit. Elle saisit à nouveau les bras de ses compagnons et y imprima ses doigts graciles. Voulait-elle leur signifier sa confiance ou son souhait de sortir de la monstrueuse mâchoire ?

La lumière chaude les tira du tombeau, et ils entraînèrent leur « élève » sous les frondaisons. Bien sûr, ils lui montrèrent une vipère, paresseuse et sournoise.

— Si tu bouges pas, elle croit qu'on l'a pas vue, et elle te fera pas de mal.

Millimètre par millimètre, l'autre Justin approcha du reptile un bâton dont la pointe était enroulée de son mouchoir. Soudain, la tête triangulaire fusa comme un éclair et les crochets s'enfoncèrent dans le bout de tissu.

La petiote avait bondi en arrière, bouche bée devant tant d'audace. Le serpent avait filé parmi les feuilles sèches. Ils s'attardèrent devant leur dernière fourmilière, dont le tertre était aussi haut que la fillette. Bien sûr, celle-ci avait déjà vu ce genre de curiosités à Restalgon, mais comme ça, en passant, et elle pénétrait maintenant dans un monde fascinant dont elle n'avait pas eu pleine conscience.

A ce train-là, l'après-midi passa plus vite que les heures. Le soleil se réfugiait parmi les cimes de houppiers. Violette fit signe à ses deux mentors qu'elle allait devoir rentrer ; son visage si gai s'était renfrogné.

— On va t'accompagner. Comme ça on saura où tu habites.

— Oui, au cas où on aurait un message à te communiquer.

La petiote s'était figée, soudain perplexe. Elle soupira, accepta, puisqu'elle emprunta le chemin par lequel elle était venue. Les jumeaux lui expliquèrent qu'il fallait rester sous le couvert. Le trio se faufila parmi les buissons. Soudain Violette fit signe à ses compagnons de s'arrêter.

Quelqu'un toussait, se raclait la gorge, puis on cracha bruyamment. Un homme, qui se mit à marmonner.

— Va-t'en savoir où elle est encore partie traîner, cette fichue gamine…

— Laisse-la tranquille. Elle fait rien de mal, et on va pas la garder attachée comme un chien devant sa niche.

C'était la mère.

— C'est ça, oui. Elle est mieux à vagabonder qu'à donner un coup de main. Tu ferais bien de lui apprendre à travailler.

A une cinquantaine de mètres entre les branches apparaissait le toit d'une chaumine. La fillette se tourna vers ses compagnons ; blême, elle leur fit signe de s'en aller.

— On se reverra demain ?

Violette haussa les épaules. De quoi serait fait le lendemain ?…

34

Le lendemain, pas de Violette, ni le surlendemain. Le troisième jour, les jumeaux se décidèrent à aller aux nouvelles. C'était le matin. A cette heure, la campagne est la plus belle, une lumière diaphane, et dans la fraîcheur de l'aube les larmes de la nuit deviennent des perles de rosée. Les oiseaux affûtent leurs trilles, et à qui sait écouter il est permis d'entendre les bruissements de la vie en éveil. Un moment privilégié, car bientôt la brume des chemins se dilacère aux branches des taillis, et la pleine clarté dissipe le mystère.

Inquiets, les deux frères n'avaient pas le cœur bucolique. Ils se souvenaient de la frayeur de la gamine à l'idée de rejoindre le logis familial. A pas de loup, ils allèrent jusqu'à l'endroit où Violette les avait quittés.

L'endroit semblait désert. Une porte couina, le père sortit, en tricot de corps et pantalon, une ceinture de flanelle autour des reins. Il souleva sa casquette afin de se gratter, renifla, récupéra dans sa gorge les glaires de son nez et expulsa au sol un crachat glauque et gluant qu'il contempla avec délectation avant de l'écraser de son sabot. Les conduites nasales libérées, il s'occupa du rez-de-chaussée, fouilla dans sa braguette, dont il extirpa une limace blanche. Face à lui, les garçons ne perdaient rien du sordide spectacle. Fier de ses excrétions, il se mit à pisser dru, en dirigeant entre ses doigts le jet un coup à droite un coup à gauche afin de noyer au vol les moucherons attirés par ses mâles odeurs. Il secoua l'engin afin de l'égoutter, puis, d'un énergique coup de reins en arrière, le remisa dans sa culotte. La face congestionnée, il resta légèrement penché en avant. Quelque chose l'intriguait, pensèrent les jumeaux. Mais non, le père Feuillet n'en avait pas fini avec son ménage interne : un vent redoutable chuinta grassement dans le silence, qu'il fit durer à souhait jusqu'à proférer un « han ! » guttural, entérinant la satisfaction de la tâche accomplie.

La mère avait dû attendre la fin de l'aubade, car elle sortit dès que son prince charmant eut réintégré sa tanière. Si les Justin avaient connu la grand-mère Francine, ils auraient été frappés par la ressemblance entre les deux femmes. Vêtue de noir, Jeanne Feuillet avait déjà sa coiffe sur ses cheveux gris soigneusement ramassés. Elle aussi était voûtée par les heures accroupie dans sa caisse à laver, et même de loin on remarquait ses longues mains décharnées, aux articulations déformées par l'arthrose. Pourtant, vu l'âge de sa fille, elle ne devait pas avoir beaucoup plus de trente ans.

— Violette, tu viendras m'aider ?

Les jumeaux tressaillirent. Ils ne la connaissaient pas encore, mais ils éprouvaient déjà une profonde tendresse pour cette gamine tombée du ciel et qui détenait leur secret. En trottinant, elle saisit l'anse du seau que sa mère lui tendait. De Restalgon, celle-ci avait ramené une demi-douzaine de poulets et un canard, auxquels il convenait de donner à manger. Une tâche loin d'être difficile, c'était pour ne pas la laisser seule avec son père que la mère avait appelé sa fille.

— Tu m'attends là, hein ! Tu sais bien que papa veut plus que tu ailles traîner dans les bois.

La silhouette chétive resta perdue au milieu de la cour. Les Justin n'eurent pas le temps de s'approcher ; déjà la mère revenait avec un balluchon de linge. Elle était lavandière, avait dit Korrig, et son maigre salaire était le seul moyen de subsister, puisque son bonhomme ne rapportait plus rien à la maison.

C'était donc pour cette raison qu'elle n'était pas venue… Une séquestration inacceptable, dans leur nouvelle définition de l'équité naturelle. Le père fit sa réapparition ; il finissait de boutonner le col de sa chemise. Sa femme et sa fille sortirent de la cour.

— Et restez pas bavasser en chemin quand vous aurez fini de faire trempette. Il y a du boulot à faire ici, et c'est pas toujours aux mêmes de se crever le cul.

Violette et sa mère partirent sans répondre ; les deux frères comprenaient maintenant le calvaire de la petiote. L'agressivité des trois mères avait éveillé en eux des évidences de rébellion : la vie n'était pas aussi lisse qu'ils le croyaient. Ils mesuraient le courage de Korrig, marquée par le destin dès sa naissance, et sans doute davantage par la souffrance d'une vie de misère. Avec Violette, ils se découvraient des âmes de chevaliers servants, et bien qu'elle ne fût qu'une misérable princesse, ils la transporteraient vers un monde de lumière. Ces décisions impulsives sont souvent les plus impérieuses, et ils suivirent Jeanne Feuillet et sa fille sans se poser de questions, avec la volonté farouche de la sauver.

La mère parlait sans cesse ; loin derrière, les jumeaux ne pouvaient comprendre ce qu'elle disait, sans doute des paroles de réconfort à propos du père. Le vent se leva :

— Tu te fais des idées…

La brise avait changé de direction. Des idées à propos de quoi ?…

Les deux femmes se rendaient à Ster-Groez, vers le lavoir où Francine avait si souvent amené Korrig. Les jumeaux firent le tour par la prairie du haut. Ils restèrent dissimulés à la lisière supérieure du champ, guettant leur petite camarade. Pour l'instant, Violette aidait sa mère à s'installer ; elle défaisait le linge sale et le répartissait selon le traitement à lui faire subir : les draps et les torchons d'un côté, les couleurs de l'autre. Les lavandières arrivaient une à une ; on cancanait, on plaisantait, on riait fort dans ce gynécée champêtre où les hommes ne s'aventuraient qu'en cas d'extrême nécessité, certains d'en prendre pour leur grade dès qu'ils auraient tourné le dos.

— Va donc chercher du petit bois pour allumer le feu, fit la mère à Violette. Y en a plus.

— Et tant qu'à faire, lança une autre lavandière, pense aux copines. Tu en trouveras en haut du champ, en bordure du bois. Avec le vent de la semaine dernière, c'est pas ce qui doit manquer.

Violette s'empressa d'obéir.

— C'est pas pour dire, fit une des amies de Jeanne, mais elle est bien gentille, ta gamine. Dommage qu'elle puisse pas parler.

— Ça lui évite de dire des conneries, riposta la mère avec beaucoup de finesse.

Violette remontait dans la direction des jumeaux, glanant le bois mort arraché par le vent. Quand elle fut à portée de voix, ils l'appelèrent doucement.

— C'est nous, Justin. On est là.

La fillette se redressa, le visage illuminé.

— Approche-toi mine de rien.

Tout en continuant sa récolte, Violette s'exécuta.

— On sait bien que tu peux pas nous répondre, mais on voulait te dire que tu nous as beaucoup manqué.

La gamine fit signe qu'eux aussi.

— On a eu peur que tu étais malade.

Elle secoua la tête dans l'autre sens.

— Il faut arriver à convaincre ta mère de te laisser sortir de temps en temps. On a encore beaucoup de choses à te montrer.

Elle haussa les épaules et de sa main droite fit le geste de chausser une casquette.

— C'est ton père qui veut pas. On sait, on l'a entendu l'autre soir, et on l'a vu ce matin quand tu partais pour venir ici.

La fillette afficha une mine offusquée.

— Rassure-toi, c'était pas pour t'espionner, mais on avait envie de savoir pourquoi on t'avait pas vue.

— Eh bien, Violette ! Qu'est-ce que tu fabriques ? On t'attend…

— Si tu peux, reviens cet après-midi. Après manger, on se postera au même endroit.

La famille Lescoët déjeunait dans l'atelier de repassage, là où personne ne risquait de faire irruption à l'improviste, bien que Torr-Penn montât toujours bonne garde. Korrig sentait ses garçons tracassés et elle savait que c'était en rapport avec la rencontre de l'autre jour. Elle avait abordé le sujet ; de façon évasive, ils lui avaient répondu qu'ils ne voyaient plus la fillette, ils ne savaient même plus où elle était passée.

— J'espère au moins qu'elle a pas vendu la mèche.

— Alors là, tu peux être tranquille.

— Oui, non seulement elle est muette, mais on peut lui faire entière confiance.

— Comment pouvez-vous être si sûrs ? Vous la connaissez à peine…

— Il y a pas besoin de connaître les gens depuis longtemps pour savoir ce qu'ils ont dans le ventre.

Ce midi-là, ils étaient d'humeur sereine.

— Violette est revenue ?

— Comment tu sais ?

— Il y a des choses que les mères devinent tout de suite.

Ils racontèrent les scènes auxquelles ils avaient assisté, l'abjection du père, la peur qu'il inspirait à sa fille, l'aspect misérable de la pauvre mère.

— Les lavandières souffrent beaucoup, les mains toujours dans l'eau. C'est un métier difficile.

— Il y a pas que ça. Nous sommes sûrs que c'est son mari qui la rend malheureuse.

Korrig soupira.

— Beaucoup de femmes souffrent à cause de leur mari.

— C'est pour ça que t'en as pas ?

Korrig sourit tristement.

— Non, mais il est encore trop tôt pour vous expliquer.

— Pourquoi tu veux rien nous dire ?

— C'est qui notre père ?

Jamais ils ne s'étaient montrés aussi directs. Mais à quoi bon remuer la boue de la misère ?… Depuis quelque temps, elle sentait ses fils exaltés. Leur raconter la vérité ne ferait qu'attiser le feu qui couvait dans leurs prunelles.

— Plus tard, je vous dis. Vous êtes encore trop jeunes.

Avec de telles paroles, le tourment des deux frères ne pouvait qu'empirer. Ils soupirèrent… L'histoire de Korrig était donc si grave ? Tant pis, leur fougue justicière servirait à sauver la gamine.

— Pour Violette, qu'est-ce qu'on peut faire ?

— Rien, répondit Korrig. C'est pas nos affaires.

— Mais s'il lui fait du mal ?

— T'as pas compris que ce type-là est un salaud ?

— C'est son père, et vous êtes pas gendarmes. S'il se montre trop brutal, c'est à sa femme de porter plainte. Vous, tenez-vous tranquilles si vous voulez pas que notre secret soit découvert. Si ça arrivait, j'aurais tellement honte qu'on serait obligés de partir habiter ailleurs.

Une nouvelle menace, à laquelle cette fois ils ne crurent pas. Consciente de leur angoisse, Korrig tenta de les consoler.

— Puisqu'elle est au courant pour vous deux, vous pouvez inviter votre camarade à la maison. Cela me ferait plaisir de la rencontrer.

35

Violette avait déjeuné sur le pouce avec sa mère, en compagnie des autres lavandières : un quignon de pain et une pomme. Elle gardait un œil sur l'orée du bois, et dès qu'elle en eut le loisir, d'un regard interrogatif elle indiqua la lisière.

— Tu veux aller jouer ?

Elle acquiesça.

— D'accord, mais à une condition, tu t'éloignes pas, et tu reviens quand je t'appelle. J'ai bientôt fini.

Violette avait déjà filé et cette fois, elle s'enfonça résolument dans le sous-bois. Elle mit quelques secondes à s'accoutumer à l'obscurité, mais dès qu'elle localisa ses amis, elle se précipita et les étreignit à tour de rôle. Ceux-ci étaient émus d'effusions aussi démonstratives, et ils embrassèrent la fillette sur les deux joues comme une petite sœur. Chacun avait apporté une des friandises dont les gratifiait Korrig quand les affaires ne marchaient pas trop mal. La petiote s'assit pour les déguster, et c'était un plaisir de la voir sucer consciencieusement les bonbons, lentement, pour ne rien perdre de leur saveur : les Feuillet n'étaient pas assez riches pour lui offrir de telles fantaisies.

Les trois complices restèrent à portée de voix du lavoir, se contentant du bonheur d'être ensemble. Il est difficile de converser avec quelqu'un qui ne peut vous répondre qu'en griffonnant. Les Justin faisaient les questions et les réponses, et d'un geste de la tête, Violette indiquait s'ils se trompaient ou non. Ils parlaient de l'école, des trésors de la forêt.

— Tu sais, on connaît un chevreuil. Lui aussi, c'est notre ami.

— Il s'appelle Mabig, et il est plus docile que notre chien Torr-Penn.

— Un jour, on te le montrera.

— S'il veut bien, car c'est quand même un animal sauvage.

Ils plastronnaient, elle buvait leurs paroles, et ses yeux avides luisaient dans l'obscurité des frondaisons. Ils évitaient de parler de son père, alors que le sujet ne les quittait pas.

— Violette, tu viens ? Tu vas m'aider à ramasser le linge et on rentre.

Assise entre ses camarades, elle fit la sourde oreille.

— Viens, je te dis ! insista la mère. Ton père va encore s'impatienter si on rentre trop tard.

La pauvrette soupira douloureusement. Prenant appui de ses mains fluettes sur les genoux des garçons, elle se releva à contrecœur.

— Demain, on sera là, si tu veux.

Elle se retourna, des larmes plein les yeux. Eux aussi.

Ils restèrent seuls à ruminer leur rancœur, contraints à l'impuissance : que pouvait-on faire pour venir au secours de quelqu'un qui souffrait ? Pour l'instant, ils décidèrent de suivre leur amie, comme si leur simple présence était capable d'empêcher la hargne paternelle.

Entre-temps, Eugène Feuillet était monté au bourg, et il avait fait le tour des bistrots. A son retour, il avait la casquette sur la nuque, et jamais autant de cailloux ne s'étaient ligués pour l'emmerder en chemin. De temps à autre, il chantonnait quelque paillardise, où d'accortes Jeanneton, le jupon troussé, se faisaient fourrer en cadence, et il rigolait tout seul en évoquant la scène grivoise. Il dut s'arrêter à deux reprises pour évacuer dans le fossé le trop-plein de ses libations. Puis il repartait en titubant d'un bord à l'autre du chemin.

— J'ai bien fait de quitter cette saloperie d'usine, marmonna-t-il à un moment. Ces salauds-là m'ont tellement bouffé la moelle que j'arrive même plus à marcher.

Licencié à quarante ans, il prétextait être déjà usé pour garder bonne conscience de ne rien foutre.

L'air vif finissait de l'enivrer, et Feuillet dut faire halte au Grand-Pont parce que trop de papillons tournaient dans sa tête. Là vivotait un autre bistrot, rendez-vous des promeneurs et des pêcheurs, parfois aussi des chasseurs. Eugène fouilla dans sa poche pour y dénicher de quoi s'enfiler un dernier canon, et il s'y engouffra. Dans ces gargotes traînent toujours deux ou trois boit-sans-soif, attendant un compère pour se donner bonne conscience. Marcel Bourdouil était de ces piliers impénitents. Veuf depuis deux ans – libéré comme il disait, en essuyant quand même une larme à chaque fois qu'il évoquait la disparue –, celui-ci n'avait plus grand-chose à faire, lui non plus. Ancien poilu boitant bas à cause d'un vilain éclat d'obus, il percevait une maigre pension qu'il dépensait avec parcimonie au comptoir de la mère Marcelle – une copine puisqu'elle avait le même prénom que lui ; une voisine aussi, étant donné qu'il habitait une petite cahute en aval du pont, au bord de l'Ellé. S'il s'était agi d'établir un record dans l'art de faire durer une chopine, il aurait certainement été champion du monde.

Eugène Feuillet était nouveau dans le secteur, mais il n'avait pas été long à y installer sa réputation.

— Ah ben, fit Bourdouil, j'allais justement lever le camp. Voilà un collègue. Quel bon vent t'amène, l'ami ?

— J'avais besoin de me poser cinq minutes, et avec cette chaleur, j'ai le gosier aussi sec que la tirelire d'une bonne sœur.

— Sacré farceur ! T'es allé voir comment c'est « boutiqué », la tirelire d'une bonne sœur ?

— Pas besoin. Si elles ont renoncé aux hommes, c'est qu'elles ont la pondeuse au sec. Comme mon gosier. Dis Marcel, t'aurais pas pitié, des fois, d'un pauvre homme qui est sur le point de mourir de soif ?

— Si, mais j'ai plus de sous, et la patronne refuse de faire crédit.

Celle-ci essuyait les verres.

— Je t'ai dit, Bourdouil, quand t'auras payé ce que tu dois depuis un mois, on pourra engager de nouvelles négociations. D'ici là, pas de monnaie, pas de pinard !

— Jc t'avais prévenu, c'est un vrai dragon.

— T'inquiète, on va faire la masse. A deux on arrivera bien à dégoter de quoi s'offrir une petite chopine.

Bourdouil rigola ; il éclusa le fond de son verre, et fouilla dans sa poche en quête de quelques pièces, tandis que Feuillet alignait les siennes sur la table cirée au vin rouge.

— Marcelle, on a trouvé ce qu'il faut. Apporte-nous donc une autre fiole de rouquin.

Une bouteille et deux verres, il n'en fallait pas plus pour être heureux et, aussi allumés l'un que l'autre, les deux acolytes trinquèrent avec une ferveur quasi religieuse. Il était tard, et ce carafon-ci n'eut pas le temps de s'éventer.

Le père Feuillet n'avait plus grand chemin à parcourir, et comble de malchance pour Jeanne et Violette, il déboucha devant la chaumière au moment où elles arrivaient du bourg, après avoir déposé chez le client le linge lavé et rincé. Conscient de son état, l'ivrogne assura sa casquette afin de mettre à l'ombre son regard aviné. Il était de ces tempéraments veules qui attaquent lorsqu'ils sont en faute, pour ne pas avoir à se justifier.

— C'est à cette heure-ci que vous rentrez ?

Jeanne avait tout de suite remarqué dans quel état se trouvait son bonhomme, et elle préféra ne pas répondre.

— De mieux en mieux, bougonna le mari. Elle est sourde maintenant. Avec l'autre sainte-nitouche qui est muette, me voilà bien loti ! Je demandais où vous étiez restées traîner ?

Jeanne soupira, mais se défiler n'était pas sans risque.

— On a été déposer le linge chez les Pochat, si tu veux savoir.

— Ouais, sans doute… Vous me ferez pas croire que vous avez pas profité pour bavasser avec les commères. C'est pas ça qui manque autour des halles.

— Même pas. De toute façon, pourquoi on aurait des comptes à te rendre ? Je te demande pas où t'as passé ta journée, toi.

La riposte déstabilisa le soûlot ; il s'essuya le museau du dos de la main, mais ne s'avoua pas vaincu.

— Je cherche du travail, figure-toi. Tu me connais, je suis pas du genre à rester à rien foutre à la maison.

L'un des jumeaux avait vu le père Feuillet entrer dans le bistrot ; il avait couru en aviser son frère ; appréhendant que les relations s'enveniment, tous deux avaient devancé son arrivée. Tapis dans les fourrés en face de la chaumière, ils assistaient à la scène avec dégoût. Violette se tenait à proximité de sa mère, comme pour la protéger.

— Tu as trouvé quelque chose ? demanda celle-ci.

— Ça se pourrait, mais pour l'instant, je peux rien dire.

Face à une telle mauvaise foi, l'épouse ne put s'empêcher de sourire. Eugène avait le vin mauvais, et persuadé que sa femme se fichait de lui, il piqua une crise d'autorité dont il était coutumier lorsqu'il perdait pied.

— Nom de Dieu ! T'as pas fini de m'espionner ? Pour qui tu te prends pour me demander des comptes ! Qui c'est le chef ici !

Il serrait les poings, écarlate, et les garçons craignirent qu'il n'en vînt à être brutal. Confrontés au lot quotidien de Jeanne et Violette, ils enrageaient de ne pouvoir signifier son fait à ce sinistre individu. Une nouvelle fois vaincue, la malheureuse femme rompit en emmenant sa fille. Le père resta dans la cour, chaloupant sur ses pieds écartés comme un arbre dans le vent.

— C'est vrai enfin ! On va quand même pas se laisser commander par les bonnes femmes !

Il cracha, péta et repartit pisser à l'angle de l'appentis adossé à la chaumine. De se soulager lui fit apparemment recouvrer son calme, car il sifflotait en contemplant le ciel. Le crépuscule étirait de longues écharpes roses, et encapuchonnait de mystérieuses silhouettes autour de la chaumière. Il rentra ; quelques éclats de voix, et le silence s'installa. Les Justin se regardèrent, et chacun découvrit dans les prunelles de son frère la même indignation. Le salaud avait dû aller se coucher, Korrig devait s'impatienter. Ce soir-là, il n'y avait plus rien à faire.

36

Les jumeaux et la petite muette se revirent tout l'été dans les bois de Sainte-Barbe, selon l'humeur du père et le degré de ses ébriétés. Quand il était ivre mort, la maisonnée connaissait une paix relative, puisqu'il se couchait aussitôt rentré afin de cuver sa gnôle et son vin. A chacune de leurs rencontres, Violette prenait confiance en ses compagnons, mais elle avait sans cesse des accès d'angoisse, et sa frayeur croissait aussi quand il s'agissait de rentrer. Les deux garçons parvenaient parfois à la faire sourire, jamais à la rasséréner. A la moindre défection, ils étaient inquiets et partaient rôder aux abords de la bicoque des Feuillet. Dans le cœur des garçons s'installait une haine farouche à l'encontre de l'abject individu qui dictait sa loi. La mère au logis, c'étaient des querelles incessantes ; Eugène Feuillet menaçait son épouse, la traitait de tous les noms, la frappait même, car les jumeaux crurent percevoir des cris de douleur. Le plus intolérable était que leur jeune camarade ne pouvait crier, elle, alors qu'elle subissait à coup sûr le même traitement.

Un jour, Korrig réitéra sa proposition :

— Puisqu'elle est au courant de notre secret, invitez-la donc à la maison.

Soulagée de ne pas avoir procréé des infirmes, la naine aurait rêvé d'avoir une fille. Un rêve impossible évidemment, et de toute façon, Korrig n'aurait pas eu l'audace de braver une seconde fois le destin. Avant même de l'avoir rencontrée, elle reporta cette affection déçue sur la pauvrette, une tendresse accrue par sa mutité.

Comme à chaque fois que ceux-ci bousculaient ses habitudes, Violette fixa ses compagnons de ses grands yeux étonnés. Craignant de nouveaux ennuis, sa réaction immédiate fut de secouer la tête en une dénégation véhémente.

— Mais si… On t'assure qu'elle est très gentille, et cela lui ferait vraiment plaisir !

La gamine se tenait sur la défensive, et les jumeaux comprenaient ses réticences : si le père apprenait l'invitation, ce serait un nouveau coup de gueule.

— N'aie pas peur. Il n'en saura rien.

Elle sortit son calepin :

« Ma mère voudra pas non plus. »

— T'as pas besoin de lui dire.

Violette hésitait, peu encline de toute évidence à dissimuler un acte aussi important à sa compagne de misère.

— Tu lui diras après. Tu verras, elle t'en voudra pas.

Elle soupira et ramassa son carnet.

— Pourquoi pas demain, si tu peux t'échapper…

Elle hocha la tête et pointa l'index vers le sol.

— Oui, ici. On viendra te chercher à deux heures.

Korrig ne cacha pas sa joie.

— Je ferai des crêpes, il y a longtemps qu'on n'en a pas mangé. Et vous deux, il faudra vous laver, vous empestez ! Je comprends pas ce que cette pauvre fille peut vous trouver.

Le lendemain, Violette fut à l'heure à l'endroit convenu. Son infirmité lui permettait de s'abstenir de rendre des comptes quand elle n'en avait pas envie. La mère l'avait dévisagée avec circonspection.

— Je trouve que tu te promènes beaucoup ces derniers temps. J'espère au moins que tu fais pas de bêtises ?

Les grands yeux reflétèrent l'innocence la plus sincère.

— Pas d'imprudences non plus ?

Jeanne Feuillet se doutait que sa fillette s'était fait des relations, car à chacune de ses escapades, elle rentrait essoufflée d'avoir trop couru. Elle en était ravie : sa sauvageonne avait besoin de se socialiser. Elle aurait aimé savoir qui c'était, mais Violette avait adopté son air buté. La mère avait même essayé de la suivre, mais quand elle se méfiait, la petiote avait l'art de disparaître en une seconde. Après tout, s'était dit Jeanne, on verrait bien...

Ce jour-là, chaque Justin saisit une main de la fillette, et ce fut une course folle dans les sentiers tortueux, la soulevant pour enjamber les flaques des dernières pluies. Quand les branches basses dentelèrent les lumières de la lisière, ils s'arrêtèrent.

— A partir de maintenant, il faut faire attention. Tu sais bien que personne doit nous voir tous les deux en même temps.

Violette sourit : elle n'avait pas oublié.

— T'as pas envie non plus que les gens apprennent que tu es venue chez nous ?

Nouvel acquiescement.

— Alors, fais comme on te dit.

Torr-Penn les avait entendus, et il accourut dans le sous-bois. A la vue de Violette, il ne put s'empêcher de grogner. Une tape sur le museau le fit taire :

— Tu vois pas que c'est une amie ?

Le chien frétilla et accepta la caresse de la gamine.

— Attendez, fit l'autre. Je vais vérifier s'il y a personne avec la mère.

Il se faufila entre les bosquets et regarda à droite et à gauche. La voie était libre. Il traversa le chemin et poussa la barrière. Korrig les attendait.

— Tu es sûr que vous n'avez pas été suivis ?

— Aussi sûr que deux et deux font quatre.

— Alors, reste là. Je vais chercher ton frère et votre amie.

Le trio enfin réuni, Korrig prit le temps d'observer son invitée.

— Comme tu es jolie ! s'exclama-t-elle.

— C'est pas la peine de crier !

— C'est vrai. Elle est pas sourde, elle est muette.

Loin de s'offusquer, Violette sourit ; impressionnée par sa petite taille, elle ne pouvait s'empêcher de détailler la mère. Celle-ci était fière de pouvoir présenter ses gaillards en même temps, une joie qu'elle n'avait connue qu'une fois, lors de la venue du *pilhaouer*.

— Ils sont beaux, hein ?

Violette hocha la tête en souriant.

— J'espère au moins qu'ils sont gentils avec toi ?

Elle refit le geste avec véhémence et un large sourire.

— Mais il faudra dire à personne qu'ils sont deux.

La gamine leva deux doigts et secoua la tête en signe de dénégation, puis elle ne redressa que l'index avec un mouvement inverse de la tête : elle ne trahirait pas le secret. Alors Korrig l'embrassa.

— Mes voyous m'ont dit que tu étais une gentille fille, et ils se sont pas trompés.

Korrig avait préparé une pile de crêpes bien rondes dont les bords croustillaient, et elle invita la compagnie à s'installer. Les trois enfants goûtèrent de bon appétit, à la grande joie de leur hôtesse qui sur sa *pillig* réchauffait les crêpes en étalant au milieu de chacune une noix de beurre qui grésillait. La collation achevée, la naine s'assit face à Violette, et resta encore un long moment à l'observer.

— Tu n'aimerais pas aller à l'école ?

La petiote tressaillit, et ses grands yeux affolés demandaient si elle avait bien compris.

— Tu peux pas parler, mais tu pourrais écouter et tu apprendrais plein de choses.

Alors Violette sortit son carnet :

« Papa veut pas. »

— Pourquoi ?

Nouveau haussement d'épaules, elle ne savait pas…

— Il faudra que j'en parle à mademoiselle Cogan, marmonna Korrig.

Le visage de la fillette se crispa comme si elle allait se mettre à pleurer, et elle secoua la tête avec véhémence. Korrig reprit les propos de la directrice.

— L'école, c'est obligatoire, tu sais. Ton père n'a pas le droit de t'en priver.

Le regard fixe, Violette paraissait de plus en plus mal à l'aise.

— Et ta mère ? Elle en pense quoi ?

La gamine regarda ses deux camarades, elle était désemparée. Les Justin lui firent signe d'écrire.

« Elle a peur. »

Consciente de s'aventurer sur un terrain dangereux, Korrig n'insista pas.

37

Août et septembre s'écoulèrent dans cette ambiance morose. La rentrée scolaire arriva. Les Lescoët faisaient désormais partie des plus grands de l'école élémentaire ; ils entamaient une année importante, celle du certificat, une échéance qui ne les effrayait pas outre mesure, puisqu'ils étaient toujours les meilleurs élèves de la division. Le principe de l'alternance fonctionnait sans éveiller le moindre soupçon, une véritable performance. Plusieurs fois néanmoins, le jumeau de service faillit vendre la mèche. Ainsi le jour où monsieur Le Poul s'étonna de ses difficultés avec une règle de trois – particulièrement vacharde il faut le dire –, alors que la veille il avait été le premier à en venir à bout.

— Hier soir, mon frère était fatigué, répondit-il inconsciemment.

— Ton frère ? Qu'est-ce que tu racontes ?

— Je veux dire qu'hier soir j'avais beaucoup à faire et que j'étais fatigué. J'ai pourtant très mal dormi, et ce matin j'ai la tête qui tourne. Ma mère dit que je dois couver quelque chose.

Le maître recommanda à son champion de ne pas trop réfléchir quand même.

Cette autre fois encore, où, à l'issue de la journée, l'instituteur trouva sous son banc le bonnet de laine du petit Lescoët. Quelle ne fut pas sa surprise de voir son élève arriver le lendemain coiffé d'un bonnet identique !

Intrigué, Onésime demanda au jeune garçon de rester à la récréation. Sans préambule, il lui tendit la coiffure.

— Tiens, tu as oublié ça hier soir.

Pourtant habitué à se dépêtrer au pied levé des situations les plus délicates, Justin s'empourpra et ne trouva pas tout de suite la riposte adéquate. Conscient de son trouble, l'instituteur le dévisageait d'un regard inquisiteur, mais il vint quand même à son secours :

— Tu as dit à ta pauvre mère que tu avais perdu ton bonnet, et elle a dû passer la nuit à t'en tricoter un autre pour protéger tes oreilles d'étourdi…

— Non, mais ma mère est prévoyante. Quand il lui reste de la laine, au lieu de la jeter il lui arrive de tricoter tout de suite la même chose. Comme ça, j'en ai toujours un de rechange.

Justin avait recouvré son sang-froid, et le maître goba l'explication.

— Ta mère est une femme de bon sens.

Korrig n'avait pas trouvé l'occasion de parler à mademoiselle Cogan de Violette Feuillet. Hormis le jeudi, et quelquefois le dimanche, la petiote devait se contenter d'un seul jumeau. Dans sa tête, la situation se brouillait, et il lui arrivait d'oublier que ses amis étaient deux, et qu'ils n'étaient pas le même d'un jour sur l'autre.

Un soir, Justin fit part de ses inquiétudes au sujet de la gamine.

— Je l'ai jamais vue aussi désemparée.

— Cela doit aller de plus en plus mal avec son père.

— C'est ce que je pense aussi. J'ai pas eu le temps de bien voir, mais elle a accroché le col de sa blouse à une branche et il s'est déboutonné. On aurait dit qu'elle avait une vilaine marque bleue sur l'épaule.

— Tu crois que c'est son père ?

— Peut-être qu'elle est tombée, ou qu'elle s'est cognée…

— Tu lui as pas demandé ce qui lui est arrivé ?

— Quand elle a vu que j'avais remarqué, elle a aussitôt resserré le col de sa blouse. Elle a pas envie qu'on en parle.

— Je verrai demain si on peut faire quelque chose.

— Si elle est là. Elle avait l'air terrorisée.

Le lendemain, Violette ne vint pas au rendez-vous quotidien, ni le jour suivant qui était un jeudi. Les jumeaux ne pouvaient rester dans une expectative aussi angoissante, et ils décidèrent d'aller jeter un coup d'œil du côté de la chaumine des Feuillet.

Le logis paraissait désert ; cela les démangeait de frapper à la porte, mais le butor était peut-être au gîte. Soudain, ils entendirent en effet remuer du côté de l'appentis, et le père Feuillet en sortit en fourrageant dans sa tignasse. Il resta un bon moment au milieu de la cour, comme s'il se demandait ce qu'il allait faire. Puis il rentra au logis, dont il sortit quelques minutes plus tard en maugréant des « C'est pas Dieu possible » longs comme le bras et en secouant la tête. Soudain, il s'immobilisa.

— Tiens, voilà mes paillasses qui reviennent. C'est pas trop tôt.

La roue de la brouette couina dans le chemin. Violette avait accompagné sa mère au lavoir ; elle se tenait serrée contre elle. A la vue de son mari, Jeanne ralentit, elle aussi sur la défensive.

— Il y a plus de pain, rouspéta le père. Plus de vin non plus.

C'était sans aucun doute la seconde pénurie qui indisposait le sinistre personnage. Sans hausser le ton, la mère se permit de lui faire remarquer que le bourg n'était pas si loin et qu'il avait eu tout le temps d'aller chercher ce dont il avait besoin.

— C'est aux bonnes femmes de faire les commissions, pas aux hommes. De toute façon, j'avais pas de quoi payer. Je sais pas ce que tu fais de nos sous, mais il y a plus un rond à la maison.

Devant une telle abjection, la pauvre lavandière ne put s'empêcher de se rebiffer.

— Les sous ? Je les gagne pendant que toi tu les dépenses.

Elle marqua une pause, redoutant d'aller trop loin.

— Plus vite que je les gagne d'ailleurs.

Comme piqué par un frelon, le bonhomme sursauta.

— La garce ! Tu mériterais que je te casse la tête, à toi et à ta petite guenon qui sait même pas jacter.

Il avait le regard mauvais ; Violette se glissa derrière sa mère, accrochée à sa jupe ; soucieuse de dissimuler son ecchymose, elle avait son col boutonné jusque sous le menton.

— Ferait beau voir que tu la touches, répliqua Jeanne sans baisser les yeux.

— Si tu crois me faire peur...

Eugène avait connu une seconde de flottement qui n'échappa pas à son épouse.

— Ouais, ferait beau voir... répéta-t-elle.

Le père n'insista pas. Il trouva un autre angle d'attaque :

— A propos des sous, tu disais pas la même chose quand je travaillais. Mes sous, mes sous... C'est toi alors qui dépensais les miens, et sans faire attention.

Tous les soirs, c'étaient des altercations à n'en plus finir, à propos de tout et de rien ; la pauvre femme n'en pouvait plus de l'entendre râler. Elle préféra éviter un affrontement encore plus violent.

— Je vais porter mon linge en ville. Avec le peu que j'ai gagné, j'achèterai du pain, et une bouteille de vin, puisque tu peux plus t'en passer. Mais il faudra faire au moins trois jours avec.

Satisfait de voir aboutir ses négociations, le misérable se radoucit.

— Ouais, ma Jeannette, c'est comme ça que je t'aime. Je t'ai déjà dit, si tu voulais faire un effort, tout irait mieux entre nous. Je vais bientôt trouver du boulot, et on sera plus obligés de se chamailler pour des bêtises pareilles.

— Viens, Violette, fit la mère. Il vaut mieux aller en ville tout de suite. Après j'aurai plus le courage.

— Laisse-la donc se reposer un peu. Tu sais, c'est quand même ma fille, et il y a des fois où j'ai pitié d'elle. Et puis, ça me fera un peu de compagnie.

Jeanne hésita, mais les accès de tendresse étaient si rares chez son bonhomme qu'elle demanda à sa fille de rester à la maison : elle n'en avait pas pour longtemps. Violette était devenue livide. La mère avait à peine disparu au coude du chemin que la gamine planta là son père et fila dans le sous-bois.

— Reviens là, petite idiote ! hurlait le père. J'ai besoin que tu m'aides à mettre un peu d'ordre dans la maison. C'est un vrai bazar !

Les garçons suivirent la fillette et l'appelèrent dès qu'ils furent hors de portée de voix du sinistre individu. Stupéfaite, la petiote s'arrêta. Elle paraissait terrorisée.

— Pourquoi tu t'es enfuie ? demanda l'un.

— Tu as peur de lui ? De ton père ? fit l'autre.

Elle hoquetait, et les larmes ruisselaient sur ses joues. Ils s'approchèrent afin de la réconforter ; en lui caressant l'épaule, ils firent mine de découvrir le bleu à la base du cou. Elle essaya de se dégager, mais c'était trop tard.

— C'est lui qui t'a fait ça ?

Elle haletait comme une bête blessée, et au bout de quelques secondes, elle hocha la tête de façon affirmative.

— Ta mère est pas au courant, n'est-ce pas ?

Elle leur fit signe que c'était le cas.

— Pourquoi tu lui as pas montré ?

Elle ne bougeait pas, enfermée dans une prostration terrible.

— Il t'a battue ?

Un long frémissement parcourut le corps de la pauvrette. Alors un des jumeaux sortit le carnet de sa poche, et le lui mit entre les mains.

Elle hésita.

— Qu'est-ce qu'il t'a fait ?

Le crayon tremblait entre les doigts, puis soudain, elle se décida.

« Je peux pas dire. »

— Tu peux pas dire quoi ?

Elle était de nouveau pétrifiée.

— Le salaud, fit l'autre Justin. Il a pas le droit de te faire du mal. S'il continue, on dira à notre mère d'aller prévenir les gendarmes.

Cette fois, Violette écrivit d'elle-même :

« Non. Il m'a dit qu'il nous tuera, maman et moi. »

Les deux frères étaient abasourdis, conscients de détenir à présent un secret qui les dépassait. La gamine les attrapa chacun par une manche, et les supplia de ses grands yeux en secouant la tête, elle ne voulait pas. Elle reprit le chemin de la maison, suivie de ses gardes du corps, bien inutiles en l'occurrence. A la lisière du bois, elle s'accroupit et guetta le retour de la mère. Comme promis, celle-ci ne fut pas longue. Aussitôt la fillette sortit de sa cachette, et se précipita au-devant d'elle. Témoin de la scène, le père n'esquissa pas le moindre geste, mais les jumeaux l'entendirent marmonner :

— Petite salope ! Tu perds rien pour attendre.

38

Ce matin-là, il commença à faire frisquet, et les arbres perdirent une bonne partie de leurs feuilles à force de trembloter dans le vent. C'était un jeudi d'octobre 1931, les jumeaux n'avaient pas d'école. Le premier souci de Torr-Penn était d'asperger les limites de son territoire ; soudain il se mit à tempêter comme un beau diable, et sa patronne crut à quelque importun à une heure aussi matinale. Elle scruta le chemin vers le haut et vers le bas, les profondeurs du sous-bois : personne, mais le chien s'égosillait tout autant. Un des Justin se tenait aux côtés de sa mère.

— Tais-toi donc ! fit Korrig.

Torr-Penn regarda sa patronne et cessa son charivari ; d'autres aboiements résonnaient au loin, mais qui se rapprochaient, et auxquels répondit de plus belle le maître des lieux. Korrig sentait la tête lui tourner. Une silhouette se dessina à travers les taillis et fendit les branches enchevêtrées avant de s'affaler devant la barrière du jardin : Mabig, le chevreuil. Elle se précipita à son secours : une large auréole rougissait son poitrail, cette fois le pauvre était sérieusement touché. Elle essaya de le faire se redresser ; ses pattes se dérobèrent et il retomba sur le flanc.

— Aide-moi, toi, au lieu de rester là à me regarder !

Ne pouvant savoir le souvenir affreux qui torturait sa mère, Justin fut surpris de son ton hargneux. A deux, ils réussirent à soutenir la pauvre bête jusque dans le jardinet, mais celle-ci n'eut pas la force d'aller plus loin, et elle s'affaissa de nouveau.

Torr-Penn donnait toujours de la voix.

— Enferme-le dans la grange, dit Korrig à son fils. Les autres corniauds vont savoir qu'on est là.

Justin attrapa le chien par la peau du dos et le fourra dans la remise, ce qui ne l'empêcha pas de continuer à tonitruer en se jetant contre la porte. Les autres aboiements se faisaient plus distincts, et la meute déboucha à son tour dans le chemin. Elle était plus conséquente, plus disciplinée aussi, et cette fois les chasseurs la suivaient de près.

— Venez les gars, on le tient. Il est là !

Ils étaient quatre ; les silhouettes tremblaient dans les larmes de Korrig. Bien que ce ne soient pas les mêmes, elle revivait le cauchemar.

Terrorisé, le chevreuil haletait sur le sol.

— Ecartez-vous ! fit l'un des énergumènes à Korrig et à Justin, en armant son fusil.

— Vous n'avez pas le droit ! s'interposa la mère. Mabig est à nous, c'est notre ami.

— Tire-toi, la nabote, et arrête de raconter des conneries. Le gibier appartient à ceux qui l'ont abattu, et on n'a pas l'intention de te le laisser.

Un des autres chasseurs empoigna Korrig à bras-le-corps et la bouscula sur le côté. Justin se précipita.

— Fais pas l'andouille, gamin, fit le troisième en le plaquant contre la clôture.

Puis celui-ci se tourna vers la naine.

— Ce doit pas être ton fiston, vu ton état, mais dis-lui quand même de se tenir à carreau. Sinon, ce sera tant pis pour lui.

Il avait levé son arme sur le jeune garçon. Il était peu probable qu'il tirât sur un enfant, mais Korrig était épouvantée, et elle craignait que le frère n'intervînt à son tour.

— Tiens-toi tranquille, Justin.

— Mais tu vas quand même pas les laisser faire !

— Tiens-toi tranquille, je te dis.

Les chiens tournaient autour de leur proie en jappant férocement ; le chevreuil se débattait afin de se redresser, et la tête levée, il agitait les pattes en tous sens. L'homme lui pointa le canon de son fusil derrière l'oreille.

Alors, Justin fonça sur le meurtrier, parvint à le faire reculer et essaya de le désarmer.

— Tu vas nous foutre la paix, nom de Dieu !

Le garçon fut attrapé par le col et tiré en arrière, avant qu'une calotte magistrale ne l'envoyât rouler dans les parterres de fleurs.

— Si tu recommences, on te casse la tête, fit un des hommes en posant un pied sur sa poitrine.

Derrière la chaumière, son jumeau était sur le point de venir le défendre. Au moment de s'élancer, il rencontra le regard de sa mère, impérieux, qui lui intimait de ne pas bouger. Les chasseurs ne l'avaient pas vu.

Justin ne pouvait plus bouger. Cette fois, le chasseur ne traîna pas. La déflagration retentit en même temps que le hurlement de Korrig. La tête fracassée à bout portant, Mabig se raidit une dernière fois.

Korrig tituba vers son pauvre ami. Elle se laissa tomber à genoux, sanglotant comme une mère à qui l'on vient de tuer son enfant. Libéré, Justin se releva ; il était blême, et ses yeux flambaient de haine.

— Un jour je vous retrouverai, et je vous ferai votre affaire.

— C'est qu'il nous ferait peur, le marmot. Va donc jouer avec les gamins de ton âge et fiche-nous la paix.

Ce fut au tour de Korrig de retenir son fils avant qu'il ne fût trop tard.

— Arrête, s'il te plaît. Il y a plus rien à faire...

Satisfaits de leur prise, les chasseurs sortirent leurs mouchoirs et s'épongèrent le front.

— Ah le salaud ! Il nous a donné du fil à retordre.

— Moi je croyais qu'on l'aurait pas retrouvé.

Les chiens flairaient la dépouille de Mabig et léchaient le sang qui suintait encore de la blessure ; ils ne tardèrent pas à s'enhardir et à grogner entre eux pour se disputer l'aubaine.

— Regardez-les ! fit un des gaillards. Si on les laissait faire, ils le boufferaient, notre chevreuil !

— Ferait beau voir ! Pour une fois qu'on en attrape un !

De toute évidence, ce n'était pas la première fois qu'ils chassaient le gros gibier.

— Il faut récompenser les clébards, fit le plus âgé. Ils ont fait leur boulot, et c'est normal de leur donner leur part.

Il sortit un grand couteau de la poche de sa gabardine, et il demanda à ses compagnons de tenir le pauvre Mabig sur le dos, les pattes écartées. La lame s'enfonça dans son abdomen et d'un ample geste le fendit du haut en bas. Aussitôt les viscères fumants se répandirent sur le sol, et les chiens se précipitèrent pour la curée.

Dissimulé derrière la chaumière, effondré de n'avoir pu rien faire, l'autre jumeau lorgnait la scène répugnante. Dans le cerveau de la naine se bousculaient des idées atroces. Elle se revoyait à quatre pattes, et elle éprouvait encore une douleur intolérable entre les cuisses ; elle n'osait plus bouger. Pour l'instant, ces chasseurs-ci ne se souciaient plus d'elle ni de son fils. Mabig aurait bientôt atteint ses quatorze ans, un âge remarquable pour un tel animal, un mâle d'une trentaine de kilos dont il fallait à présent transporter la dépouille. Dans le bois voisin, ils coupèrent une solide branche bien droite qu'ils émondèrent. Ils ligaturèrent les pattes du chevreuil et y passèrent la perche. Ils partirent enfin emportant leur proie éventrée, dont la tête morte se balançait dans le vide.

L'autre jumeau s'empressa de rejoindre sa mère et son frère. Lui aussi bouillait de rage.

— Ils avaient pas le droit de faire ça !

La mère poussa un long soupir. D'autres salauds lui avaient fait subir un outrage bien plus grave, et ils étaient restés impunis.

— Ce sont des chasseurs, et les lois de la chasse autorisent les hommes à massacrer les bêtes.

— Mais Mabig était notre ami !

— Les chevreuils font partie du gibier.

De la boucherie, il ne restait qu'une mare de sang et les lambeaux des viscères dilacérés par les chiens. Les garçons avaient les yeux tournés vers le sous-bois, une obscurité soudain vide et d'une tristesse poignante, d'où plus jamais ne surgirait leur ami. Les yeux pleins de larmes, ils serraient les poings. Ils n'avaient que onze ans, et de plus en plus de mal à accepter leur impuissance face à des actes aussi odieux.

39

Après l'assassinat de Mabig s'incrusta chez les jumeaux une haine aussi indélébile que la scarification dans l'écorce d'un arbre, et dont la cicatrice ne ferait que s'agrandir. Révoltés par le meurtre du chevreuil, ils découvraient un monde d'une cruauté qu'ils n'auraient jamais imaginée. En eux se confondaient deux images, celle de l'animal aux yeux si doux jusque dans l'agonie et celle de la petite muette. Le premier avait été achevé d'un coup de fusil dans la tête, Violette devait subir les brutalités d'un père ivrogne, et l'idée de ses pognes immondes sur son corps d'enfant était intolérable.

Violette avait réussi à dissimuler ses bleus à sa mère. Celle-ci savait son mari capable de violence envers sa fille. Jusque-là, ce n'avait été qu'une gifle de temps à autre, mais l'alcool aidant, il devenait de plus en plus hargneux, et Jeanne la gardait avec elle afin de la protéger. De toute la semaine, celle-ci ne put donc rejoindre ses amis. A tour de rôle, ils surveillaient la chaumière, mais la gamine n'apparaissait qu'en compagnie de sa mère, soit pour se rendre au lavoir de Ster-Groez, soit pour en revenir et rentrer aussitôt dans la maison où elle semblait consignée.

Le jeudi suivant, les deux frères étaient encore à leur poste. Il tombait des cordes, et dans la matinée un vent mauvais se mit à tourbillonner. Qu'importe, la lavandière sortit avec son balluchon de linge et sa petiote. Toutes deux restèrent un long moment à scruter le ciel, mais aucune accalmie n'était à espérer. Blottis contre le tronc d'un chêne, les Justin les observaient, et ils devinaient ce qui se passait dans la tête de la mère. Soudain, une voix retentit dans le dos des malheureuses.

— Tu vas pas la traîner avec toi au lavoir avec un temps pareil ! Elle va attraper la crève !

Les jumeaux entendaient encore la menace sournoise du père. Elle n'allait quand même pas lui laisser sa gamine !

Violette s'accrocha aussitôt au tablier de sa mère.

— Attends-moi là. Je reviens.

Elle rapporta une ample pèlerine dans laquelle elle emmitoufla la petiote, puis elles allèrent chercher la brouette sur laquelle elles installèrent le sac de linge sale, et elles disparurent sous la pluie qui ne faiblissait pas.

Le père apparut sur le seuil ; lui aussi regarda le ciel tourmenté. Se cambrant en arrière, il éclata d'un rire tonitruant.

— Pauvres idiotes ! Le ciel vous pisse sur la gueule, et vous êtes assez connes pour aller vous promener.

Il resta quelques secondes à contempler les trombes d'eau, puis il rentra et referma la porte.

Les jumeaux respirèrent ; leur protégée était tranquille jusqu'en fin d'après-midi. Vu le temps, la mère la garderait sous les tôles qui protégeaient le lavoir, et ce n'était pas la peine d'espérer l'attirer en haut de la prairie. Ils rejoignirent le logis maternel.

Le commerce de Korrig connaissait un regain d'activité ; elle était désormais la seule à repasser les coiffes, et elle devait travailler fort tard dans la nuit. Les garçons lui proposaient de l'aider. Touchée par leur sollicitude, elle riait :

— Avec vos grosses pattes, vous en seriez bien incapables, mes mignons.

Ce jour-là, elle avait aussi de la couture à faire, une petite robe pour une fille de la ville, des pantalons à consolider aux genoux et à équiper de boutons solides aux braguettes, et elle était au travail bien avant l'aube.

La pluie tombait sans répit : où est-ce qu'ils sont encore passés, mes vauriens ?

Ils devenaient de solides gaillards, de plus en plus difficiles à contrôler. Elle croyait les connaître et leur découvrait une force de caractère incroyable. Depuis la mort de Mabig, elle les sentait animés d'une hargne épidermique, et désireux d'aller fourrer leur nez dans les affaires des Feuillet. Comment ne pas admirer leur générosité ? Mais n'allaient-ils pas commettre des bêtises afin d'aider leur petite protégée ? Quand elle les entendit rentrer si tôt, elle pensa d'ailleurs que c'était le cas, et elle sortit en hâte de son atelier.

Les frangins étaient trempés jusqu'aux os.

— Où est-ce que vous êtes partis courir encore ?

— On est allés faire un tour.

— Avec ce temps-là ? Il faut être fou pour avoir envie de se promener.

— On avait à faire, répondit l'autre.

— Encore la petite Violette ?

— On t'a pas dit l'autre jour, mais maintenant on sait que son père la bat.

— Qu'est-ce que vous allez chercher ? Vous l'avez vu faire ?

— Non, mais elle a un bleu à la base du cou, et quand on lui a demandé si c'était son père, elle a pas dit non.

Korrig resta perplexe un long moment. Elle aussi prenait conscience de la gravité de la situation.

— Elle l'a pas signalé à sa mère ?

— Le père lui a dit que si elle vendait la mèche, il les tuerait toutes les deux.

— Et elle a rien remarqué, madame Feuillet ?

— Violette s'est arrangée pour dissimuler son épaule. On lui a dit que tu pourrais peut-être en parler aux gendarmes, mais elle a eu l'air terrifiée.

— Maman, il faut faire quelque chose. On n'a pas le droit de la laisser subir le sort de Mabig !

— Comme vous y allez... Eugène Feuillet ne va quand même pas tuer sa propre fille...

— C'est un salaud, il en est capable.

— Vous exagérez... Mais c'est bien de l'entourer de votre tendresse. Si vous remarquez encore quelque chose, prévenez-moi, et j'irai voir madame Feuillet.

Que n'avait-elle pas dit là ! Les garçons retournèrent aussitôt surveiller la chaumière, augurant qu'avec la pluie qui ne faiblissait pas, la lavandière ne resterait pas traîner à Ster-Groez. A peine installés, ils entendirent en effet parler dans le chemin creux. Les deux silhouettes apparurent, dégoulinant comme des épouvantails. La mère rangea la brouette sous l'appentis, et elle dit à sa fille de rentrer en vitesse se changer. Aucun éclat de voix ne les accueillit dans le logis : malgré le temps, le père était monté en ville en quête de quelques arsouilles de son espèce pour faire une partie de cartes. Jeanne en profita pour aller porter le linge propre recouvert d'un carré de toile cirée chez les clients. Il pleuvait toujours autant, et cette fois, elle n'eut pas le cœur d'imposer à sa gamine une nouvelle saucée.

— Reste là. J'en ai pas pour longtemps. Si ton père revient, tu te caches, puisque tu as peur de lui. Mais je te l'ai déjà dit, tu te fais des idées.

Elle reprit sa brouette et s'en alla vers le bourg. Les jumeaux comprirent que c'était à eux de redoubler de vigilance.

40

Eugène Feuillet n'avait pas beaucoup de monnaie en poche, et avec cette pluie du diable, il ne trouva qu'une ou deux crapules pour lui tenir le crachoir devant une chopine. Son dernier verre éclusé, il se résolut à rentrer, en maugréant après sa foutue bonne femme qui s'obstinait à lui rogner les vivres.

— Cette garce-là, bientôt, elle me laissera crever de soif !

Soudain, il entendit venir dans le chemin qui montait à la ville, et il reconnut le gémissement de la brouette.

— La voilà avec sa pisseuse ! Ces deux-là font bien la paire, marmonna-t-il dans sa barbe.

Il se cacha afin de les laisser passer. Quand il vit que Jeanne était seule, une bouffée de joie l'envahit.

La petite idiote est restée à la maison.

Il pressa le pas pour retourner au gîte, et ralentit l'allure en arrivant en vue de la chaumine.

Si elle m'entend, elle va encore foutre le camp.

Les deux frères le virent arriver, et une angoisse sourde leur noua soudain les tripes : le bonhomme n'était pas assez saoul pour aller dormir tout de suite, il allait s'en prendre à leur amie. C'était de leur faute aussi ! Ils auraient dû avertir Violette de leur présence et la sortir de la maison quand la mère était partie, mais il était trop tard.

Feuillet avançait sans bruit, évitant de faire clapoter ses lourds godillots dans les flaques d'eau. Il écouta à travers la porte. Un sourire niais illumina sa trogne rubiconde.

— Qu'est-ce tu fais, ma chérie ? Tu veux un coup de main ?

La porte se referma, et ce fut le silence, un silence terrible, puisque la pauvrette ne pouvait crier, quoi qu'elle endurât.

Les garçons attendirent quelques minutes, espérant le retour de la mère, mais pressentant que se jouait quelque drame, ils ne tenaient plus en place. Ils s'approchèrent de la maison, tous les deux pour une fois, aussi bouleversés l'un que l'autre malgré leurs velléités de bravoure. Les vitres étaient trop crasseuses et embuées pour voir ce qui se passait dans la chaumière. Alors ils écoutèrent.

— Je te dis de te laisser faire. Ça te fera pas mal !

Un bruit d'objets renversés.

— Viens ici, je te dis, et reste tranquille ! Cesse de faire ta mijaurée, on dirait ta mère, elle veut jamais.

Malgré leur jeune âge, les garçons comprenaient à présent ce que la pauvre gamine n'osait pas dire. Chacun découvrit la même résolution dans les yeux de son frère. Ils poussèrent la porte et découvrirent un spectacle affreux. Le pantalon à mi-cuisses, le père maintenait sa fille contre la table et tentait de retrousser sa jupe. Trop occupé par l'abomination qu'il voulait commettre, le salaud n'avait pas entendu entrer les jumeaux.

— De toute façon, tu diras à personne, puisque tu es muette, même pas à ta mère, sinon, je vous tuerai toutes les deux.

Epouvantés, les Justin se précipitèrent ; ils bousculèrent le père, empoignèrent la malheureuse et la tirèrent en arrière ; elle tremblait comme une feuille, la bouche entrouverte et les joues inondées de larmes.

— File te cacher jusqu'à ce que ta mère revienne.

Plutôt piteux d'avoir été surpris en si fâcheuse posture, le père essayait de se reculotter.

— Qu'est-ce que vous foutez là ? On peut plus être tranquille chez soi ?

Horrifiés, les garçons se taisaient, et ils n'osaient plus bouger, n'ayant même pas la présence d'esprit de s'enfuir. Comme beaucoup de monde, Eugène Feuillet avait déjà eu l'occasion de rencontrer un des deux Justin ; il les reconnut et prit alors conscience de leur gémellité.

— Gast ! Ce n'est pas un avorton que la naine avait pondu, mais deux !

Du coup, le bougre se sentait ragaillardi. Eux, étaient catastrophés d'avoir trahi la confiance de la mère, même pour empêcher un crime aussi abominable.

— Vous n'avez pas le droit de faire ça à votre fille, fit un des garçons afin de sauver la face.

— Je suis son père, et un père a le droit de faire ce qu'il veut à ses enfants. Mais c'est vrai que vous avez pas de paternel, vous, puisque votre mère est une putain qui s'est fait trousser par on sait pas qui.

Recevant l'injure en pleine face, les jumeaux reculèrent vers la porte.

— Ah ! Ils vont rigoler en ville demain matin, quand ils vont savoir que la naine avait deux bâtards, et qu'elle avait rien dit à personne. Filez avant que je vous torde le cou.

Cette fois, les deux frères sortirent, et au moment de s'enfoncer dans le sous bois, ils aperçurent la silhouette de la mère au bout du chemin.

Les jumeaux ne se pressèrent pas pour rentrer à la maison. Le secret allait être dévoilé, et la mère serait la risée de tout Le Faouët. Ils avaient trahi la confiance de Korrig, et elle allait être tellement déçue ; elle ne trouverait plus de travail, et ils sombreraient dans la misère la plus noire. Bien sûr, ils détenaient un moyen de pression sur le père de Violette : ce qu'il voulait faire à sa fille était un acte répréhensible aux yeux de la loi, mais grâce à eux, il n'était pas allé au bout de ses intentions, et pouvait-on l'en accuser véritablement ? Jusque-là, la petiote n'avait pas fait part à sa mère du chantage odieux dont elle était victime, et il était à parier que ce soir-là, elle dissimulerait encore. S'ils dénonçaient la forfaiture, la mère abonderait-elle dans leur sens alors qu'elle n'était pas au courant ? Ce salaud de Feuillet affirmerait que les garçons ne l'accusaient que parce qu'il avait découvert le secret de leur mère. Qui croirait-on ? L'adulte, même s'il était un ivrogne ? Ou les jumeaux qui se complaisaient dans la duplicité depuis si longtemps ?

Les Justin avaient beau tourner le problème en tous sens, ils n'entrevoyaient pas de solution. La pluie avait enfin cessé ; ils s'assirent sur un rocher afin de réfléchir. Certes, le père connaissait maintenant le secret de Korrig, mais de toute évidence, il ne s'en vanterait pas près de sa femme, car ce serait avouer en présence de sa fille ce qui s'était passé au cours de l'après-midi. En revanche, il devait redouter que les garçons aillent tout raconter aux gendarmes, et il mettrait certainement sa menace à exécution les jours suivants. Dévoiler la dissimulation de la naine, c'était devancer les accusations et porter atteinte à leur crédit avant qu'elles ne soient formulées.

La seule échappatoire était d'empêcher Feuillet de monter en ville…

— On va lui fracasser le crâne, disait l'un.

— L'étrangler, disait l'autre.

Ils envisagèrent encore de le transpercer d'un coup de fourche, de le noyer dans l'Ellé, de l'empoisonner. Ils supplièrent le ciel de déclencher une terrible tempête qui l'emporterait à mille lieues de là, ou un tremblement de terre qui fendrait le sol et l'engloutirait jusque dans les profondeurs de l'Enfer.

Ils étaient désespérés, mais ils avaient un autre choix draconien à opérer, et immédiat celui-là. Devaient-ils raconter à Korrig ce qu'Eugène Feuillet voulait faire à sa fille ? Ils seraient alors obligés de lui avouer que le terrible secret était éventé, et elle était capable de quitter la contrée sur-le-champ afin de se soustraire à la vindicte populaire. Le mieux était de se taire et d'attendre le lendemain matin ; à la première heure, ils iraient surveiller la chaumière, et ils verraient bien ce que ferait le père de Violette.

41

Cette nuit-là, les jumeaux ne dormirent pas beaucoup. Le lendemain, ils avaient école. La mère ne les vit jamais levés si tôt, déjeuner aussi vite et filer sans avoir vidé leur bol. Il leur arrivait de faire route ensemble ; depuis quelque temps, Korrig ne s'en alarmait plus, celui qui était de service avait le cartable en bandoulière ; l'autre revenait un peu plus tard. Elle avait confiance en leur prudence.

Le soleil n'avait pas encore dissipé la pénombre qu'ils étaient postés face à la demeure des Feuillet. Ils étaient encore plus angoissés que la veille. Violette avait-elle dénoncé la tentative d'inceste ? Le père avait-il informé la mère du secret des jumeaux ?

Dans la chaumière, tout le monde semblait dormir, et rien ne laissait présager quelque drame. Cette fois encore, ce fut le père qui mit le premier le nez dehors, et nos deux espions eurent droit à l'aubade quotidienne, expectorations, vidange et flatulences, parfois simultanées, faisant dire à l'auteur :

— Ah ! ça soulage, et ce sera aussi bien dehors que dedans.

Puis il rentra, pour ressortir aussitôt, vêtu d'une lourde gabardine marron : ce matin-là, on avait eu droit à une bonne gelée blanche. Il traversa la cour d'un pas alerte, et Jeanne apparut à son tour sur le seuil. La situation n'avait pas dû empirer, puisqu'elle l'appela avant qu'il n'eût disparu :

— On peut savoir où tu pars de si bonne heure ?

— En ville.

— Tu vas encore chercher du travail ?

— Pas ce matin, j'ai mieux à faire.

Le ton était goguenard, et il souriait.

— J'ai des nouvelles à annoncer, si tu veux le savoir.

— Des nouvelles… Quelles nouvelles ?

— Je peux pas encore te le dire, mais quand tu sauras, tu tomberas sur le cul.

Décidément, Eugène Feuillet était de bonne humeur :

— Mais comme il est déjà fendu, tu risques plus grand-chose.

Violette avait tout entendu dans le dos de la mère, et quand elle sortit, les garçons aperçurent son visage angoissé. Elle aussi savait quels ragots le père allait cancaner autour des halles, et c'était de sa faute si le secret de ses amis allait être trahi.

— Viens, Justin, fit un des deux frères. Il faut le suivre.

Si Feuillet jubilait à l'idée de dénoncer la petite mère Lescoët, c'est qu'il comptait faire commerce du secret. Il se voyait déjà d'un bistrot à l'autre :

— Ecoutez-moi, les gars, j'en ai une bien bonne à vous raconter.

— Arrête tes conneries, Gégène. Tu sais bien que tes histoires à la noix nous intéressent plus.

— Pourtant, ce coup-ci, je vous jure que ça va vous couper le souffle.

Il serait si persuasif que les soiffards se lèveraient afin de lui prêter l'oreille.

— Vas-y, on t'écoute.

— Hopala, avant de causer, il faut mettre un peu de carburant dans la machine. Vous payez une chopine et je vous raconte l'histoire la plus extraordinaire que Le Faouët a jamais entendue. En plus, je vous garantis qu'elle est vraie.

Il les connaissait, ses complices de comptoir, de vraies commères, et pour savoir, ils mettraient la main au porte-monnaie. Le bar des Halles, celui des Sports, le café de la Gare, il y a bien longtemps qu'il ne pouvait plus se permettre pareille bombance à cause de l'autre toupie qui refusait de lui donner des sous. Pour rentrer, il ferait un crochet par le Grand-Pont, la nouvelle n'y serait pas encore parvenue, et ce serait bien le diable s'il n'y trouvait pas un quidam à l'écouter en échange d'un dernier canon.

Sacré nom de Dieu, se disait-il, c'est quand même pas des gamins qui vont faire la loi chez moi !

Pour monter au bourg, Feuillet passait devant le lavoir de Ster-Groez, celui où sa femme venait avec son linge. Depuis qu'il était installé dans le secteur, il s'était inventé un rite auquel il ne dérogeait pas. Si les lavandières n'étaient pas arrivées, il se campait sur le bord et pissait dans l'eau. Avec la joie qui l'animait ce matin-là, il n'était pas question de se priver d'un cérémonial aussi jouissif.

Les jumeaux suivaient leur tourmenteur, toujours aussi indécis sur la conduite à tenir ; quand ils le virent pénétrer dans la prairie du lavoir, ils surent que c'était leur dernière chance.

Eugène Feuillet s'avança au bord du plan d'eau, ceint de pierres plates inclinées. Il regarda si personne ne se trouvait dans les alentours, et il se déboutonna. Les jumeaux n'en croyaient pas leurs yeux !

— Tenez, mes jolies, pour rincer votre linge.

Le lavoir n'était qu'à quelques mètres de l'entrée du champ. Sans se concerter, les deux frères foncèrent les mains en avant. Le père n'eut pas le temps de se retourner ; il reçut la bourrade dans le dos et s'affala à plat ventre dans l'eau glaciale.

C'était un geste désespéré dicté par l'instinct, comme l'enfant tape d'un bâton sur la vipère dont il a peur, à l'aveuglette, sans l'espoir réel de la tuer. Le lavoir n'était pas assez profond pour que s'y noyât un homme de la taille d'Eugène Feuillet, mais c'était le seul moyen de l'empêcher de continuer son chemin. Déjà les jumeaux s'apprêtaient à détaler quand ils prirent conscience que leur victime ne se débattait pas. Ils revinrent sur leurs pas, Feuillet était toujours dans la même position, le dos en l'air et le visage dans l'eau.

Les jumeaux se regardèrent en tremblant. La conséquence de leur geste était trop grave pour qu'ils se sentent déjà soulagés.

— On dirait qu'il est… Viens, il faut pas rester là.

— Oublie pas le cartable. Aujourd'hui, c'est toi qui vas à l'école, il s'agit pas de se faire remarquer, il faut faire comme d'habitude.

— J'y vais, mais toi, tu restes dans le coin pour savoir ce qui va se passer.

Les premières lavandières n'arrivèrent qu'une demi-heure plus tard. Au petit jour, l'eau était trop fraîche, et c'était un coup à attraper des engelures. Justin s'était planqué derrière le talus, et d'entre les bosquets il ne perdait rien de la scène. Il avait recouvré son sang-froid, et l'angoisse des premiers instants avait laissé place à la satisfaction d'avoir réglé son compte à un salaud de première : désormais leur camarade n'avait plus rien à craindre.

Les deux femmes ne virent pas tout de suite le drôle de poisson qui flottait dans leur lavoir. Quand elles le découvrirent, elles poussèrent un cri terrible.

— Ma doué ! Qu'est-ce qu'il fait là, çui-là ?

— M'est avis qu'il est mort, fit l'autre.

— Mais qui c'est ?

Elles agrippèrent le malheureux par le bas du pantalon et le tirèrent à elles. Eugène Feuillet faisait son poids, et ce ne fut pas une mince affaire de le sortir de l'eau. La face déjà gonflée, elles ne le reconnurent pas tout de suite.

— Mais si, regarde, c'est le mari de Jeanne.

— Oui, c'est bien lui, mais qu'est-ce qu'il fout dans notre lavoir ?

Elles remarquèrent alors sa braguette déboutonnée.

— Moi, je sais. Il pissait dans l'eau.

— Tu es sûre ?

— Aussi sûre que je m'appelle Mélanie. L'autre jour, je suis arrivée de bonne heure, et je l'ai vu faire.

— Tu lui as rien dit ?

— Jeanne nous a prévenues qu'il valait mieux ne pas se frotter à son bonhomme. Je suis restée cachée le temps qu'il foute le camp.

L'usage est de ne pas médire des trépassés, mais il était évident que les lavandières n'étaient pas atterrées de la mort de Feuillet. Celles qui arrivèrent un instant plus tard ne le furent pas davantage.

Justin écoutait derrière le talus, n'osant bouger de crainte de se faire remarquer. Entre-temps, une des lavandières était remontée au bourg chercher des secours, même s'il était évident qu'il n'y avait plus rien à faire. Les pompiers et le médecin se déplacèrent ; c'était le successeur du docteur Lauragais qui avait pris une retraite bien méritée. Il observa le corps en secouant la tête.

— Je ne sais pas ce qu'il faisait là, mais il a basculé dans l'eau. Il aura été victime d'une hydrocution.

Les lavandières se regardèrent d'un air effaré.

— Une hydrocution ?

— Oui, ça arrive quand on tombe dans une eau trop froide. C'est comme une syncope, et s'il n'y a personne pour vous sortir de l'eau, vous vous noyez.

Justin en avait assez entendu. Un accident, c'était une affaire réglée, et il se faufila sans bruit à travers les buissons.

Korrig l'attendait dans le jardin.

— Je commençais à m'inquiéter. Où tu étais encore passé ?

— J'ai accompagné mon frère jusqu'à l'entrée du bourg.

— Personne vous a vus ensemble au moins ?

— Demande pas toujours la même chose… Tu sais bien qu'on fait attention.

La mère dévisageait le fils ; il était évident que quelque chose ne tournait pas rond.

— Ça va pas ?

— Je pensais à Mabig. C'est pas normal qu'on n'ait pu rien faire pour empêcher ces salauds-là de le tuer.

Korrig soupira… C'était une image qu'elle aussi avait du mal à écarter.

Le bourg ne fut pas frappé de stupeur à l'annonce de la mort d'Eugène Feuillet. Son intempérance était notoire, et tout le monde augurait qu'il finirait par lui arriver un accident. Les circonstances de son décès parurent en revanche plus surprenantes, et malgré la compassion, ses anciens compagnons ne pouvaient s'empêcher de rigoler : mort en pissant dans le lavoir de Ster-Groez, celui où sa femme venait laver son linge, et il paraît que ce n'était pas la première fois qu'il se livrait à cette pratique dégoûtante ! Du coup, les bourgeois recourant aux services de Jeanne et de ses consœurs tirèrent grise mine à l'idée que leur linge avait macéré dans l'urine de ce misérable ivrogne.

Les obsèques eurent lieu trois jours plus tard. Par sympathie pour la veuve et l'orpheline, Korrig y assista avec un des jumeaux. Tous deux étaient placés dans la travée de l'autre côté. A un moment de la cérémonie, la gamine tourna la tête vers son ami, et elle lui adressa un sourire. Ce fut un coup d'œil furtif, mais Justin fut persuadé que ce n'était pas seulement pour le remercier d'être venu : Violette avait deviné que ses deux camarades n'étaient pas étrangers à la mort de l'homme qui les faisait souffrir, elle et sa mère.

LIVRE 3
L'ADOLESCENCE

42

Le surlendemain des obsèques, Jeanne Feuillet et sa fille quittèrent la région faouëtaise, théâtre de trop de malheurs. Les jumeaux en furent affectés, pas tant de la désertion – c'était la mère qui avait pris la décision – que de ne pas avoir été prévenus par leur jeune amie. C'était, il est vrai, une réaction pour le moins singulière après avoir bénéficié d'une attention aussi empressée et été sauvée d'un acte abominable ; ils estimèrent que c'était pure ingratitude. Violette leur en voulait-elle d'avoir provoqué la mort de son tourmenteur ? Aussi difficile de l'affirmer que de prétendre le contraire… Sinistre individu, Eugène Feuillet était quand même son père, et l'effroi de se trouver face à ses assassins risquait d'être plus fort que la reconnaissance d'avoir été soustraite à ses sévices.

On pourrait penser à une décision impromptue de la mère. Ce n'était pas vraiment le cas… Là encore, c'était très compliqué : Jeanne se doutait elle aussi que la mort de son mari n'était pas « naturelle ». Depuis quelque temps, elle avait deviné la complicité entre sa petiote et le fils de la naine, voisins sauvageons de la forêt. L'amitié entre deux enfants marqués par le destin était légitime ; logique que le garçon fût donc au courant des agissements de l'ivrogne ; logique aussi qu'à cet âge-là, il se posât en défenseur d'une petite opprimée, même si Jeanne, ignorant la gémellité, était loin de supposer le véritable rôle de Justin. Cruelle impasse : se taire, c'était couvrir un plausible forfait... Faire état de ses soupçons, c'était mettre en difficulté l'éventuel sauveteur et lui attirer les pires ennuis si sa culpabilité était avérée... La lavandière possédait trop de droiture et de grandeur d'âme pour se complaire dans une situation aussi ambiguë : elle était partie avec Violette.

Les jumeaux se trouvèrent face à un dilemme de même nature. S'ils ne firent pas les premiers pas, c'était aussi de crainte d'affronter la mère, au cas où Violette lui aurait dévoilé la vérité. Après quelques jours d'une attente angoissée, ils se risquèrent à surveiller la chaumière. La cour était déserte, plus de poules ni de canard, et la porte battait au vent : le lieu leur parut d'une tristesse infinie. Ils se risquèrent dans le logis, vide lui aussi, les meubles ouverts. Aussitôt resurgit l'image du père accablant sa propre fille. Un souvenir d'une telle acuité qu'ils se crurent en présence d'un fantôme. Dehors, l'hallucination les poursuivit ; dans la pénombre brumeuse grinçait la brouette de la lavandière ; le gémissement, aussi lugubre que celui de la charrette de l'Ankou, miaulait sur la route déserte, et les deux silhouettes sombres, dont ils avaient si souvent eu pitié, allaient y apparaître ; ils rebroussèrent chemin en tremblant. De retour quelques jours plus tard, ils furent assaillis des mêmes souvenirs sordides – ou heureux, ces derniers aussi atroces de ne plus pouvoir être vécus. Cette fois, nos gaillards s'enfuirent pour de bon.

Il était donc possible d'infléchir le cours du destin... D'avoir empêché un forfait aussi abominable, les jumeaux se découvraient des velléités de justiciers. Sûrs de leur fait, aucun ne connut de véritables remords. Leur mimétisme réciproque ne faisait que se renforcer ; sosies parfaits, ils peaufinaient leur ressemblance physique jusque dans le détail vestimentaire, aidés par leur couturière de mère, acharnée pour la raison que l'on sait à les rendre indiscernables. Alors que l'utilité n'en était pas toujours évidente, ce devenait une forme d'obnubilation, aussi bien pour Korrig que ses garçons, soucieux de se fondre dans la même image. Cette identité s'affirmait aussi au niveau psychologique : ils pensaient de semblable façon, éprouvaient les mêmes émotions, et y réagissaient de conserve sans avoir besoin de se concerter, leur gémellité étant même ancrée dans le tréfonds de leurs circonvolutions cérébrales.

De douter à présent de la fatalité, les lois de la nature leur parurent moins évidentes, et ils n'hésitaient plus à s'en mêler. Ils lapidaient volontiers la pie en traque du passereau, débrouillaient le papillon de la toile de l'araignée en train d'acérer ses chélicères, et il leur arriva à plusieurs reprises de libérer le lapin du collet qui l'étranglait. Depuis l'épisode douloureux de Mabig, ils exécraient d'ailleurs les chasseurs, licites ou braconniers, et ils surveillaient leurs allées et venues dans les bois de Sainte-Barbe. Se gardant de les affronter en pleine lumière, ils les épiaient sous les frondaisons et trouvaient toujours un moyen pour alerter le gibier en passe de se faire tirer. Les adeptes de la gâchette tempêtaient après les gamins toujours à jacasser, mais ne réussirent jamais à les prendre sur le fait.

Justin Lescoët obtint brillamment son certificat, avec un an d'avance, comme Korrig. Un succès à deux, après une habile substitution à la faveur du déjeuner, puisque la mère avait tiré au sort le candidat du matin, l'autre prenant le relais l'après-midi. Affûtés par leurs études à deux vitesses, ils finirent premiers de la session, et ce fut avec une légitime fierté qu'ils contemplèrent le diplôme accroché au-dessus de la cheminée : Justin Lescoët, chacun s'y reconnaissait, puisqu'ils étaient tous les deux le fils de la naine. Inscrits au cours complémentaire, ils poursuivirent une scolarité exemplaire et décrochèrent leur brevet avec autant de brio. Bref, Justin était cité en exemple par les maîtres qui avaient guidé les deux frères à tour de rôle, sans jamais se douter de la duplicité.

Korrig ne fut pas la seule à être fière de ses jumeaux. Ceux-ci n'avaient pas oublié le parrain et la marraine, à qui ils rendaient visite de temps à autre, à tour de rôle. Les paysans suivaient les études de leur filleul, sans se douter eux non plus qu'ils étaient deux. Ils s'émerveillaient de sa réussite scolaire, et sûrs de son succès, ils avaient prévu le coup : une montre familiale qu'ils avaient fait réparer chez l'horloger du bourg, et qu'ils lui offrirent les larmes aux yeux, un beau cadeau, mais que les frangins durent se partager et surtout que devait ne pas oublier celui qui se rendait à la ferme.

Mademoiselle Cogan ne désarmait pas : c'était péché de laisser en jachère si bonne terre !

— Tu te rends compte, Korrig ? Ton Justin serait maître d'école. Ins-ti-tu-teur !

Avec quelle véhémence assénait-elle chaque syllabe…

Bien sûr que Korrig était consciente de priver ses garçons d'une chance inouïe, mais cette fois, la substitution n'était plus possible, et il était hors de question de n'assurer l'avenir que d'un seul de ses rejetons. De toute façon, ceux-ci refuseraient de se séparer. Tout cela était de sa faute, et elle en était mortifiée plus que jamais.

— On va réfléchir…

— Réfléchir à quoi ? Ton Justin va bénéficier d'une bourse ; il sera en pension et tu n'auras rien à payer.

— C'est qu'il a pas envie de partir du Faouët.

— Mais qu'est-ce qu'il va faire plus tard ?

Des larmes plein les yeux, Korrig haussa les épaules.

— Je pense qu'il ferait un bon garde-chasse.

— Quelle drôle d'idée…

— Il aime bien la nature, et il supporte pas qu'on tue les animaux à tort et à travers.

Persuadée que son ancienne élève lui racontait des sornettes, la directrice secoua la tête en soupirant, et elle s'en alla en marmonnant que c'était du gâchis.

Elle avait raison, mademoiselle Cogan : ce n'était pas le tout d'avoir le certificat et le brevet en poche, mais il fallait trouver un métier aux deux Justin, ne serait-ce que pour aider à faire bouillir la marmite, car les deux gaillards affichaient un solide appétit. Sachant son filleul désœuvré, le paysan de Kost-er-Min proposa de le prendre à son service.

— Il est vigoureux, ton garçon, dit-il à Korrig. Je vais lui enseigner le travail de la ferme.

Mathurin avait une idée sous la casquette. Lui et sa Denise commençaient à se faire vieux, ils n'avaient pas d'héritier, et tous deux étaient tombés d'accord pour léguer la propriété au gamin.

— En plus, il a fait des études, se rengorgeait le fermier. Il saura s'adapter aux méthodes nouvelles et gérer son budget. L'agriculture, c'est en train de devenir quelque chose de scientifique.

Korrig était ravie ; les jumeaux aussi, de rester vivre à la campagne, et les deux paysans envisageaient l'avenir avec moins d'amertume. Bref, tout le monde y trouvait son compte. Appliquant toujours le principe de l'alternance, ils se rendirent à Kost-er-Min à tour de rôle. Le père Le Floch était enchanté du travail fourni, et avec son épouse, ils ne tarissaient pas d'éloges sur la résistance de leur filleul. Il est vrai qu'avec une journée de repos entre deux de labeur, les Justin avaient tout loisir de recharger leurs batteries.

Une année s'écoula ainsi. Les deux frères apprirent le cycle des semailles et des récoltes, comment élever les vaches et engraisser le cochon, le tuer et le dépecer aussi, comment presser les pommes concassées pour faire le cidre, et quand le bouilleur de cru passa avec son alambic, chacun put s'émerveiller de l'ingéniosité de la machine, en goûtant l'alcool chargé du parfum des fruits. Rien d'étonnant donc que leur revînt aussi l'honneur de conduire le nouveau tracteur. Avec quelle fierté le paysan contempla-t-il son filleul juché sur le siège du Massey Ferguson flambant neuf !

— Va pas trop vite ! criait-il dans le bruit du moteur. Passe pas trop près du fossé, sinon tu vas verser dedans !

Mathurin fut quand même surpris de devoir reprendre toute l'explication le lendemain.

— Qu'est-ce qui t'arrive, fiston ? Tu as trop dormi, que t'aurais tout oublié ?

— Non, mais j'ai peur de faire des bêtises. Je préfère que tu me redises comment ça marche, cet engin-là.

43

On arriva en 1936 ; les coiffes de l'Aven avaient gagné en volume, comme si ce devenait une nécessité de les affirmer pour celles qui les portaient encore. Plus larges maintenant, leurs ailes étaient brodées de façon plus compliquée, sinon plus élégante ; s'étant allongées, les bandes de tulle s'enroulaient en de plus amples volutes, dessus et derrière la tête. Korrig était la seule faiseuse de la région faouëtaise, et si on lui passait moins de commandes, elle devait y consacrer autant de temps, puisque chaque coiffe exigeait davantage de travail. Le savant échafaudage nécessitant un amidonnage renforcé, le repassage aussi imposait une dextérité accrue, une tâche délicate maîtrisée à la perfection par la nabote dont on s'était moqué et qui jouissait à présent d'une excellente réputation.

A mesure que grandissaient les jumeaux, le secret de Korrig prenait des proportions dramatiques. Ils avaient seize ans, et des pulsions soudaines les faisaient imaginer des corps évanescents à travers les robes des femmes. En ce domaine, ils étaient encore au stade des supputations : après ce qu'elle avait subi, leur mère avait développé une aversion farouche à l'égard des hommes, et les mots lui auraient fait défaut pour initier ses gamins aux secrets de la sexualité. Entre les Justin, ce fut le premier sujet tabou : ils éprouvaient les mêmes émois physiques, mais aussi la même honte de leur corps, en proie à des fantaisies érectiles incontrôlables qu'ils se dissimulaient farouchement. Sans doute aussi prenaient-ils conscience des problèmes que poserait leur gémellité lorsqu'une accorte demoiselle leur ferait les yeux doux, ce qui ne manqua pas de se produire, car ils étaient fort jolis garçons.

Plantons le décor…

Le pardon de la Sainte-Barbe avait lieu le dernier dimanche de juin. La fête se déroulait en deux endroits. Sur le plateau de la chapelle bien entendu, où le dimanche, les marchands de babioles, de rubans, de jouets et de bonbons installaient leurs étals, mais aussi sur la place des Halles où se tenait une fête foraine. Quelques manèges, des casse-boîtes, des loteries où l'on ne gagnait pas grand-chose, un « lapinodrome », un peu plus prodigue, puisqu'à chaque partie était vainqueur celui qui avait acheté le numéro de la niche où venait se cacher le cochon d'Inde, et encore des marchands divers. Le lundi étaient organisés deux concours : un de palets le matin, et un autre de boules bretonnes l'après-midi. C'étaient des joutes de spécialistes où les locaux rivalisaient d'adresse avec quelques « étrangers » venus des communes avoisinantes, et forcément redoutables, puisqu'ils avaient effectué le déplacement.

C'étaient là les réjouissances triviales ; la cérémonie religieuse avait lieu le dimanche matin. Elle commençait par une procession partie de l'église du bas-Faouët en direction de la chapelle, un sacré périple en vérité qui, après avoir traversé la ville, empruntait comme il se doit le chemin des pèlerins. Vêtus de leurs parures sacerdotales, précédés de bannières qui battaient dans le vent, les trois curés allaient en tête, suivis d'une kyrielle d'enfants de chœur, mignonnets au possible dans une petite soutane rouge sous une aube immaculée. Les reliques de la sainte à l'honneur étaient exposées dans une châsse portée par deux hommes vigoureux. Venaient ensuite les fidèles endimanchés, et là, on remarquait encore de magnifiques coiffes et quelques hommes en *chupenn* et gilet de velours. Tout ce petit monde chantait des cantiques à tue-tête, du moins au début, car à mesure que la pente s'accentuait, les plus vieux s'essoufflaient, et les voix s'éraillaient en une cacophonie redoutable qui faisait taire la forêt alentour.

Le chemin des pèlerins proprement dit débutait un peu plus haut que le lavoir de Ster-Groez. Quelques marches et de grandes pierres plates dressées sur la tranche, d'autres plus petites qui dallaient le milieu de la route, signifiaient qu'à partir de cet endroit on gravissait la voie qui conduisait au ciel. Tout au long de cette portion étaient assis une guirlande d'infirmes en tout genre. On y voyait des estropiés de naissance, des gueules cassées et des mutilés de la dernière guerre qui exhibaient d'atroces moignons, des aveugles, dont certains jaugeaient entre leurs paupières mi-closes ceux à qui ils tendaient leur sébile. C'étaient les mendiants, espérant qu'en ce jour de piété les porte-monnaie soient moins paresseux.

Les paysans voisins, vêtus de leurs plus beaux atours, et les habitants riverains du parcours prenaient le train en marche, si bien que la procession grossissait à mesure qu'elle montait. Le chemin des pèlerins se terminait par un raidillon redoutable. Ouf ! le plus dur était passé, et nos valeureux fidèles soufflaient quelques minutes en s'épongeant le front, d'un large mouchoir pour les hommes, d'un petit carré brodé pour les femmes.

La chapelle n'était plus bien loin, et d'avoir si dignement processionné, les chrétiens retrouvaient l'énergie pour entonner à pleine gorge un nouveau cantique en l'honneur de la sainte martyre qui allait les accueillir.

Pauvre sainte Barbe en effet, enfermée dans une tour par son père Dioscore pour la soustraire à la foi chrétienne. Elle refusa de se marier avec les partis fortunés que lui proposait celui-ci. Alors il la livra au proconsul Marcien qui lui aussi s'évertua à la faire abjurer. En vain. Et pourtant que ne dut-elle pas subir… Elle endura les tortures les plus atroces, fouaillée à coups de nerfs de bœufs, battue à coups de marteau, déchirée par des ongles de fer, allongée et traînée sur des tessons acérés, brûlée par des lames rougies. Misère… Rien à faire ! Elle résistait d'autant plus stoïquement qu'aussitôt ses blessures se cicatrisaient miraculeusement. Pour conclure, son charmant père la conduisit en haut d'une montagne où il la décapita. Mal lui en prit, il n'était pas redescendu qu'il fut foudroyé et réduit en poussière par un terrible éclair jailli du ciel. Voilà pourquoi la petite païenne de naissance est devenue la sainte patronne des sapeurs, des artilleurs et des pompiers. Voilà aussi pourquoi elle a droit à son pardon annuel où les pèlerins la supplient de les protéger du feu, de la foudre et de la male mort, autrement dit de la mort subite.

En ce jour de juin 1936, les jumeaux décidèrent de se rendre au pardon de Sainte-Barbe.

— Vous allez vous faire prendre ! s'offusqua Korrig.

— Penses-tu. Il y aura tant de monde que personne nous remarquera.

Il n'était que dix heures du matin, mais il faisait déjà chaud sur la grande esplanade herbue précédant la chapelle. La procession était partie du bourg, et par bouffées, le vent en faisait monter l'écho des cantiques. Aux voix gutturales des hommes se mêlait le timbre aigu des femmes ; l'accord n'était pas d'une harmonie parfaite, mais la conviction traduisait une foi sans faille qui ne demandait qu'à s'exprimer. Pour l'instant, la foule n'était pas encore arrivée, et les jumeaux, séparés, se tenaient sous le couvert du bois. Korrig était aussi du pèlerinage, mais elle, n'avait aucune raison de se cacher, et elle déambulait d'une boutique à l'autre, feignant de s'intéresser aux boniments des marchands.

Les chants se rapprochaient, et les badauds s'avancèrent sur les rives du parcours. Les bannières richement brodées apparurent bientôt entre les frondaisons des hêtres, puis la croix portée par le bedeau scintilla dans le soleil avant que ne luisît la calvitie des curés qui avaient ôté leur chapeau. Croyants ou non, les spectateurs ne pouvaient qu'être émus devant la passion fougueuse de cette masse en sueur dont les vêtements fumaient dans la chaleur, et qui scandait les cantiques avec une vigueur ressourcée maintenant qu'elle avait un public pour l'écouter. L'intensité de la foi ne faiblit qu'au campanile dont le tintement de la cloche était lui aussi censé éloigner la foudre. Les trois prêtres descendirent alors vers la chapelle, suivis des enfants de chœur qui auraient préféré s'égailler entre les différentes boutiques. Les fidèles se bousculèrent, sachant que la chapelle trop exiguë n'en accueillerait qu'une poignée. Les autres assisteraient à l'office des escaliers, ou de l'allée de l'oratoire, ou même massés contre les balustrades supérieures, ne glanant alors que quelques bribes de la sainte parole.

Cette fois, le plateau était largement occupé, et les jumeaux se décidèrent à émerger de leur cachette. Korrig aperçut le premier.

— Où est ton frère ? murmura-t-elle à son oreille en se dressant sur la pointe des pieds.

— Ne t'inquiète pas tout le temps. Il a fait le tour par-derrière la chapelle. Il doit être de l'autre côté.

Elle soupira, ne comprenant pas que ses garçons, si prudents jusque-là, se plaisent à provoquer le destin. Ou plutôt si, elle n'appréhendait que trop ce besoin de se révolter après tant d'années de dissimulation. Elle repéra son second Justin. Rassurée, elle décida d'aller suivre la messe.

Le premier jumeau observait les badauds massés au-dessus de la chapelle. Soudain, son regard avisa une silhouette qui le fit tressaillir. C'était une demoiselle, à peu près de son âge autant qu'il put en juger, car elle était de dos. Blanche et imprimée de fleurs bleues, sa robe légère lui arrivait à mi-mollet ; sa taille fine était soulignée par une ceinture, et l'adolescent ne pouvait détacher les yeux de ses hanches. Pourquoi, parmi toutes les filles présentes au pardon, celle-là avait-elle attiré son attention ? Il aurait été incapable de le dire, mais il était bouleversé. Il croisait les doigts pour qu'elle se retournât. Elle n'était pas seule, et le couple devant elle devait être ses parents. Justin s'approcha ; elle avait les cheveux mi-longs, châtain clair et frisés. Se sentant observée, elle fit volte-face. Elle ne pouvait être que belle, et elle l'était en effet.

Etonnée d'être lorgnée avec autant d'insistance, la jeune beauté fronça les sourcils. Elle crut avoir affaire à un de ces innocents qui ont du vent dans la tête, comme l'on désignait – non sans poésie – ceux qui ne possédaient pas toute leur raison. Conscient du portrait qu'il offrait, Justin sourit gauchement.

— Qu'est-ce qui t'arrive, Juliette ? demanda la mère en se retournant elle aussi.

Importunée par ce grand gaillard planté comme un benêt, elle saisit la main de sa fille et la tira à côté d'elle en lui faisant signe d'écouter les paroles du prêtre, auxquelles on ne comprenait rien dans l'écho de la cavité rocheuse. Justin s'éloigna.

Le même scénario se reproduisit quelques minutes plus tard, mais avec l'autre frère.

Lui, aperçut Juliette de face ; elle le reconnut. Intrigué de la voir marcher dans sa direction en souriant, il ressentit aussitôt la même émotion, frappé du même coup de foudre, bien que se trouvant au pardon de la sainte qui l'en protégeait. La mère était occupée à trier des boutons et des rubans à l'étal de la mercière, une profusion de boîtes dans lesquelles il fallait fouiller afin de dénicher ce que l'on désirait. Bien qu'elle n'en tînt aucun compte, elle sollicitait sans cesse l'avis de son mari, et celui-ci était contraint de rester à proximité, soupirant et bougonnant qu'elle n'avait qu'à prendre ce que bon lui semblait.

Juliette souriait toujours, et Justin ne pouvait croire en une bonne fortune si immédiate. Elle avait les yeux noisette, et des dents d'une blancheur éclatante ; le garçon croyait contempler une fée, un rêve délicieux dont il allait à coup sûr se réveiller.

Vive et cristalline, la voix était à l'avenant :

— Pourquoi tu me regardais tout à l'heure ?

Justin comprit alors la hardiesse de la demoiselle.

— Je sais pas… Je t'ai dérangée ?

— Non, mais je te connais pas.

— Moi non plus. Tu es nouvelle dans la région ?

— Nouvelle ? Non… Nous sommes arrivés depuis un mois. Mes parents ont repris la boulangerie rue des Cendres.

Les Bourdon, Korrig en avait parlé à ses garçons. Comme toutes les Faouëtaises, elle était curieuse. Il faudra un jour qu'on aille prendre du pain chez eux !

Les ménagères avaient leurs commerces attitrés. On achetait le jambon, le lard, le pâté et le saucisson dans telle charcuterie, la viande chez un certain boucher, le pain chez ce boulanger-là et pas un autre, et il aurait fallu un événement extraordinaire pour changer de pratique.

Ses achats terminés, la mère comptait ses sous quand elle se rendit compte de la disparition de sa fille. C'était une femme d'apparence banale ; une chevelure dont on ne savait si elle était blondasse ou déjà en train de blanchir, ni grosse ni maigre, ni grande ni petite, les fesses et la poitrine plates. Ajoutez-y une voix monocorde, et vous obtenez un portrait désespérément ordinaire. Par contre, son caractère…

Son bonhomme était en revanche du genre plutôt exceptionnel. Entendez par là que tout chez lui était remarquable. C'était un colosse à la bedaine proéminente, avec des pognes de bûcheron à force de pétrir la pâte. Il avait les cheveux blancs, sans doute d'être toujours saupoudrés de farine, mais des sourcils drus et noirs.

Un gaillard donc et qui écopa cependant comme un gamin d'avoir laissé filer la demoiselle.

— Tu n'avais que ça à faire, la surveiller. Mon pauvre ami, tu rêvais encore…

Vous aurez compris que le boulanger, malgré sa force herculéenne, était de tempérament bonasse. Il avait pris aussi l'habitude de courber l'échine, comme les paysans et les cheminots sous la pluie, en parvenant en fait à ne plus la remarquer.

Lucien jeta un coup d'œil alentour ; il haussa les épaules, la gamine n'était pas rendue bien loin. Il l'adorait, sa

« pissousse », et il rêvait pour elle d'un mariage princier, tellement il la trouvait jolie.

— Elle est là… C'est pas la peine de faire tant de foin !

La mère écarquillait les yeux.

— Elle est là, elle est là… Moi je la vois pas. Qu'est-ce qu'elle fait ?

— Rien de mal. Elle est en train de discuter avec un camarade.

— Elle est fourrée avec un garçon, et tu trouves qu'elle fait rien de mal. Ça, c'est la meilleure !

Habituée à ces échauffourées verbales, Juliette souriait.

— Il va falloir que je parte.

— On se reverra ? s'inquiéta aussitôt Justin.

— Alors, Juliette ? Tu viens, oui ou non ?

— Demain après-midi sous les halles, glissa-t-elle, sur le point de s'enfuir.

— A quelle heure ?

— Je sais pas… Pas avant deux heures en tout cas.

44

Ce soir-là, les jumeaux ne se retrouvèrent pas avec la même spontanéité. Encore émoustillés, chacun eut aussitôt conscience de l'exaltation de son frère. Aucun n'osait se confier, mais ils étaient trop semblables, trop complices, pour se cacher plus longtemps leur charmante aventure.

— Au pardon de Sainte-Barbe, il m'est arrivé une drôle d'histoire… commença le premier.

— Je sais.

— Comment ça, tu sais ?

— Tu as rencontré une fille avec une robe blanche semée de petites fleurs bleues.

L'autre tombait des nues.

— Ça alors…

— Moi aussi je l'ai vue, et elle a cru que c'était toi. Elle m'a même parlé.

— Et alors ?

— C'est la fille des nouveaux boulangers. Tu sais bien ? Les Bourdon.

— Elle t'a rien dit d'autre ?

— Pas grand-chose. Sa mère l'a rappelée presque aussitôt. Elle a pas l'air commode, la boulangère. Mais nous avons eu le temps de fixer un rendez-vous.

— Quand ?

— Demain après-midi, sous les halles.

— Pas de problème, on ira.

— Tutt, tutt. Moi, j'irai ! C'est à moi qu'elle a donné rendez-vous.

— Oui, mais elle pensait que c'était moi. N'oublie pas que je l'ai vue avant toi.

Ils tirèrent au sort. Ce fut le premier qui eut la chance d'être l'heureux ambassadeur.

La fête continuait sur la place du bourg. Le maire avait donné congé aux enfants de l'école, et les manèges tournaient en distillant une musique qui grésillait. Les boulistes se pressaient autour de la table de marque installée dans le café des Halles, et après s'être inscrits, ils allaient s'entraîner dans les allées délimitées çà et là par des cadres de bois fixés au sol à l'aide de piquets.

Justin regarda l'heure à l'horloge au-dessus de sa tête. Il n'avait plus qu'un quart d'heure à attendre. Il lissa les revers de sa veste, et s'humecta les doigts afin de faire tenir la mèche rebelle qui s'acharnait à lui glisser sur le front. La pendule sonna deux coups, le moment était venu. Investi d'une angoisse délicieuse, il se plaça sous le majestueux édifice, à l'extrémité nord-ouest, d'où il apercevait la rue des Cendres qui descendait de la gare. Les minutes lui semblaient interminables ; l'horloge tinta un petit coup, un quart d'heure de passé. Deux heures et demie, toujours pas de Juliette.

Justin se sentait de plus en plus ridicule, planté là comme un échalas. Le tirage au sort effectué, le concours de boules bretonnes commença, et le jeune homme feignit de s'y intéresser, tout en gardant un œil sur la rue de la dulcinée.

Les parties étaient acharnées. Chaque boule était lancée après moult conseils des trois coéquipiers : un peu plus à gauche, en évitant le caillou, en prenant le « devers » – c'était du tout-terrain –, là ou là, pas trop fort, devant le petit c'était mieux que derrière.

La boule idéalement placée, l'autre quadrette se concertait à voix basse : en fonction des munitions, il fallait décider si l'on tirait ou non. Il existait deux façons de chasser la boule de l'adversaire : « à la roule » ou « à la poque ». La première méthode était plutôt aléatoire compte tenu de l'état bosselé du terrain. De surcroît, la boule risquait de rencontrer une autre en chemin. Mais « à la poque »... C'était là qu'on reconnaissait le vrai tireur... Le spécialiste se mettait en position, et il visait pendant de longues secondes. Le public retenait son souffle et s'interdisait le moindre mouvement. La boule partait enfin. Si elle atteignait son but, c'étaient des cris admiratifs, des hochements de tête en se disant que c'était quand même un bon... Certains tireurs ne manquaient jamais leur coup, et lorsqu'ils réussissaient un « carreau » – c'est-à-dire que leur boule prenait la place de celle qui avait été expulsée –, c'était un tonnerre d'applaudissements. Rencontrer ceux-là signifiait que l'on courait tout droit à la défaite.

L'horloge sonna les trois heures moins le quart. Justin retourna à son poste d'observation. A quatre heures et demie, il estima qu'elle ne viendrait plus, et il leva le camp.

Un autre à désespérer, c'était le frangin, rongé de jalousie à l'idée que son alter ego profitait de leur « fiancée ».

— Alors ?

— Elle est pas venue.

— Tu es sûr ? Tu étais bien sous les halles à l'heure convenue ?

— Puisque je te dis qu'elle est pas venue.

— C'est de la faute de sa mère, conclut le frère. L'autre jour, celle-ci a remarqué qu'on parlait ensemble, et elle avait pas l'air enchantée.

45

De les avoir vues s'entrouvrir, les jumeaux ne pouvaient laisser se refermer aussi vite les portes du paradis devant lesquelles ils rêvaient depuis deux nuits. Pas question de rester sur un échec, du moins sans en découvrir la raison. Cette fois, ils discutèrent librement de leur aventure, avec le sentiment étrange que l'apparition de Sainte-Barbe n'appartenait pas plus à l'un qu'à l'autre. N'avaient-ils pas jusque-là tout partagé ?… La seule façon d'en avoir le cœur net, c'était de se rendre chez la demoiselle. Le lendemain matin, le petit déjeuner expédié, ils abordèrent la mère :

— Tu nous avais pas dit que tu aimerais goûter le pain de la nouvelle boulangerie ?

— Peut-être, je sais plus. Pourquoi ?

— On pourrait essayer, c'est tout…

— La prochaine fois, je veux bien passer chez les Bourdon.

— Laisse, un de nous deux va y aller.

La naine les regarda d'un air intrigué.

— Qu'est-ce que vous êtes encore en train de manigancer ?

— Rien, on t'assure. C'est juste pour se dégourdir les jambes.

— A force de rester vivre dans les bois, on va devenir de vrais sauvages.

« Se dégourdir les jambes... », ils ne faisaient que ça à longueur de journée... Depuis quelque temps, Korrig avait renoncé à quêter les confidences de ses garçons. Elle soupira, mais sortit son porte-monnaie.

Cette fois, les jumeaux ne tirèrent pas au sort. Il était logique que se rendît à la boulangerie celui qui était resté à la chaumière lors du rendez-vous manqué. L'autre partit travailler à la ferme : on démarrait la fenaison.

Lucien Bourdon faisait du bon pain, et il avait réussi à récupérer une partie de la clientèle de ses concurrents. Devant la petite boutique conspiraient quatre ou cinq commères ; la fête venait à peine de s'achever, mais elles étaient déjà au courant de tout : le fils machin avait profité de la liesse pour commencer à fréquenter la fille d'unetelle, des soûlots étaient rentrés au logis avec le béret de travers, une bagarre se serait déroulée en fin de nuit, des jeunes filles se seraient conduites comme des gourgandines... Ce qui les préoccupait le plus ce matin-là, c'était qu'une se serait même fait trousser sous les halles... Si, si, on l'avait entendue glousser et crier... Pour la forme bien entendu, car à tous les coups elle était consentante. On ne savait pas encore qui c'était, une lacune inconcevable, et c'étaient des supputations à mi-mot, où on avançait à voix basse le nom des quelques roulures assez éhontées pour se laisser peloter en plein air. A la vue de Justin, les vipères se turent et lui adressèrent un sourire charitable au-dessus de tout soupçon.

La clochette de la porte tintinnabula. La boulangère reconnut tout de suite le jeune homme. En bonne commerçante, elle se contenta de froncer les sourcils. Justin commanda un pain de quatre livres. Elle posa l'énorme miche sur la balance et, à l'aide d'une grande lame montée comme un massicot, elle trancha un morceau dans une autre, afin de faire bon poids. Justin compta les sous donnés par la mère et il s'apprêtait à sortir quand retentit de l'arrière-boutique la voix de la jeune demoiselle.

— Maman ! J'ai quelque chose à te demander.

— Tout à l'heure. Je suis occupée, il y a du monde.

Trop tard, Juliette avait fait irruption dans le magasin. A la vue du jeune garçon, elle resta bouche bée. De toute évidence, la boulangère n'était pas enchantée.

— Eh bien ! Laisse-nous maintenant. Ce ne doit pas être si urgent.

Juliette, rouge jusqu'à la racine des cheveux, hésita, puis elle fit demi-tour et disparut. Justin se sentait plutôt piteux, et la boulangère lui lança un au revoir revêche.

— Oui, oui, excusez-moi, bafouilla-t-il. J'allais partir… Vous avez raison… Au revoir.

Le pauvre garçon n'était pas plus avancé, et il partait tête basse avec son pain sous le bras quand il entendit courir derrière lui. C'était « elle », et il sentit aussitôt son cœur s'emballer.

— Ne restons pas là. Ma mère pourrait nous voir.

Les halles du Faouët… Combien d'idylles naissantes n'ont-elles pas abritées… Elles sont assez vastes pour héberger un mariage tout entier, et la charpente burinée par le temps inspire un profond respect. Sa bienveillance offre des coins d'ombre où se confondent les silhouettes des amoureux.

Justin et Juliette restèrent un long moment silencieux, aussi gauches l'un que l'autre. Lui, attendait une explication ; elle, cherchait les mots pour se justifier.

— Hier, le magasin était fermé. C'était lundi, et il y avait la fête. Ma mère devait se douter de quelque chose ; elle m'a demandé de l'aider, et j'ai pas réussi à m'échapper.

Le jeune amoureux était prêt à tout pardonner.

Ce fut une drôle de conversation, entrecoupée de longs silences où ils n'osaient se regarder. Ils parlèrent du pardon de Sainte-Barbe ; la mère de Juliette était très croyante, et ce dimanche-là, elle avait demandé à la vendeuse de tenir la boutique afin de suivre la procession.

— C'était bien ? demanda Justin.

Elle rit.

— Ennuyeux comme pas possible. Tu crois en Dieu, toi ?

— Des fois…

— Moi, pas du tout. Mon père non plus, mais lui et moi on est obligés de faire semblant.

— Elle est si dure que ça, ta mère ?

— Elle nous aime à sa façon, c'est-à-dire à condition qu'on lui obéisse. Et toi, qu'est-ce qu'ils font, tes parents ?

La question lui provoqua un haut-le-corps.

— Je ne connais pas mon père.

— Il est mort quand tu étais petit ?

— Je sais pas. Ma mère parle jamais de lui.

— Peut-être que c'était quelqu'un de… pas très bien.

— Ça se peut, mais je saurai jamais, et c'est sans doute mieux ainsi.

— Et ta mère ?

Le moment crucial était arrivé. Comment avouer une vérité aussi terrible ? Non qu'il eût honte de la pauvre Korrig, mais le fils d'une naine, face à une adolescente si délicate…

— Elle repasse des coiffes.

Juliette le regarda d'un air surpris.

— C'est un drôle de métier. Ça rapporte bien ?

— Elle sait aussi les fabriquer, et ça, ça paie davantage.

— Tu as des frères et sœurs ?

— Oh non ! s'écria Justin. Je suis tout seul.

L'adolescence fut surprise de la véhémence.

— Moi j'aurais bien aimé ne pas être toute seule. J'ai eu un petit frère, mais il est mort quelques jours après sa naissance.

— Le pauvre, il a pas eu de chance… J'ai quelque chose à te dire.

Justin avait l'air si embarrassé que la demoiselle en fut alarmée.

— C'est si grave que ça ? Vas-y, je t'écoute.

— Tes parents t'ont pas parlé d'une femme qui n'est pas… qui n'est pas…

— Qui n'est pas quoi ? Décide-toi, enfin.

— Pas tout à fait comme les autres.

Juliette dévisagea Justin d'un air encore plus intrigué.

— Des gens pas comme les autres, il doit y en avoir beaucoup au Faouët. De qui tu veux parler ?

— De ma mère… Elle est petite. Très petite…

La demoiselle se demandait si son compagnon divaguait.

— Les gens très petits, on les appelle des nains, n'est-ce pas ? Tu n'es pas en train de me dire que…

— Si, justement. Ma mère est une naine, mais c'est quelqu'un de très bien, tu sais.

— Alors, c'est pas ta mère, puisque toi tu es normal. Une naine ne peut pas avoir des enfants comme les autres.

— Il faut croire que si, puisque je suis là.

— Tu sais pas qui est ton père, et ta mère est une naine, tu as de drôles de parents, dis donc !

Cette fois, c'était fichu ; elle n'allait plus jamais accepter de le revoir.

Juliette souriait… La situation semblait l'amuser, c'était le moment d'en profiter.

— On peut se retrouver demain, si tu veux ?

— Non… Il vaut mieux attendre quelques jours. Le temps que ma mère oublie que tu es venu au magasin. Vendredi, si tu veux. Où ?

— Tu connais le lavoir de Ster-Groez ?

— Celui juste avant le chemin des pèlerins ?

— Oui, sur la gauche, derrière la petite croix. Cette fois-ci, tu es sûre de venir ?

— Je me débrouillerai. Si je suis pas là à trois heures, c'est que j'aurai vraiment pas pu me libérer, et il faudra pas m'en vouloir.

46

Les jumeaux passèrent une soirée affreuse et délicieuse, mais depuis leur naissance, leur lot quotidien était frappé au coin de l'ambiguïté. Bien sûr, au seuil du bonheur, comment ne pas être aux anges à la simple idée de revoir la petite boulangère ?… Mais l'amour est possessif, et la jalousie les taraudait déjà, puisqu'elle ne serait jamais avec les deux à la fois, et que chacun s'estimerait floué de la savoir dans les bras de l'autre. Plus ambigu encore… Soudés tels des frères siamois, dans leur tête ils ne faisaient qu'un, et ne pas se partager la conquête, c'était se dépouiller soi-même et ternir forcément le plaisir espéré. D'ailleurs, si elle avait eu le choix, sur lequel aurait porté son dévolu ? Un dilemme insoluble, à moins de mettre la jeune fille dans le secret. Ce qui serait la perdre à coup sûr.

Les Justin n'avaient cependant pas la bassesse de se tenir rigueur. Après avoir tourné le problème en tous sens, torturés par des affres identiques, ils convinrent d'aller ensemble au rendez-vous. Ne nous trompons pas… Ils ne s'étaient pas résolus à vendre le secret, mais la souffrance semblerait moins cruelle de surveiller ce que faisait le frère. L'un conterait fleurette, l'autre monterait le guet, chargé d'imiter la chouette si quelque importun se présentait dans le secteur, et ils se passeraient le relais.

Avant le lavoir de Ster-Groez s'étirait une longue allée bordée d'essences diverses dont les houppiers s'enchevêtraient en un toit de verdure ; c'était un tunnel sombre et frais, qui s'enfonçait dans une prairie marécageuse, humide en toute saison et hérissée de joncs. Au-dessus, un hallier broussailleux laissait place à des sentes sinueuses conduisant à des hauteurs mamelonnées.

Ce rendez-vous champêtre était le prélude de la véritable aventure, et les deux frères s'étaient mis d'accord pour remettre le compteur à zéro, afin que chacun eût sa part de bonheur. Une fois de plus, la répartition des rôles fut soumise au hasard : deux carrés de papier, dont l'un biffé d'une croix. Dissimulés derrière le talus, chacun serrait le sien au creux de sa paume ; ils s'étaient accordés pour les déplier au dernier moment, afin de conserver jusqu'au bout l'espoir d'être l'heureux élu.

Le bourg n'était pas si éloigné, et le vent portait jusqu'à Ster-Groez le tintement de l'horloge des halles. Il n'était pas encore trois heures que la charmante silhouette se découpait dans la pénombre de l'allée, en contre-jour sur le fond de lumière.

Juliette Bourdon avait trottiné tout du long de crainte d'être en retard. Elle n'était plus qu'à une centaine de mètres du lavoir, et n'apercevant pas Justin, elle ralentit l'allure, craignant d'être en train de se faire rendre la monnaie de sa pièce. Machinalement, elle remit de l'ordre dans sa tenue, rajusta ses peignes d'écaille, et s'avança lentement, avec des airs de martyre contrainte au supplice. Les jumeaux échangèrent un coup de coude ; le moment était venu de décider.

Le cœur de la jeune fille tambourinait comme grêle sur le toit ; c'était sa première idylle… Quelle folie aussi de venir au-devant d'un inconnu, dans un bois de surcroît, où elle serait à sa merci s'il nourrissait de mauvaises intentions ! Pourtant, elle n'avait pas envie de rebrousser chemin. Une sensation étrange plus forte que sa volonté, comme le vertige éprouvé une fois au bord d'un précipice : elle y serait tombée si sa mère ne l'avait retenue par le bras, mais la gamine d'alors avait tu le trouble mystérieux qui l'enivrait.

Ils avaient l'air de deux idiots plantés au milieu de la majestueuse allée dont le feuillage bruissait dans le vent. Puis ils craignirent l'arrivée de quelque promeneur.

— Viens, dit Justin. Je connais un endroit où on sera tranquilles.

La lande voisine, les jumeaux l'avaient sillonnée en tous sens ; en retrait du sentier, derrière les fourrés d'épines, une plaque rocheuse ménageait une clairière à l'abri des regards. C'est là que Justin conduisit la demoiselle.

Juliette était une fille de la ville…

— Mais ça doit être plein de vipères !

— Penses-tu ! S'il y en avait une, elle aurait filé depuis longtemps. Il y a pas plus trouillard que ces bestioles-là.

— Je suis sûre qu'il y a des fourmis, peut-être un nid de guêpes. Je vais me faire piquer de partout.

Justin l'entraîna par la main. Ils s'assirent sur la roche incrustée de paillettes micacées. L'adolescente semblait la plus gênée.

— J'ai demandé à mon père s'il connaissait ta mère.

— Et alors ?

— Il a eu l'air surpris. Il m'a dit que c'est vrai qu'elle n'est pas grande, mais que c'est quand même une jolie femme, et que puisqu'elle est petite, elle doit être moins emmerdante. Mais ça, c'est mon père, il a toujours le mot pour rire, ce qui a le don de mettre ma mère en colère. Je crois même qu'il fait exprès.

— Tu vois, fit Justin. Toi tu as une mère de taille normale, mais qui est très sévère ; moi, la mienne est petite, mais elle est plus gentille. Je sais pas lequel de nous deux est le mieux loti.

Juliette hocha la tête : il n'avait pas tort. Pas question cependant de baisser pavillon.

— Oui, mais moi, j'ai mon père.

Justin haussa les épaules, et elle regretta aussitôt l'acidité de sa remarque.

— Ne m'en veux pas. Il m'arrive parfois de parler sans réfléchir.

Elle avait posé la main sur son poignet, un contact délicieux, mais le frère devait être en train de les épier. Sans cesse, Justin lorgnait vers le chemin.

— Qu'est-ce que tu as ? On dirait que tu es inquiet…

— Non, mais j'ai cru entendre quelque chose. Attends, je vais vérifier.

Justin se faufila à travers les touffes griffues. Bien sûr, l'autre était là, accroupi. Ce fut à son tour de rejoindre la demoiselle.

— Alors ?

— Il y a personne.

— Pourtant, j'ai cru t'entendre chuchoter.

— Avec qui veux-tu ? Ce doit être le vent.

Ce Justin-ci approchait l'adolescente pour la première fois, et il la dévorait des yeux. C'est vrai qu'elle était jolie avec son petit nez retroussé, son menton volontaire et ses cheveux bouclés que doraient les rayons du soleil.

— Pourquoi tu me regardes comme ça ? s'étonna Juliette. Tu as l'air tout drôle.

A court de conversation, les deux tourtereaux se prirent la main. S'ensuivit un long silence. Le frère était au supplice. Sans un mot, Justin attira Juliette contre lui. Il tenta de l'embrasser.

— Arrête ! Tu vas trop vite !

Trop vite ? Qu'est-ce qu'il faisait trop vite ? Un nouveau silence ne fit qu'aggraver la jalousie du Justin tapi dans le sentier ; il hulula de ses mains en conque. Juliette se dégagea, aussitôt sur la défensive.

— Cette fois, tu as raison. Il y a quelqu'un !

— Tu te fais des idées, mais puisque tu as peur, on va rentrer. Si ta mère découvrait quelque chose, elle t'interdirait de sortir et on pourrait plus se revoir.

47

Pour la première fois, les jumeaux vivaient un vrai désaccord. Il n'est rien de plus caustique que l'amour pour ronger les liens de l'amitié ; en l'occurrence, ceux de la tendresse fraternelle, qu'on aurait crus inaltérables. Ce fut le jumeau « frustré » qui provoqua l'esclandre. Il demanda à son frère ce qu'il faisait avec Juliette pendant ces longs moments de silence. L'autre se défendit : rien de mal !

— Tu me prends pour un idiot ?

L'accusé haussa les épaules.

— Réponds ! Tu l'as embrassée, tu l'as caressée ?

— Tu racontes n'importe quoi…

— C'est ça, oui. Et toi, je vois bien que tu mens.

Les mâchoires serrées, les yeux étincelants de colère, celui-ci était la proie d'une colère froide. Pour finir, il agrippa son jumeau par le col de sa chemise.

— Tu crois que j'ai pas compris que tu veux la garder pour toi ?

— Je pourrais te faire le même reproche !

Aveuglés par la jalousie et inconscients du ridicule, ils se chamaillaient comme des gamins. Ils se décochèrent un chapelet d'injures ; les éclats de voix alertèrent Korrig. Elle crut qu'il s'était produit quelque drame et se glissa entre eux.

— Qu'est-ce qui vous arrive ? Vous n'êtes quand même pas en train de vous taper dessus !

Les jeunes coqs se rendirent compte alors du tableau pitoyable qu'ils offraient, et ils lâchèrent prise.

— T'inquiète pas, on était en train de s'amuser.

— Vous avez de drôles de façons de vous amuser...

En fait, l'explication psychologique de leur empoignade était bien plus complexe qu'il n'y paraissait et se situait en dehors du champ de leur conscience. Chacun s'en voulait de s'approprier la manne commune, et leur violence respective était de la même nature que celle qui pousse un individu à se reprocher ses agissements, et qui l'amène parfois à se flageller, au propre comme au figuré. Dans un processus identique, leur réconciliation équivalait à cesser de se morfondre et à chercher comment réparer leur erreur.

Pas complètement rassurée, Korrig retourna broder sa coiffe. Les frangins échangèrent un sourire navré.

— N'empêche qu'elle est jolie.

— Et je crois qu'elle nous aime tous les deux.

— Non, pas tous les deux. Elle aime un garçon qui peut être aussi bien toi que moi. Un seul.

Comment poursuivre une troublante aventure à laquelle un espionnage réciproque enlevait toute spontanéité ? Tirer au sort l'unique amoureux de Juliette ? Ce serait la scission définitive. Alors, ils décidèrent de continuer le partage : un rendez-vous chacun, avec la promesse de faire le point entre deux passations.

D'une fois sur l'autre, les jumeaux progressèrent ainsi dans la découverte de la gamine des boulangers. Jeu cruel, malsain, insidieux, où ils ne seraient jamais à égalité. La saveur de la caresse est de vaincre chez la fille les réticences à se livrer, et chaque avancée ne serait première conquête que pour l'un des deux frères. Une frustration inévitable. Aussi ne brusquaient-ils pas les étapes, et Juliette appréciait le tact avec lequel ils ménageaient ses pudeurs d'adolescente. En fait, elle se prêtait assez volontiers au jeu, troublée par des sensations inconnues qui la faisaient frissonner.

D'avoir réglé le problème de la jalousie, les deux frères recouvrèrent confiance et complicité. A dater de cet accord, ils se répartirent l'exploration de l'amie commune avec un cynisme effrayant, comme si son anatomie n'était qu'un jeu de piste cloisonné par une succession de portes, chacun n'ayant le droit d'en ouvrir qu'une seule à la fois.

Titillée par un désir obscur, l'adolescente craignait de passer pour une oie blanche. A mi-mot, sa mère l'avait initiée aux dangers encourus avec les garçons.

« Si ça t'arrivait, tu ne serais plus qu'une pauvre fille… »

C'était donc si grave de jouer à être heureuse ? Juliette culpabilisait de se laisser caresser. A plusieurs reprises, elle avait surpris des conversations entre son père et le marchand de farine, un sacré lapin, celui-là. A l'entendre, il avait sauté – c'étaient ses mots – toutes les filles des alentours. « Sauter une fille… », à l'époque, la gamine s'était demandé ce que cela signifiait ; depuis, elle s'en était fait une vague idée, mais la chose lui restait d'autant plus incertaine que le discours moralisateur de la mère ne l'avait guère éclairée.

A chaque parcelle de peau dévoilée, Juliette côtoyait d'un peu plus près le précipice de son enfance. Le risque devenait de plus en plus enivrant, et il aurait été sage de cesser l'aventure… S'il insistait, se disait-elle, elle conserverait assez de sang-froid pour empêcher le jeune garçon de commettre l'irréparable.

Juliette accorda sa poitrine, ses jambes, ses hanches et ses reins, et elle laissa même les lèvres se gorger de sa peau, sans aller trop loin, de peur encore de chavirer dans le gouffre. Un jour, elle se retrouva retroussée jusqu'à la taille. Nue. Elle gardait les jambes serrées ; il scrutait la houppe clairsemée où apparaissait l'amorce de la fente. Brûlée par ce regard, elle s'offrit à la contemplation, persuadée de rester maîtresse de ses sens. Mais quand les doigts juvéniles effleurèrent le bourgeon gonflé, s'en étonnèrent et l'agacèrent, tout se brouilla dans l'esprit de l'adolescente. Quelle témérité d'avoir cru exorciser le démon de la chair ! Les yeux fermés, elle se résigna, de la même façon que la proie acculée attend le coup de grâce.

Justin était bouleversé face au ventre offert, dont la fissure rose lui semblait une blessure. Ce moment, les jumeaux l'attendaient à tour de rôle. Et le redoutaient. Lequel aurait le privilège de la virginité de Juliette ? Une étape unique et irréversible, dont l'autre serait irrémédiablement privé.

Justin eut soudain l'impression de trahir le contrat ! De toute façon, d'avoir hésité il n'en avait plus la vigueur physique. Hagard, il recula en tremblant.

— Je peux pas... bredouilla-t-il. J'ai pas le droit.

Existe-t-il pire humiliation pour une femme que d'être dédaignée au moment de consentir au sacrifice ? Juliette était mortifiée de s'être exhibée comme une dévergondée... Et l'autre là... Se rendait-il compte de la violence qu'elle s'était imposée pour vaincre sa pudeur ! Mais pour qui se prenait-il, ce petit idiot qui la regardait comme un gamin en faute ! Dégrisée, elle se rajustait à la hâte.

— Tu m'en veux pas ? hasarda Justin.

Elle lui décocha un regard furibond.

— File, je veux plus jamais te revoir ! Tu m'entends ? Plus jamais !

Juliette tint parole, et ce soir-là, les jumeaux comprirent que les arcanes de l'amour leur étaient interdits.

48

Le même automne 1936. Le garde champêtre se présenta à la chaumière en fin de matinée ; il était vêtu de sa tenue officielle, avec son ceinturon et sa plaque de cuivre qui rutilait dans le soleil encore généreux. Duigou jouait volontiers les matamores, mais chacun savait que c'était un rôle de composition : le brave homme ne faisait vraiment peur à personne. Il avait pourtant le physique de l'emploi, avec une superbe moustache poivre et sel dont chaque matin, entre deux doigts mouillés de salive, il affilait les pointes en une parfaite symétrie. Anselme ne dédaignait pas de trinquer avec ses administrés ; en témoignaient deux pommes vermeilles et rubicondes qu'il imputait à la vie au grand air imposée par sa fonction. Sa bonhomie naturelle n'affaiblissait en rien son intransigeance :

« Service, service ! » clamait-il de sa grosse voix rocailleuse quand il lui était nécessaire d'affirmer son autorité.

Torr-Penn était désormais un vieux chien, ce qui ne l'empêchait pas de sévir avec autant de hargne, comme si lui aussi entendait préserver le secret de ses trois maîtres. Bien que le garde champêtre fût un représentant de l'autorité, le « molosse » l'accueillit avec virulence. En toute autre circonstance, Anselme Duigou aurait recommandé à Korrig de tenir son chien sur la voie publique, fût-elle un modeste chemin, mais il était trop embarrassé.

— Violette Lescoët… attaqua-t-il.

Korrig le regarda d'un air surpris. C'était bien la première fois depuis sa naissance qu'on l'appelait par son prénom officiel.

— Qu'est-ce qui t'arrive, Anselme ? Tu as donc une si mauvaise nouvelle à m'annoncer ?

En dehors de ses jumeaux, la naine ne se connaissait pas de famille et elle n'avait à craindre le décès d'aucun proche.

— Violette Lescoët, ce n'est pas de gaieté de cœur que je viens vous exposer l'affaire qui m'amène.

Diable, se dit Korrig. Voilà qu'il me vouvoie…

Elle se mit à trembler ; cette fois son terrible secret avait été dévoilé, et elle allait devoir rendre des comptes. Ou alors… Ou alors…

Une autre angoisse la titilla aussitôt, encore plus abominable. Lors du décès d'Eugène Feuillet s'était ancré en elle un soupçon affreux, qu'elle n'avait jamais réussi à dissiper. A dire vrai, personne n'avait regretté le disparu, et Jeanne et sa fille n'avaient versé que les larmes imposées par la bienséance. Nombreux étaient cependant ceux à avoir pensé qu'il s'agissait d'un accident pour le moins bizarre. Le penchant du père Feuillet pour la bouteille était de notoriété publique, mais quand même… Il serait tombé dans le lavoir en soirée, passe encore, mais au petit jour… Il fallait que la veille il eût foutu dans son col pour être encore ivre à une heure si matinale. On l'aurait un peu aidé à plonger que ça n'aurait rien eu d'étonnant… Korrig était de cet avis, et ce d'autant plus d'avoir remarqué l'exaltation indignée de ses champions les jours précédant le drame et leur gravité après. Un autre détail l'avait particulièrement troublée : ils n'avaient paru aucunement surpris d'apprendre la nouvelle. De là à penser qu'ils n'étaient pas innocents dans cette sinistre histoire… Elle les avait cuisinés, et avait été étonnée de leur maturité alors qu'à l'époque ils n'avaient que onze ans. Ils ne répondaient pas, mais leurs traits se durcissaient, et dans leurs prunelles fulguraient des éclairs de haine. Comme elle regrettait alors de les avoir élevés dans la semi-clandestinité ! Si elle insistait, ils se rebiffaient :

« Tu vas quand même pas plaindre ce salaud-là ! »

Korrig s'étonnait d'une rancune aussi tenace à l'encontre d'un mort :

« Eugène Feuillet n'était sans doute pas un mari modèle, mais je ne pense quand même pas qu'il brutalisait sa fille.

— Tu parles sans savoir…

— Sans savoir quoi ?

— S'il était resté vivant, il lui aurait sans doute fait encore du mal, renchérissait l'autre Justin. Beaucoup de mal… »

L'ambiguïté de tels propos ne faisait que renforcer sa suspicion, mais que gagnerait-elle à découvrir la vérité ?

Jusque-là, les Justin n'avaient pas mis leur mère au courant du viol dont ils avaient sauvé Violette. C'eût été exposer le mobile du crime et avouer implicitement leur culpabilité.

Ce matin-là, le garde champêtre la fixait d'un air navré, et Korrig se sentait de plus en plus désemparée. Elle réfléchissait… Quelle folle elle faisait ! C'était une histoire vieille de cinq ans, qui ne pouvait plus remonter à la surface, à moins que la mère Feuillet et sa fille soient revenues…

— C'est à propos de ton terrain.

Korrig fut en partie soulagée, et le tutoiement la rassura encore.

— Mon terrain ? Je n'ai pas de terrain qui m'appartient.

— Si, celui sur lequel est construite ta maison. Et le problème, c'est qu'il t'appartiendrait pas.

Korrig ne comprenait pas. Voilà bien une question qu'elle ne s'était jamais posée !

— C'est ma mère qui me l'a légué quand elle est morte, et la maison avec. C'est vrai que la pauvre n'a pas eu le temps d'écrire un testament, mais entre une mère et sa fille, je savais pas que c'était nécessaire...

— Le terrain n'appartenait pas non plus à ta mère.

— Pourtant, personne lui en a jamais fait état. Du moins, elle m'a jamais parlé de rien de la sorte.

— Laisse-moi le temps de t'expliquer, mais dis à ton chien de la fermer, on s'entend plus !

Un Justin assistait à la scène ; il attrapa Torr-Penn par le collier, et l'enferma dans la grange, une séquestration coutumière que l'animal appréciait de moins en moins, et contre laquelle il s'insurgeait en tempêtant de plus belle.

— Quelqu'un est passé à la mairie avec un acte de propriété attestant que le bout de terre où est construite ta maison ainsi que la portion de chemin qui va jusqu'à la route appartiennent à sa famille.

Korrig réfléchissait, de plus en plus intriguée.

— Mais si c'était le cas, pourquoi a-t-on laissé construire à cet endroit ?

— On sait pas trop... C'était il y a longtemps, avant que ta mère soit née, du temps de tes grands-parents. La mairie de l'époque a fermé les yeux. Peut-être qu'eux-mêmes ne savaient pas...

— Mais pourquoi ces gens-là s'inquiètent de leur terrain si longtemps après ?

Le garde champêtre parut encore plus embarrassé.

— D'abord, c'est une seule personne. Une femme, si tu veux le savoir, et celle-là n'a pas l'air commode. Elle est la dernière héritière des Chiron. Des « de Chiron », devrais-je dire d'ailleurs, des nobles qui vivaient en Normandie, exilés du Faouët après la Révolution.

Korrig répéta la même question :

— Mais pourquoi maintenant ?

— Va-t'en savoir... A la croire, Elisabeth de Chiron s'est inquiétée de ses origines et par nostalgie, elle a voulu revenir au pays de ses ancêtres ; elle a racheté la maison que ceux-ci possédaient en ville ; lors de ses recherches généalogiques, elle a déniché un bout de papier dans les archives familiales au sujet de ton terrain. Ils en avaient fait l'acquisition du temps où ils avaient un peu de fortune, et elle a décidé de faire valoir ses droits.

— Qu'est-ce que ça veut dire, Anselme ?

Le garde champêtre soupira et il rajusta sa casquette, comme s'il se réfugiait derrière son statut, mais il ne répondit pas.

— Est-ce que tu es en train de me dire que je vais devoir déménager ?

Nouveau soupir encore plus douloureux que le précédent.

— Malheureusement, c'est pas impossible.

— Mais où veux-tu que j'aille avec mes... avec mon garçon ?

— Tu penses bien que le maire va pas t'expulser comme une voleuse... Le mieux, ce serait de passer le voir. Il t'expliquera tout ça plus clairement que moi.

49

Depuis l'épisode avec Juliette, les deux frères occupaient le plus clair de leur temps dans la forêt de Sainte-Barbe, seul lieu où ils se sentaient à l'abri des regards. D'avoir eu peur de spolier son jumeau, le conquérant était passé pour un goujat aux yeux de la demoiselle, ou un puceau timoré, ce qui n'était guère mieux ; évincé de si peu glorieuse façon, le malheureux avait eu toutes les peines du monde à expliquer sa volte-face à son frère, et bien que touché par les scrupules, ce dernier ne pouvait s'empêcher de le considérer comme un bel empoté ! Bref tous deux manifestaient une humeur massacrante et ruminaient leur déconvenue amoureuse en se faisant la tête.

Le chien gambadait avec fougue de l'un à l'autre, aboyant sa joie d'accompagner ses jeunes maîtres. Le plus souvent, ceux-ci le consignaient à la chaumière, mais Torr-Penn avait le chic de les suivre à distance et de ne dévoiler sa présence que lorsqu'ils étaient rendus trop loin pour le ramener au bercail.

Soudain, les Justin s'immobilisèrent. D'avoir si tôt appris à se cacher, ils avaient l'ouïe fine : quelqu'un marchait dans le sous-bois, à une centaine de mètres devant eux. Torr-Penn avait entendu lui aussi, et son poil se hérissa, tandis qu'il commençait à grogner.

— Tais-toi ! Tu vas nous faire repérer.

L'un le contraignit dans la mousse et lui serra le museau afin de lui interdire d'aboyer, l'autre se perdit dans les buissons voisins. En vieillissant, le Torr-Penn se montrait de plus en plus têtu, et il continuait à ronchonner, en se tortillant pour s'échapper.

L'inconnu avançait dans leur direction, et un rayon de soleil fit luire le canon de son fusil : un chasseur. Il avait entendu les rouspétances de Torr-Penn, et il lâcha le chien qu'il tenait en laisse. Celui-ci était un vrai molosse, sans doute lui aussi de plusieurs races, mais avec de toute évidence des antécédents belliqueux. Il faisait partie de ces fauves qui attaquent tout de suite sans aboyer, les plus dangereux en fait. En quelques bonds, le voilà sur Justin. Décontenancé à la vue du garçon, le corniaud s'arrêta. Menaçant et les babines retroussées, c'était après son congénère qu'il en avait. Le chasseur accourait, levant haut les pieds afin de se dépêtrer des fougères enchevêtrées.

Justin se redressa, et Torr-Penn en profita pour lui filer entre les doigts. Aussitôt, il se mit à tourner autour de l'autre chien en lui aboyant dessus.

Le chasseur était un boit-sans-soif qui habitait à Stéroulin, un individu peu intéressant, copain sans doute d'Eugène Feuillet du temps de son vivant.

Torr-Penn continuait son manège, se rapprochant de plus en plus du molosse qui guettait l'occasion de le choper. Soudain, le pauvre cabot poussa un couinement terrible : les mâchoires s'étaient refermées sur ses reins et le secouaient comme un vulgaire bout de chiffon.

Le Justin dissimulé lors de l'assassinat de Mabig n'était pas intervenu, parce qu'au dernier moment le regard de la mère le lui avait interdit, une lâcheté inacceptable, mais ce secret, aussi sacré fût-il, méritait-il de sacrifier les êtres que l'on chérissait ? Torr-Penn n'était qu'un misérable cabot, mais aux yeux des jumeaux tout aussi respectable qu'eux. Ils n'eurent pas besoin de se concerter. Celui qui était caché bondit des fourrés.

— Dites à votre sale bête d'arrêter !

— Oui ! Il va le tuer !

Interloqué, le chasseur les regardait à tour de rôle, cherchant à comprendre. Lui aussi connaissait l'histoire de la naine et de son gamin dont personne ne savait qui était le père. Soudain son regard s'alluma.

— Des jumeaux, nom de Dieu ! Ça, c'est la meilleure, la naine a des jumeaux !

Les pauvres garçons tentaient de s'interposer, mais le chien de chasse les esquivait sans lâcher sa proie. Jubilant d'avoir découvert le secret de Korrig, son maître rigolait en observant les deux frères. Un d'eux empoigna alors le fusil, sur la crosse duquel se plaquèrent aussitôt les mains de l'autre. Surpris, le chasseur essaya de les repousser.

— Vous allez laisser mon flingot !

L'homme était costaud, mais les adolescents étaient deux. Les trois paires de mains étaient crispées sur l'arme ; Torr-Penn ne criait plus ; l'échine rompue, il était mort, mais son agresseur le secouait toujours, comme pour en essorer le dernier souffle.

L'empoignade aurait dû s'arrêter là, mais les deux frères, soucieux de préserver le secret de leur mère, révoltés aussi du sort de leur ami, ne lâchaient pas prise. Après leur déroute amoureuse, ils avaient de la hargne à revendre. Le chasseur faiblissait sous la poussée de ses adversaires ; soudain ses jambes se dérobèrent, et il bascula en arrière. Les Justin tenaient toujours l'arme, et ils en appliquèrent le canon sur la poitrine de son propriétaire. Une seconde s'écarquillèrent les yeux du misérable. Quel fut le doigt qui appuya sur la gâchette ? Les jumeaux eux-mêmes auraient été incapables de le dire, car en ce moment ils ne faisaient plus qu'un seul corps. La déflagration déchira le silence du sous-bois, et la décharge, tirée à bout portant, atteignit le chasseur en haut de la poitrine, ouvrant sous sa gorge une plaie large comme le poing.

Morchasse ne bougeait plus ; les yeux révulsés, il était mort.

Laissant tomber le fusil, les deux frères se regardèrent en tremblant. Pour la seconde fois, par leur intervention mourait un homme, mais cette fois c'étaient bien eux qui l'avaient tué, comme on se débarrasse d'une bête nuisible.

Le pauvre Torr-Penn n'était plus qu'une misérable loque poilue et baveuse. S'en désintéressant, le chien du défunt flairait son maître en couinant, ne comprenant pas ce qui lui arrivait, et il lui léchait la main.

Les jumeaux ne firent ni une ni deux :

— Il faut faire croire que c'est un accident.

— De toute façon, son chien a tué Torr-Penn sans qu'il intervienne. Il avait mérité de mourir, et comme cela, il fermera sa gueule.

Ils avaient recouvré leur sang-froid, et avec une lucidité effrayante faisaient le procès de celui qu'ils venaient d'assassiner, le condamnant après l'avoir exécuté.

Près du théâtre du drame se creusait une fondrière ; ils y firent basculer le cadavre. Puis ils placèrent le fusil en travers du corps, le canon tourné vers la blessure, laissant croire ainsi que le coup fatal était parti dans la chute. Le chien restait assis à côté de son maître, sur le genou duquel il posa la tête en gémissant.

Les deux frères ramassèrent la dépouille de Torr-Penn, et sans prêter plus attention à leur victime, ils prirent le chemin du retour, le cœur en berne, moins à cause de leur crime que d'avoir perdu un ami si fidèle.

A leur retour à la chaumière, les deux frères annoncèrent la mort de Torr-Penn.

— Qu'est-ce qui lui est arrivé ? s'exclama Korrig horrifiée.

— On sait pas, on l'a trouvé comme ça.

— C'est certainement un autre chien qui lui a réglé son compte.

La naine était effondrée, et elle saisit son pauvre compagnon entre ses bras.

— Ça suffisait pas à ces salauds de chasseurs d'avoir tué Mabig...

Elle sanglotait, et c'était bien sûr une autre scène qui se déroulait dans sa mémoire. Jamais encore les jumeaux n'avaient ressenti à ce point le besoin de protéger leur petite mère. Comme ils auraient aimé lui dire que le chien avait été dignement vengé...

Korrig se ressaisit :

— Demain, nous l'enterrerons dans le jardin.

— Ce serait mieux de le faire ce soir, proposa l'un des deux frères.

— Vous savez bien que je dois aller à cinq heures à la mairie.

— Vas-y, dit l'autre jumeau. On va s'occuper de Torr-Penn.

Korrig avait en effet rendez-vous avec le premier édile. Celui-ci la reçut et lui confirma les propos de son garde champêtre. Il était navré lui aussi.

— Le document de madame de Chiron me paraît en bonne et due forme. Malheureusement, il n'y a rien à faire.

— Elle est donc si cruelle, cette fichue bonne femme ?

Le maire secoua la tête en pinçant les lèvres, avec une moue affirmative.

— J'aimerais la rencontrer, continua Korrig. Peut-être qu'elle changera d'avis quand elle me verra. Vous lui avez dit que je suis une naine ?

— Non…

Il réfléchissait.

— Je veux bien lui demander de venir ici afin de discuter avec vous. Après tout, ça ne coûte rien d'essayer.

Ce fut à ce moment que parvint à la mairie la nouvelle de la mort d'Hippolyte Morchasse, un nom prédestiné en quelque sorte.

50

— Hippolyte Morchasse ? demanda le maire au garde champêtre.

— Oui, on l'a retrouvé dans un trou au milieu des bois. Un vilain coup de fusil qui lui a laissé aucune chance. Il avait encore son chien près de lui. Pauvre bête, j'ai bien cru qu'on serait obligé de la tuer pour approcher son maître.

— Un accident ?

— De toute évidence. Il tenait encore son arme. Un faux pas, Morchasse a dû tomber, et le coup est parti.

Korrig écoutait la conversation avec effroi. En elle s'imposa aussitôt l'intuition que l'histoire était en relation avec la mort de Torr-Penn.

— Vous avez prévenu la famille ? demanda le maire.

— Je suis passé d'abord vous en parler. J'ai pensé que c'était à vous de le faire, monsieur le maire.

— Je vous en prie, Anselme. Vous voyez bien que je suis occupé avec madame Lescoët. Allez donc jusque chez Léonie Morchasse pour l'informer que son mari a eu un accident. Faites preuve d'un peu de diplomatie, c'est une pauvre femme qui n'avait pas besoin de ça.

Le garde champêtre obtempéra sans plus discuter. Korrig était blême, et le maire remarqua son désarroi, qu'il mit sur le compte de la menace d'expropriation.

— Revenons à notre affaire. Je vais convoquer madame de Chiron.

Korrig s'efforçait de recouvrer son sang-froid.

— Vous croyez qu'elle va accepter de me rencontrer ? bafouilla-t-elle.

— Le mieux, c'est de ne pas lui dire. Si j'arrive à la décider à venir jusqu'ici, j'enverrai Duigou vous avertir de l'heure de notre entretien. Vous arriverez comme à l'improviste, et le tour sera joué. Dame, je ne garantis pas le résultat, mais je ne peux rien faire d'autre pour vous aider.

Korrig se leva ; elle dut s'appuyer au dossier de sa chaise.

— Vous n'avez pas l'air bien, madame Lescoët ?

— Si, si. C'est cette histoire de terrain. Je sais pas ce qu'on va devenir, avec mon garçon.

— Ne vous faites pas trop de mauvais sang. On finira bien par trouver une solution.

Sur la place des Halles, la naine s'assit sur le muret qui longeait le mail planté d'ormes. Elle ne parvenait à chasser de son esprit l'odieux soupçon qui la rongeait. C'était une coïncidence, essayait-elle de se convaincre. Un détail clochait cependant : ils affirmaient ne rien savoir de ce qui était arrivé à Torr-Penn, or celui-ci les accompagnait ; avant d'être tué, il avait dû se défendre, aboyer, glapir. Comment pouvaient-ils ne rien avoir entendu ?

Il faisait sombre, et le dessous des halles était déjà plongé dans l'obscurité. Le mieux était de leur demander la vérité ; elle verrait bien s'ils mentaient.

Les jumeaux avaient enterré Torr-Penn. Ils n'avaient pas allumé la lampe à pétrole, et ils étaient assis dans la chaumière, dans la pénombre, comme des coupables... pensa Korrig. Elle se glissa sur le banc, face à eux. Elle ne distinguait pas leur visage, mais l'atmosphère était tendue, et elle les sentait mal à l'aise.

— J'ai appris à la mairie qu'il y avait eu un accident dans le bois, cet après-midi, dit-elle à mi-voix.

Pas de réponse, ils retenaient leur souffle.

— Ah bon ! fit l'un d'eux au bout de quelques secondes.

— Un chasseur, reprit la mère. Il serait tombé avec son fusil, et le coup serait parti. Vous n'avez rien entendu ?

— Non.

— Il avait son chien avec lui. Un gros chien, et pas commode à ce qu'en a dit le garde champêtre.

Cette fois, Korrig était certaine : ses garçons avaient tressailli, et dans le silence, elle les entendit déglutir.

— Pourquoi tu racontes tout ça ?

— Je sais pas… J'ai du mal à croire que vous n'avez rien entendu quand Torr-Penn s'est fait tuer. Alors… Un accident… Un gros chien… Un coup de fusil… Vous n'étiez pas bien loin, pourtant. Vous êtes sûrs de m'avoir raconté la vérité ?

S'ensuivit un long silence, qui ne fit que renforcer la suspicion de la mère. Elle avait besoin de savoir, et elle insista :

— C'est comme pour le père de Violette. Tout le monde a trouvé bizarre qu'il est tombé dans le lavoir au petit jour. Moi la première.

Toujours aucune réaction. Ils devraient crier leur innocence, se disait Korrig, et ils se taisaient. Soudain, l'un prit la parole.

— Tu tiens vraiment à apprendre la vérité ?

La naine comprit qu'elle avait touché juste, et elle se mit à trembler.

— J'aimerais autant… en effet…

— Pour le père de Violette, c'est vrai. Nous l'avons poussé dans l'eau, mais c'est pas pour ça qu'il s'est noyé.

— C'est le médecin qui l'a dit, enchérit l'autre. Eugène Feuillet est mort d'hydrocution, sinon il aurait pu sortir tout seul du lavoir.

Korrig était horrifiée.

— Mais quand même…

— Puisque tu veux tout savoir, ce salaud-là a essayé de violer sa fille.

— Qu'est-ce que vous racontez ?

— Nous l'avons surpris la veille de son décès. Crois-nous, il n'y avait aucun doute sur ses intentions.

— Quand il a vu qu'il était découvert, il a voulu faire du chantage parce qu'il savait qu'on était des jumeaux.

— Il montait raconter en ville que tu avais eu deux garçons, et ça avait l'air de lui faire vachement plaisir.

Cette fois, on ne pouvait douter de leur sincérité, et Korrig était anéantie.

— Et cet après-midi ?… Hippolyte Morchasse ?

— Son chien avait attrapé Torr-Penn, et au lieu de lui dire de le lâcher, ce salaud-là arrêtait pas de rigoler.

— On lui a dit d'intervenir, mais il nous a pas écoutés.

Nouveau silence, la respiration de Korrig sifflait.

— Et alors ?… Qu'est-ce que vous avez fait ?

— Ce qu'on aurait dû faire avec les salauds qui avaient tué Mabig, mais on était trop jeunes à l'époque.

— Oui, fit l'autre d'une voix rauque. On a fait ce qu'il fallait.

— Vous l'avez bousculé, il est tombé avec son fusil et le coup est parti, avança Korrig en une explication qui l'aurait soulagée. C'était un accident, n'est-ce pas ?

— C'est pas comme ça que les choses se sont passées.

— Non, on a réussi à lui enlever son arme, et…

Il hésita, et le frère prit le relais.

— On a tiré, et on lui a réglé son compte.

— Qui ? Lequel d'entre vous a commis un acte aussi abominable ?

— Tous les deux, répondirent les deux voix.

— Dès qu'il nous a vus, lui aussi avait compris que t'avais eu des jumeaux et il l'aurait raconté à tout le monde. C'est pas ça que tu souhaites, n'est-ce pas ?

Atterrée, Korrig était incapable de fixer ses pensées. Par sa faute, ses garçons étaient devenus des assassins !

— Les gendarmes vont découvrir la vérité ; ils vont vous arrêter, vous mettre en prison !

— Le garde champêtre l'a dit à la mairie : c'était un accident. Pourquoi veux-tu que les gendarmes cherchent plus loin ?

— Et toi ? Qu'est-ce que tu vas faire maintenant que tu connais la vérité ?

— Tu vas nous dénoncer ?

La malheureuse se tordait les mains.

— Pourquoi dites-vous de pareilles horreurs ? Vous savez bien que je vais me taire.

— Tu as raison. Nous avons respecté ton secret, même si c'était pas facile.

— A ton tour de garder le nôtre.

— De toute façon, dans les deux cas, ce n'était que justice.

51

Depuis toujours, les bois de Sainte-Barbe étaient le refuge des Justin. Devenus adolescents, ils s'y perdaient en de longues errances. Au fil de leurs divagations, ils redécouvraient les lieux où Korrig avait réfugié ses mélancolies. La pierre plate par exemple, à laquelle on accédait par les escaliers derrière la chapelle : perchés au-dessus de l'abîme, ils éprouvèrent le même sentiment d'immensité que la mère. Dans l'encaissement de la vallée de l'Ellé stagnait parfois une brume épaisse qui en masquait les sinueuses profondeurs. Au-dessus des nuages, ils se croyaient au paradis, une impression singulière à laquelle n'était pas étranger le saint édifice dans leur dos.

Le lendemain de la mort de Torr-Penn, l'un des Justin dégringola de cette plate-forme naturelle, sans doute aspiré par le vide devant lui et ayant glissé sur la pierre humide. Par chance, avant d'avoir pris trop d'élan, sa chute fut arrêtée par les ronces et les broussailles, dont les racines s'immisçaient dans les interstices de la roche. L'autre poussa un cri terrible, mais vu le temps épouvantable, aucun pèlerin ne se trouvait dans les parages, sinon leur gémellité aurait sans doute été éventée. Se cramponnant au rebord de l'escarpement, le Justin d'en haut tendit la main à son malheureux frère. Celui-ci la saisit avec une énergie farouche ; en si fâcheuse posture, il s'efforçait quand même de dissimuler son angoisse, mais la panique se lisait dans ses yeux, et des gouttes de sueur perlaient sur son front.

— Fais attention de pas glisser. Sinon on va tomber tous les deux.

— N'aie pas peur. Je vais te remonter.

En évitant tout geste brusque, le miraculé s'accrocha de sa main libre aux arbustes qui jaillissaient de la paroi, et tracté par son sauveteur, il réussit à regagner la plate-forme rocheuse. Passés si près de la séparation, ils s'étreignirent un long moment sans un mot.

— Ça va ? T'as rien de cassé ?

Ce jour-là, les adolescents étaient en culottes courtes. Si aucune fracture n'était à déplorer, le genou du rescapé était en revanche orné d'une vilaine estafilade. Ils stoppèrent l'hémorragie en comprimant la plaie à l'aide d'un mouchoir noué derrière le genou. Toujours personne sur le plateau balayé par un vent chargé d'une pluie fine, ils reprirent le chemin de la maison. En cours de route, ils réalisèrent que cette plaie, tant qu'elle ne serait pas cicatrisée, serait susceptible de trahir leur secret. Avant d'arriver à la chaumière, le jumeau valide avisa un tesson de bouteille dans le fossé. Il empoigna le bras de son frère.

— Attends, j'ai quelque chose à faire.

Il s'assit sur une pierre, et fermant les yeux, il se taillada le genou, sans la moindre hésitation. Le sang jaillit aussitôt, et il noua un garrot identique afin de stopper l'hémorragie.

— Comme ça, on est toujours pareils, et personne saura qu'on est deux.

— T'as raison, fit l'autre, en le regardant toutefois avec admiration.

Cet incident ne serait qu'une anecdote s'il n'illustrait la dureté des deux frères depuis leur détermination existentielle.

A la vue des pansements, Korrig poussa un cri. Depuis qu'elle savait que ses garçons étaient des meurtriers, il lui était impossible de mettre de l'ordre dans ses idées. Elle aurait dû les avoir en horreur, sa raison lui commandait de les fustiger, mais sa tendresse maternelle ne pouvait se résoudre à leur en vouloir.

Le garde champêtre passa quelques jours plus tard, et le cœur de Korrig se mit aussitôt à battre la chamade : la culpabilité de ses garçons avait été découverte…

— Monsieur le maire m'a envoyé te prévenir que madame de Chiron sera demain après-midi à la mairie, vers dix-sept heures.

Son terrain… Cette affaire lui était sortie de l'esprit. Elle bafouilla une vague réponse : elle allait voir, elle ferait son possible…

— Comment ça ! s'exclama Duigou. C'est pour arranger tes affaires que monsieur le maire a organisé cette rencontre ! Tu vas quand même pas lui faire faux bond !

Cachés derrière la chaumière, les adolescents suivaient la conversation. L'un d'eux s'avança.

— Vous en faites pas. Elle viendra, et je l'accompagnerai.

— En voilà un grand garçon, fit le garde, et qui fait preuve de bon sens. Je compte sur vous. N'oublie pas, Korrig, demain à cinq heures. Le maire a demandé que tu viennes un peu avant.

S'il lui était besoin d'une preuve supplémentaire, la naine sut à cet instant qu'elle était passée sous la domination de ses jumeaux. Ils n'étaient plus des enfants et désormais, ce serait à eux de la protéger et de préserver le secret, une tâche d'autant plus difficile que Torr-Penn n'était plus là pour monter la garde. Cet état de dépendance n'était pas pour déplaire à Korrig : elle avait tenu la situation à bout de bras depuis la naissance, et c'était tout à son honneur de n'avoir jamais cédé au désespoir. A présent, ses fils prenaient le relais, avec une maturité stupéfiante. Angoissante aussi, cette autonomie soudaine, susceptible de déboucher sur des extrémités terrifiantes.

Mais Korrig... En mentant depuis le début, c'est toi qui les as entraînés dans le labyrinthe !

La pauvre naine n'avait jamais eu la force – ni la possibilité en vérité – de faire demi-tour. Malgré le caractère dramatique de la situation, elle était fière de ses garçons. Elle qui avait toujours redouté d'en faire des pauvrets ballottés par la vie, elle découvrait deux hommes armés de redoutable façon.

— Vous êtes sûrs que ce serait pas mieux que j'aille seule à la mairie ? fit-elle dans un soubresaut de volonté.

— Il faut se méfier de cette femme.

— C'est une « de machin-truc », elle est habituée à causer, et elle va te rouler dans la farine.

— Je saurai me défendre, protesta Korrig.

— Celui qui t'accompagnera te laissera parler.

— Oui, c'est bien d'avoir un témoin.

Elisabeth de Chiron toisa Korrig avec étonnement ; puis un sourire ironique se dessina sur son visage. Oh, à peine une esquisse, une lueur fugitive dans le regard, mais qui trahissait sa condescendance. Elle avait été surprise d'entendre le maire s'exclamer quand sa secrétaire était venue lui parler à l'oreille :

— Madame Lescoët ? Quelle coïncidence ! Qu'est-ce qu'elle veut ?

— Je crois que c'est au sujet de... enfin au sujet...

Elle avait fait une moulinette avec les mains qui s'était terminée en désignant l'interlocutrice. Celui-ci avait demandé à la dame de Chiron si ça la dérangeait de rencontrer la malheureuse qui occupait son terrain. Oui, sans doute… mais prise au piège, la bourgeoise n'avait pu refuser.

Korrig était accompagnée de son garçon, ce qui avait eu l'air de contrarier encore un peu plus la propriétaire.

— Asseyez-vous, fit le maire aux nouveaux venus. Vous n'avez pas eu l'occasion de rencontrer madame de Chiron si je ne me trompe ?

— Non… fit Korrig.

— Pour l'affaire que nous avons à régler, ce n'était pas utile. Les choses sont claires, il n'est pas besoin de palabrer pendant des heures.

Les paupières mi-closes, Justin observait l'odieuse bonne femme ; Korrig se trémoussait sur sa chaise.

— C'est qu'on n'a nulle part où aller, si nous devons déménager.

— Trop facile. Chère madame, ce n'est pas mon problème. Vous et vos ancêtres, vous avez occupé pendant des années un terrain appartenant à ma famille. Estimez-vous heureuse de ne pas avoir payé de loyer. Il me paraît assez logique que vous laissiez maintenant la place aux vrais propriétaires.

— Je suis une naine, fit Korrig d'une voix enrouée par la honte.

— Et alors ?

— Je pensais que dans mon état, j'aurais peut-être droit à un peu de charité de votre part.

— Ce que vous appelez de la charité relève plutôt de la faiblesse. S'il fallait une loi différente pour chaque infirme, les gens normaux n'auraient plus la possibilité de vivre.

Le maire était outré de propos aussi cyniques, assénés avec une impassibilité qui faisait froid dans le dos. Elisabeth de Chiron était une quinquagénaire sans âge. Les cheveux relevés en un savant chignon, elle avait le teint cireux qu'on voit aux cadavres sur leur lit de mort, et ses mains crispées sur les accoudoirs n'étaient plus que des osselets décharnés. Ses yeux étaient trop clairs pour que l'on captât son regard, que de toute façon elle dérobait. Vêtue de gris, sa maigreur incarnait l'austérité. Vieille fille et donc sans enfant – ce n'était pas le genre à s'être fait trousser en dehors du mariage –, elle semblait un spectre évadé d'un boudoir suranné, et sa pugnacité à récupérer son terrain à de pauvres gens – bien vivants eux – n'en était que plus odieuse. Bref, c'était une chieuse de première.

— Madame de Chiron, se permit le maire, nous en avons déjà discuté, mais permettez-moi d'insister. Croyez-vous qu'il n'y ait vraiment aucun moyen de s'arranger ?

— Si, bien sûr.

Korrig sentit une bouffée d'espoir lui réchauffer le cœur.

— Madame libère mon terrain, et l'affaire sera réglée.

Il était inutile d'insister, la vieille rombière ne lâcherait rien.

— Ce n'est pas très généreux de la part d'une personne de votre rang.

— Monsieur le maire, je fais l'aumône chaque dimanche aux miséreux à la sortie de l'église. Où j'habitais avant, j'ai même aidé à financer la construction d'un hospice pour les vieillards et les infirmes comme madame. Soit dit en passant, pourquoi n'envisagez-vous pas un projet de la sorte ? Cela résoudrait la situation de façon… charitable… comme vous dites.

52

Justin respecta le silence de sa mère tout au long du chemin. Il calquait son pas sur le sien. L'autre jumeau guettait leur retour avec impatience, et à leurs mines défaites, celui-ci comprit tout de suite l'échec de l'entrevue. Cela faisait trop d'événements en si peu de temps, et les nerfs de Korrig craquèrent. Elle tomba sur une chaise, enfouit son visage entre ses coudes posés sur la table et se mit à sangloter.

A quoi bon essayer de la consoler ? Il valait mieux la laisser évacuer sa peine, de la même façon que l'on presse un abcès pour en faire exsuder le pus.

— On a quelque chose à te dire.

— Personne pourra nous empêcher d'habiter ici.

Aussitôt Korrig se redressa, redoutant de comprendre. A travers ses larmes, elle les dévisagea ; à leur air grave, elle sut qu'elle ne se trompait pas.

— Qu'est-ce que vous voulez dire ?

Ils la regardèrent en silence. Puis ils entamèrent le duo verbal dont ils étaient coutumiers :

— Cette maison appartenait à ta mère.

— Elle avait travaillé dur pour t'élever, c'est toi qui nous l'as expliqué.

— Elle était qu'une lavandière, et pourtant elle, elle a jamais vendu la maison.

— Elle a toujours fait en sorte que tu aies un toit au-dessus de ta tête. C'est bien ce que tu nous as dit, n'est-ce pas ?

Submergée par le flot, Korrig se contentait d'acquiescer.

— Toi, tu as fait pareil pour nous deux.

— Et tu devrais partir parce qu'une bonne femme veut récupérer un bout de terrain dont elle n'a pas besoin ?

Korrig entendait tout cela, mais de là à commettre un nouveau crime…

— Vous n'avez pas le droit !

Ils la regardèrent sans sourciller.

— C'est elle qui n'a pas le droit.

— Nous trouverons une autre maison, gémit Korrig. Monsieur le maire est un brave homme, il aura pitié de nous.

— Il n'en est pas question !

Péremptoires, les deux voix avaient retenti en même temps.

— Vous n'allez quand même pas la…

Elle ne parvint pas à prononcer le mot.

— Nous ferons ce que nous devons faire si elle s'entête à vouloir t'obliger à partir.

— Mais cette fois, on saura que c'est vous, puisqu'elle veut nous expulser.

Les deux frères se regardèrent : ils avaient déjà le même plan en tête.

— Ne t'inquiète pas.

— Personne saura.

— Moi, si ! Attendez, je vous en supplie. Madame de Chiron va certainement revenir sur sa décision. Elle ne m'a pas paru si mauvaise que ça.

Le Justin qui n'était pas à la mairie interrogea son frère du regard.

— C'est une femme dure, répondit celui-ci. Je crois qu'il n'y a aucune charité à espérer de sa part.

Korrig se retrouva seule dans la chaumière plongée dans l'obscurité. Elle était anéantie d'angoisse, mais l'engrenage était enclenché depuis trop longtemps, sans doute même avant la naissance de ses garçons, du moment en fait où elle avait renoncé à dénoncer les salauds qui avaient abusé d'elle.

La naine vécut les jours suivants dans une attente épouvantable, redoutant à chaque instant la visite du garde champêtre. Anselme Duigou ne se présenta qu'au bout d'une semaine. Il gardait les yeux baissés, les choses ne s'arrangeaient pas.

— Il faudra revenir à la mairie. Monsieur le maire a une solution à te proposer.

Korrig sentit son cœur bondir de joie.

— Madame de Chiron a changé d'avis ?

Le garde secoua la tête d'un air navré :

— Je crois bien que non.

Duigou s'en alla. L'un à la ferme, l'autre en vadrouille dans les bois, les jumeaux n'avaient pas assisté à la conversation. La pauvre femme préféra ne pas les mettre au courant. Ce soir-là, elle eut du mal à donner le change, mais depuis plusieurs jours, elle était si catastrophée qu'ils ne s'inquiétèrent pas de son embarras.

Le lendemain, dès que ses gaillards s'absentèrent, Korrig monta en ville. Le maire accepta aussitôt de la recevoir. Lui aussi avait l'air horriblement gêné.

— C'est bien d'être venue.

— Vous avez revu madame de Chiron ? demanda la naine.

— Elle, non, mais elle nous a envoyé un avocat de Lorient.

Le mot finit de terroriser Korrig : un avocat, c'était quand on avait commis un crime et qu'on devait aller au tribunal !

— C'est donc si grave que ça… balbutia-t-elle.

— Grave non, mais ennuyeux. L'avocat m'a signifié que sa cliente n'avait nullement l'intention de laisser pourrir une situation qui n'avait déjà que trop duré. Il va falloir déménager, madame Lescoët, vous et votre grand garçon. Il est presque un homme maintenant, il va pouvoir vous aider.

— Mais où est-ce que nous irons ?

Depuis que Jeanne Feuillet et sa fille avaient quitté la région faouëtaise, la maison était restée inoccupée. C'était la solution envisagée par le maire.

Korrig sursauta, l'affaire était plus engagée qu'elle ne le pensait.

— Je vais demander de vérifier si tout est en ordre. On va réparer si besoin le chaume de la toiture, ramoner la cheminée et nettoyer le jardin. Tu verras, tu n'auras pas trop à te plaindre.

Korrig se taisait, des larmes plein les yeux.

— Je sais. Ce ne sera pas aussi bien qu'où tu es maintenant. Mais je n'ai rien d'autre à te proposer.

— Il va falloir payer un loyer…

— Non, rassure-toi. De ce côté-là, tu n'as aucune inquiétude à avoir. La mairie ne te demandera rien, puisque c'est un peu de sa faute si tes ancêtres ont construit où ils n'avaient pas le droit, du moins sans en avoir l'autorisation.

Korrig réfléchissait. La chaumière des Feuillet, après tout, c'était mieux que rien. Le maire avait conscience qu'elle recouvrait le moral, et il continua à la tutoyer :

— Alors, Korrig ? Tu acceptes ?

— Je n'ai pas le choix.

La pauvre... Elle eut tout le chemin du retour pour ruminer sa déconvenue. Mortifiée de devoir quitter la maison de la mère, elle avait le sentiment que son fantôme l'observait avec des yeux réprobateurs. Il n'en restait pas moins que ses fils n'avaient plus besoin de régler son sort à l'usurpatrice.

53

A son retour de la mairie, Korrig annonça à ses garçons que le problème était réglé. Ils poussèrent un cri de triomphe.

— La garce a compris à qui elle avait affaire !

— Tant mieux pour elle...

La mère se taisait, consciente que la solution proposée par le maire ne méritait pas un tel enthousiasme.

— Ce n'est pas tout à fait comme ça que les choses se sont passées...

— Qu'est-ce tu racontes ?

— La mère Chiron, elle a décidé de nous foutre la paix, oui ou non ?

— La mairie a promis de nous aider... bafouilla Korrig.

— Explique-toi enfin ! On comprend plus rien.

— Elle nous laisse la maison ou elle la laisse pas ?

La pauvre Korrig était sur des charbons ardents.

— Madame de Chiron a fait venir un avocat ; le maire a dit qu'il n'y avait rien à espérer. On va aller habiter ailleurs, puisque ici, nous ne sommes plus chez nous.

Les jumeaux commençaient à comprendre que la mère s'était fait rouler.

— Et où donc ?

Korrig déglutit avec peine.

— Une maison que vous connaissez bien. Celle de votre ancienne amie.

Les garçons se regardèrent avec stupéfaction, se demandant s'ils rêvaient.

— Vous savez bien, la petite fille qui était muette, celle dont vous avez poussé le père dans le lavoir.

Pauvre Korrig, comment pouvait-elle croire les dissuader en leur rappelant leur premier forfait ?

— Tu veux dire que tu as accepté d'aller habiter dans la maison de ce salaud de Feuillet ?

— Elle lui appartenait pas, et il l'a pas occupée très longtemps.

Les deux frères se taisaient, mais dans leur cerveau s'imbriquaient déjà les articulations de la marche à suivre.

— On n'ira pas habiter là-bas.

— Pourquoi ? C'est pas si mal. Ici non plus, c'est pas le grand luxe.

— Ici, c'est chez nous.

— On partira pas.

— Je vous laisserai pas faire ! s'insurgea Korrig.

Mais c'était une mise en garde sans grande conviction. En revanche, les garçons n'avaient jamais été aussi déterminés :

— Notre décision est prise.

— Personne ne pourra nous empêcher de défendre ce qui appartient aux Lescoët depuis toujours.

Appuyée au mur, sa tête dodelinait, Korrig était à nouveau au bord de la crise de nerfs. Bien sûr ils avaient raison, bien sûr ce serait un déchirement de quitter la maison de la lavandière… Ses lèvres s'entrouvrirent, mais elle ne trouva pas les mots. De toute façon, ils ne l'écouteraient pas, ils ne l'écoutaient plus. Eux, avaient pitié de son désarroi.

— Rassure-toi, tout se passera bien.

Elle croyait délirer : comment un meurtre pouvait-il bien se passer ?...

Elisabeth de Chiron n'avait jamais connu l'amour, ni sur le plan sentimental, ni physiquement. Adolescente, elle avait eu droit aux attentions de quelques godelureaux de son âge. Parfaite oie blanche, elle s'était laissé embrasser. Une fois, une seule, car les lèvres gluantes et la langue qui essayait de forcer les siennes lui avaient provoqué un tel dégoût que plus jamais aucun garçon n'avait eu le plaisir de la tenir entre ses bras. Quand on ne peut aimer ici-bas, souvent on tourne son cœur vers le ciel. Elisabeth aurait fait une parfaite religieuse, mais l'occasion d'entrer en couvent ne s'était pas présentée, et elle s'était contentée de rester vieille fille. Comme toutes les jeunes femmes, elle avait eu droit au tourment de ses pulsions charnelles ; loin de sacrifier à l'onanisme, elle avait fait pénitence afin de museler le démon qui s'agitait dans ses entrailles, et peu de temps après, elle avait sombré dans le mysticisme. Il n'y eut pas alors bigote plus assidue dans l'église de la paroisse où habitaient ses parents, du côté de Lorient. Une vieille famille de la noblesse qui n'en avait plus que la particule, mais providentielle quand on porte un nom si propice aux quolibets ; la petite Zabeth en avait souffert, face à ses camarades qui tortillaient des hanches et s'accroupissaient en une singulière danse du ventre, dont la signification était assez évidente.

N'ayant pas de descendants, l'acharnement de la vieille folle à récupérer ces quelques arpents de terre paraissait incompréhensible ; en fait, rien ne l'affligeait davantage que la déchéance aristocratique de ses aïeux. Affirmer coûte que coûte son droit à la propriété, même sur un bout de terre aussi minable, n'était qu'une velléité résiduelle de se situer au-dessus de la masse populaire.

Elisabeth de Chiron ne connaissait pas Le Faouët ; elle s'y plut dès les premiers jours, partageant son temps entre l'église au toit en pagode, la chapelle Saint-Fiacre et celle de Sainte-Barbe. Ce fut cette dernière qu'elle fréquenta avec le plus d'assiduité, au point de s'y rendre deux ou trois fois par semaine, dès que le temps le permettait en fait. Bien sûr, il n'est de piété sincère que si l'on emprunte le chemin des pèlerins, et les jumeaux, qui avaient entrepris de la surveiller, ne tardèrent pas à connaître les horaires et le trajet de ses pérégrinations hebdomadaires. Elle gravissait la colline les mains jointes, s'arrêtant de temps à autre afin de marmonner un bout de prière ; puis au terme de l'ascension, elle traversait le plateau aux asphodèles avec un air illuminé et se rendait à la chapelle nichée entre les roches. Si le saint lieu était ouvert, elle s'y agenouillait pendant une bonne heure ; puis elle descendait jusqu'à la fontaine, par l'étroit chemin, si malaisé qu'elle risquait cent fois de s'y tordre les chevilles. Là encore, elle se frappait la poitrine en une contrition exemplaire. Puis elle s'en revenait, les reins rompus, mais la conscience plus légère que les papillons qui voletaient de fleur en fleur.

C'était dans l'un ou l'autre de ces lieux que les jumeaux décidèrent d'agir, sur un territoire qu'ils connaissaient mieux que quiconque.

54

C'était jour de marché. Comme la plupart des Faouëtaises, Korrig ne manquait jamais de monter en ville et de baguenauder une bonne partie de l'après-midi autour des halles, même si elle avait l'intention de ne rien acheter. Depuis quelques années déjà, elle avait renoncé à traîner avec elle l'un ou l'autre de ses garçons, qui soupirait à dix mètres derrière. Ce jeudi-là, ils insistèrent pour l'accompagner. Enfin… un des deux. Curieux… se dit-elle. Mais touchée par une telle sollicitude, elle ne refusa pas.

Les étals ceinturaient le majestueux édifice, et entre ses lourds piliers de chêne fichés dans des socles de pierre avaient pris place aussi une kyrielle de boutiques. On y vendait de tout, et il arrivait encore que les couples de sonneurs y fassent chanter leur biniou et leur bombarde afin de décrocher les contrats des mariages. Deux sabotiers venaient de fort loin y étaler leur production. Ceux-ci étaient des hommes rudes, et qui cultivaient leur aspect mystérieux en se laissant pousser la barbe : sous leurs sourcils broussailleux et leurs cheveux hirsutes, ils avaient des faciès de sauvages qui faisaient trembler les enfants et frémir les bourgeoises insatisfaites. Justin avait proposé son bras à Korrig, un spectacle charmant que la naine accrochée à ce grand gaillard qui paraissait un géant à côté d'elle. Les chalands étrangers à la commune se retournaient, et ils croyaient qu'on se moquait quand on leur glissait à l'oreille qu'il s'agissait de la mère et de son fils. D'humeur guillerette, Justin plaisantait avec les commerçants, et il demanda à un des sabotiers s'il se trouvait encore des gens assez bêtes pour porter des chaussures en bois.

— Autant qu'il y en a pour poser des questions aussi idiotes, répondit l'artisan du tac au tac, ce qui fit s'esclaffer les badauds voisins aux dépens de l'adolescent.

— Je disais ça, insista celui-ci, c'était pas pour faire offense, mais juste histoire de plaisanter.

— C'est bien ainsi que je l'avais compris. Rassure-toi, mon gars, il en faut davantage pour me mettre en colère. Si je me souviens bien d'ailleurs, j'ai fourni à ta mère de quoi courir dans les champs sans trop te crotter ?

— C'est vrai, convint Korrig, même que nous avons eu tout lieu d'être satisfaits.

Justin se tenait caché derrière un buisson d'aubépine, au milieu du chemin des pèlerins, un peu plus haut que la ferme de Kost-er-Min. Madame de Chiron n'allait plus tarder. Il faisait beau, et elle n'avait aucune raison de ne pas effectuer son pèlerinage habituel, d'autant plus qu'elle semblait fuir le bourg les jours de foire et de marché. Soudain, Justin la vit arriver, et son sang se glaça. Ç'avait été le tirage au sort le plus crucial, et pourtant chacun avait croisé les doigts pour être le bras séculier. La femme montait, tête baissée, perdue dans sa méditation. Elle s'arrêta à hauteur de son espion, et ses yeux se tournèrent dans sa direction. L'adolescent se recroquevilla dans sa cachette, croyant sa présence éventée. Elle sortit un mouchoir du réticule noué à son poignet, se moucha sans bruit, s'essuya soigneusement les narines et reprit son ascension.

Justin attendit qu'elle eût pris un peu de distance et la suivit, courbé dans le fossé qui longeait le chemin dallé.

La foire battait son plein ; on était en milieu d'après-midi, et Korrig et son fils devaient se frayer un passage parmi la foule qui se pressait d'un éventaire à l'autre, appâtée par les bonimenteurs qui s'égosillaient à vanter leurs produits. Dans cette communauté en pleine mutation sociale papillonnaient encore quelques vêtures traditionnelles. Celles qui n'avaient pas renié leurs origines avaient gardé la coiffe de tous les jours, d'une sobriété étonnante avec ses petites ailes, mais qui ne nuisait en rien à son élégance. Quelques-unes arboraient même la coiffe de cérémonie ; ces dernières, Korrig les regardait avec fierté, puisque leur magnificence était le résultat de son travail. Les clientes la saluaient avec plus ou moins de déférence, les plus présomptueuses estimant sans doute dégradant d'afficher leurs sympathies pour une employée, une naine de surcroît.

Plus bas, c'était le marché aux bestiaux. Il en montait un concert de beuglements et de hennissements, un spectacle haut en couleur que ces maquignons qui claquaient la croupe de leurs vaches pour montrer combien elles étaient vives, qui bramaient aussi fort qu'elles, qui topaient avec autant d'éclat, avant d'aller s'en jeter un au bistrot le plus proche afin de conclure dignement la transaction. Hommes et bêtes confondus constituaient une fresque étonnante.

— Viens, dit Justin à sa mère. On va aller voir.

— Attends… protesta Korrig. Tu sais bien qu'avec ma petite taille j'ai peur de recevoir un coup de sabot.

— Mais non… On ne s'approchera pas trop près.

Devant s'étalait une basse-cour tout aussi singulière. Les paysannes proposaient leurs volailles. C'était une cacophonie moins gutturale, mais qui vrillait les tympans avec une acuité aussi assourdissante. Là, les pattes liées par un bout de ficelle, cancanaient les canards et gloussaient les poules ; plus loin pépiaient les poussins pathétiques et les canetons duveteux, enfermés dans des cages en fil de fer. Et les pauvres lapins, tapis dans leurs caisses grillagées, les oreilles aplaties sur l'échine, et tressaillant d'effroi... C'est là aussi qu'on trouvait les poulets prêts à cuire, les œufs et les mottes de beurre, les légumes et les fruits de saison, les monceaux de châtaignes luisantes à la fin de l'automne. Le grand magasin du monde fermier en quelque sorte.

Elisabeth de Chiron était rendue sur le plateau. Il faisait beau, et le soleil donnait à travers les hêtres bordant le chemin sur sa droite ; de l'autre côté, c'était un landier d'ajoncs inextricables, sous lesquels s'immisçaient les sentes des lapins de garenne qui menaient la nuit de joyeuses sarabandes. Des myriades d'insectes bourdonnaient de fleur en fleur, une immense ruche à ciel ouvert. Insensible à ce foisonnement bucolique, Elisabeth allait tout droit rejoindre son Dieu et ses saints.

Justin se faufilait derrière les arbres, soucieux de ne pas la perdre de vue. En sens inverse arriva un couple de bourgeois, la femme munie d'une délicate ombrelle, l'homme bedonnant tirant sur un cigare avec délectation. Ils saluèrent celle qui montait ; Elisabeth ne leur répondit pas, ne les ayant sans doute pas entendus. Elle était arrivée au-dessus de la chapelle, sous le campanile qui abritait la cloche. Justin attendit qu'elle eût emprunté les marches du large escalier de pierre avant de traverser l'esplanade. Il se blottit derrière les balustres et regarda par un intervalle ; Elisabeth essayait d'ouvrir la porte de l'édifice, mais elle était fermée à clef. Elle se retourna vers le haut, espérant que le gardien se trouvât dans les parages ; Justin eut à peine le temps de s'effacer. Alors, elle disparut entre l'à-pic de roche et la chapelle, dans cet étroit passage que ne pouvait emprunter qu'une personne à la fois. Elle se rendait à la fontaine.

Justin parlait haut et fort, la main posée sur l'épaule de sa mère, gênée par une telle démonstration.

— Tais-toi un peu, tu vas nous faire remarquer par tout le monde.

— Et alors… Je vois pas pourquoi on devrait se cacher. Tu n'as pas honte avec moi, quand même ? Pour une fois que je t'accompagne…

Deux maquignons venaient de conclure, visiblement aussi heureux l'un que l'autre, le vendeur satisfait d'avoir roulé l'acheteur, celui-ci persuadé d'avoir réalisé une bonne affaire.

Le garde champêtre faisait office de placier, et il effectuait le tour des boutiques afin de se faire régler. Si elle n'avait eu son garçon à ses côtés, Duigou n'aurait pas aperçu la naine, perdue parmi les chalands. Ce fut d'ailleurs Justin qui attira son attention en le saluant avec ostentation.

— En voilà un garçon bien élevé, fit Anselme en s'approchant. Pour votre affaire, j'ai cru comprendre que c'était arrangé.

Justin se chargea de répondre :

— Pas vraiment. Mais on va essayer de parlementer encore avec madame de Chiron. Maman et moi, on est persuadés que c'est une brave personne, et qu'elle aura pitié de nous.

— Puisse le ciel vous entendre ; cela ferait plaisir à tout le monde.

Justin jeta un coup d'œil dans l'étroit sentier qui serpentait vers la fontaine. La silhouette disparaissait entre les bosquets hérissant la pente. A son tour, il s'y aventura, en veillant à ne faire rouler ni les pierres, ni les pommes de pin grignotées par les écureuils. Son cœur battait de plus en plus fort. Aux abords de la fontaine, le chemin devenait plus plat, avant de s'enfoncer dans le bout de champ où sourdait la source miraculeuse. Agenouillée devant le petit bassin, face à la statuette de granite, Elisabeth priait, les doigts entrelacés sur son estomac et la tête baissée. Justin s'avança à pas de loup.

Justin et sa mère restèrent un long moment à observer un marchand de céramique qui avait une drôle de conception de son commerce. Il proposait des assiettes et des bols à des prix défiant toute concurrence et, si personne n'en voulait, il les jetait au sol où ils se brisaient en mille morceaux. Révoltés par un tel gâchis, nombreux étaient ceux qui sortaient leur porte-monnaie.

— Viens maintenant, il est temps de rentrer, fit Korrig à son garçon.

Celui-ci jeta un coup d'œil à la pendule qui ornait le campanile des halles. Il n'était encore que quatre heures.

— Rien ne presse, il fait beau, on a le temps.

Korrig soupira. Depuis quelques instants, elle trouvait de plus en plus singulière l'attitude de son fils, lui et son frère d'habitude si discrets, et un mauvais pressentiment l'angoissait : que faisait l'autre jumeau ?

— Ton frère va trouver le temps long, murmura-t-elle à l'oreille de Justin en le tirant à l'écart.

— Penses-tu. Je suis sûr qu'il aura trouvé de quoi s'occuper.

Le ton insidieux ne rassura pas la pauvre mère.

— Si tu veux, on va boire quelque chose, proposa Justin.

— Moi, une naine au bistrot ? Où as-tu la tête ? Je n'y ai jamais mis les pieds depuis votre baptême.

— Eh bien justement, c'est l'occasion ! Moi, j'ai soif, à piétiner parmi tant de monde depuis le début de l'après-midi. Viens, je te dis.

Déjà il était parti, et Korrig fut obligée de le suivre dans l'estaminet empli de monde.

Justin n'était plus qu'à moins d'un mètre de la femme en pleines prières. Cent fois, il avait imaginé les gestes à accomplir : lui empoigner les deux épaules et la faire basculer en avant, la maintenir ainsi la tête immergée jusqu'à ce que… Avec son frère, il avait évalué que deux à trois minutes seraient suffisantes pour qu'elle cessât de respirer. Ce n'était pas de gaieté de cœur qu'ils avaient décidé d'accomplir un acte aussi immonde, mais c'était cette aristocrate déchue qui ne leur laissait pas le choix…

Les mains tendues en avant, Justin hésitait. Il hésita une seconde de trop.

Justin commanda un bock de bière ; Korrig ne savait que prendre.

— Faut vous décider, insista le serveur. Avec tout ce monde, j'ai pas que ça à faire.

— Vous avez du café ?

— Bien sûr, et du bon. Je vous en mets une tasse ?

— S'il vous plaît, avec du sucre, si vous en avez.

Ils durent patienter un bon quart d'heure avant que ne revînt le garçon, et Justin trouva judicieux de lui faire remarquer qu'eux non plus, ils n'avaient pas que ça à faire.

— Vous n'êtes pas tout seuls ! s'offusqua le serveur. Et le café, il faut lui laisser le temps de chauffer.

— Justin, tu exagères, fit Korrig, horriblement gênée. Monsieur fait son possible, et toi-même, tu as dit tout à l'heure qu'on n'était pas pressés.

— Ce n'est pas moi qui ai été désagréable le premier.

Le ton avait monté, et les clients des tables voisines suivaient la scène avec amusement. Justin estima en avoir fait assez, et il s'excusa : c'était tout ce bruit, il était fatigué...

— Tenez, payez-vous, fit-il en sortant quelques pièces de sa poche. Et gardez la monnaie.

Elisabeth de Chiron tressaillit et elle redressa la tête. Elle venait d'avoir conscience d'une présence dans son dos. Elle se leva et se retourna. A la vue des mains de Justin tendues vers elle comme des serres de rapace, elle poussa un cri d'effroi.

— Qu'est-ce que vous voulez ?

Elle le reconnut alors.

— Pour le terrain de votre mère, c'est une affaire réglée, et je ne veux plus en entendre parler.

Le visage décomposé, Justin marcha vers elle, ne sachant plus quelle attitude adopter. La vieille femme tremblait comme une feuille.

— Vous n'avez pas le droit de me faire violence. Je vais prévenir les gendarmes.

L'adolescent avait du mal à respirer, et son faciès crispé, ses yeux hallucinés avaient de quoi effrayer. Madame de Chiron recula de quelques pas, puis soudain, elle se précipita et passa à la gauche de son agresseur avant qu'il n'eût le réflexe de l'arrêter. Elle remonta le sentier en courant comme une folle.

Justin prenait tout son temps pour déguster son verre de bière, et il conseilla à sa mère de faire attention à ne pas se brûler. La pauvre Korrig ne savait plus où se mettre, se sentant la convergence de tous les regards. Elle avait bien observé la salle : elle était la seule femme présente dans le bistrot, elle, une infirme. Elle s'empressa de vider sa tasse, et elle tendit la tête vers son garçon.

— Cette fois, ça suffit, Justin. Pour qui je vais passer, moi ?

— Je t'assure que tu te fais des idées. Attends un peu, j'ai pas fini ma bière.

Justin mit quelques secondes à se décider. La mère Chiron était déjà rendue à mi-chemin de la chapelle. Elle avait compris qu'il en voulait à sa vie, elle allait ameuter tout le monde, et à coup sûr, elle se rendrait ensuite à la gendarmerie. Peut-être n'était-il pas trop tard pour l'en empêcher... A son tour, il commença à courir dans le raidillon pavé de grosses pierres, dont certaines étaient à moitié déchaussées.

La place commençait à se vider. Justin regarda l'heure aux halles : dix-sept heures passées, on pouvait rentrer.

— Allez, viens, fit-il à sa mère. J'ai pitié de toi.

Avant de quitter la ville, ils croisèrent encore quelques connaissances, qu'il était hors de question de négliger. Notamment les fermiers de Kost-er-Min qui avaient donné congé à leur filleul, puisque c'était jour de marché.

— C'est à cette heure-ci que vous arrivez ? s'exclama Justin en riant.

— Quelle heure est-il donc ? fit le paysan en sortant sa montre de son gousset.

— Plus de cinq heures, à mon avis.

— Tu as raison, convint Mathurin Le Floch. Moi et la Denise, on n'a pas vu le temps passer.

— C'est toi aussi, rouspéta celle-ci. Tu es toujours à traîner au moment de partir.

— Rassurez-vous, intervint Korrig. Les marchands n'ont pas tout vendu.

— Oh ! On n'a besoin de rien. C'était juste histoire de faire un tour.

La pauvre madame de Chiron haletait, et son pas ralentissait. Elle parvint cependant avant son poursuivant sur le promontoire où était construite la chapelle. Elle hésita, regarda à droite et à gauche : il n'y avait personne pour lui venir en aide. Alors elle se faufila à nouveau à droite de l'édifice et remonta les grands escaliers.

Justin était sur ses talons. Il ne savait pas quoi faire, sinon qu'il devait l'arrêter à tout prix. Il accéléra l'allure et parvint à sa hauteur au carrefour des quatre escaliers. Elle se rendit compte alors qu'il l'avait rattrapée, et sans réfléchir, au lieu de monter sur sa droite vers le plateau, elle bifurqua sur la gauche et gravit les quatre marches précédant la courte allée face à l'oratoire Saint-Michel. Acculée dans l'impasse, elle fit face à son assaillant.

— N'approchez pas ! implora-t-elle.

Le jeune garçon s'avança lentement.

— On peut encore discuter, bredouilla-t-il d'une voix rauque. Je vous veux pas de mal.

— Restez où vous êtes.

Terrorisée, elle tenta encore de forcer le passage, mais cette fois, Justin la ceintura par la taille.

— Il faut laisser ma mère tranquille…

Elisabeth ne l'écoutait pas ; en proie à une panique irrépressible, elle se débattait comme une forcenée ; malgré la tempête qui brouillait ses idées, Justin savait que s'il la laissait partir, c'en était fait d'eux et de sa mère. Il la retint de toutes ses forces. Alors elle se mit à hurler et s'accrocha à la balustrade afin de se dégager. On allait l'entendre, quelqu'un allait venir ! Bouleversé, Justin voulut plaquer une main sur sa bouche ; la malheureuse gigotait de plus belle, toujours agrippée au plat de granit sur lequel elle tirait de toutes ses forces. L'adolescent n'avait plus qu'une idée en tête : la faire taire, l'empêcher de s'enfuir. Alors il arrêta de la retenir et la soulevant à bras-le-corps, il l'accompagna dans son élan ; dans un dernier hurlement, Elisabeth de Chiron bascula pardessus les pierres sculptées.

Ce n'était pas bien haut, une dizaine de mètres, mais l'adolescent entendit le choc mat sur les escaliers en contrebas. Aussitôt retentirent des cris qui, ceux-ci, provenaient du plateau.

— Qu'est-ce qui se passe ? Qui fait autant de boucan ? C'est un lieu saint, ici !

C'était le gardien, dont la maison se trouvait là-haut. A son tour, Justin était pris au piège…

L'oratoire Saint-Michel était une petite construction carrée, dont les pignons et la façade arrière donnaient sur l'à-pic se perdant dans la forêt. Une mince corniche en faisait le tour, juste assez large pour y poser la pointe des pieds. Des anneaux étaient fichés dans les murs, écartés d'un bon mètre les uns des autres. On peut se demander à quel usage ils étaient destinés, de toute évidence pas à y attacher quelque cheval volant comme le Pégase de la mythologie, le temps que Bellérophon allât s'abreuver à l'auberge du gardien. Faire le tour en s'accrochant à ces anneaux constituait une épreuve entre jeunes hommes soucieux d'épater les demoiselles lors du pardon de Sainte-Barbe. On prétendait que plusieurs étaient tombés, mais c'était sans doute pour renforcer l'impression du risque encouru. Toujours est-il que c'était la seule échappatoire possible ; Justin enjamba la rambarde et alla se dissimuler derrière l'édifice.

Plaqué contre la paroi, il entendit ronchonner le gardien.

— Encore des gamins. Un de ces jours, il y en a un qui va se casser la gueule et ce sera bien fait pour lui.

En prononçant ces mots, il se pencha par-dessus la rambarde, et il aperçut alors le corps d'Elisabeth de Chiron.

— Marie-Jésus ! Il y en a une qui est tombée.

55

L'affaire fit grand bruit au Faouët. S'agissait-il d'un accident, d'un suicide ?... D'un meurtre ! Elisabeth de Chiron n'était pas depuis assez longtemps dans la contrée pour s'y être fait beaucoup d'ennemis, hormis madame Lescoët...

Quand Korrig apprit la nouvelle, elle comprit aussitôt que ses garçons n'avaient tenu aucun compte de ses mises en garde. Elle était épouvantée du machiavélisme avec lequel ils avaient préparé leur coup, et encore davantage du rôle qu'ils lui avaient dévolu, faisant d'elle leur complice sans la consulter. Elle était toujours incapable de les dissocier, et elle aurait préféré ne pas savoir lequel était le bourreau. C'était cependant impératif tant que durerait l'enquête. Avec le problème de la propriété, les gendarmes allaient fouiner du côté de chez eux, et les interroger, elle et son garçon ; l'auteur du forfait risquait de perdre son sang-froid, ce serait donc à l'autre de subir le feu des questions.

Ce n'était pas la seule précaution à prendre. Si les argousins découvraient la gémellité, c'était fichu : d'un commun accord, les trois complices décidèrent que l'exécuteur devait quitter la chaumière jusqu'à ce que l'affaire fût classée. Ce Justin-là prit donc le maquis.

Le maire fut fort embarrassé, persuadé que l'affaire du terrain n'était pas étrangère à la mort de sa nouvelle administrée. Un gaillard de la taille du fils pouvait très bien avoir expédié la quinquagénaire à moitié anorexique par-dessus la rambarde de l'oratoire. Bien sûr, les gendarmes lui demandèrent son avis, et malgré sa sympathie pour la naine, il fit état de ses soupçons, des démêlés entre la victime et la famille Lescoët. Comme il se doit, le garde champêtre assistait à l'entretien.

— Le fils est costaud ? demanda le gendarme.

— C'est pas lui ! s'exclama aussitôt Anselme Duigou.

Le brigadier le dévisagea. Entre eux, ce n'était pas le grand amour, chacun trouvant que l'autre marchait sur ses plates-bandes.

— Qu'est-ce qui vous permet d'être aussi catégorique ?

— Korrig et son garçon étaient cet après-midi-là sur la place du marché.

— Vous en êtes sûr ?

— Non seulement je les ai vus, mais je leur ai parlé.

— A quelle heure ?

— Un peu avant quatre heures.

— D'après le gardien de Sainte-Barbe, le drame s'est produit à dix-sept heures, il a entendu sonner l'horloge des halles. Le fils Lescoët a eu tout le temps de courir jusqu'à la chapelle et de commettre son forfait.

— Tout le temps, tout le temps… Il aurait quand même fallu « droper » pour arriver là-haut aussi vite.

— Si je peux me permettre… fit le maire.

— Je vous en prie, répondit le brigadier.

— Si c'est lui l'assassin, cela supposerait qu'il était sûr de trouver madame de Chiron aux alentours de la chapelle précisément à cette heure-là…

Le gendarme hocha la tête.

— Ce n'est pas faux, mais ce n'est pas impossible non plus.

— Ce qu'il faudrait savoir, reprit le garde champêtre, enclin à défendre Korrig, c'est à quelle heure Violette Lescoët et son fils ont quitté le bourg.

— Merci du conseil, fit le représentant de l'ordre, mais il était bien dans nos intentions de ne rien laisser au hasard.

L'enquête fut en effet menée dans les règles de l'art. Les témoins ne manquèrent pas pour affirmer la présence de Korrig et de son fils sur la place des Halles cet après-midi-là. Le sabotier avait discuté avec eux ; le garçon du café des Halles indiqua que la mère et le fils avaient consommé dans son établissement, même que l'adolescent avait fait un esclandre parce qu'on ne le servait pas assez vite... La déposition des époux Le Floch leva les derniers soupçons : à dix-sept heures passées, la naine et son garçon se trouvaient encore au bourg, Mathurin pouvait le certifier : il avait regardé sa montre au moment où il les avait rencontrés.

Une telle profusion de témoignages ne parvint pas à éteindre la suspicion du brigadier. Il avait inspecté les lieux du drame sous tous les angles ; il ne pouvait croire à un accident. Il restait l'hypothèse du suicide. Il s'intéressa au passé de la victime : confinée dans une foi inébranlable, elle avait mené une existence paisible : pour les gens qui croient si fort en Dieu, la vie est un bien trop précieux pour y attenter. Bien sûr, Elisabeth était la dernière représentante d'une famille aristocratique en pleine décadence, mais ce n'était pas non plus une raison pour mettre fin à ses jours, surtout à son âge. Et puis il y avait le gardien : Constant Noblet était un homme digne de foi, et qui ne tirait pas trop sur la bouteille ; il était catégorique, il avait entendu les cris de la malheureuse avant de tomber. S'il s'agissait d'un accident ou d'un suicide, pourquoi Elisabeth de Chiron aurait-elle hurlé ? Non, pour le brigadier Varin, il s'agissait bien d'un meurtre : il avait le mobile, pas l'assassin. A force de réfléchir, lui aussi trouva que Justin Lescoët avait été remarqué par beaucoup de témoins lors de la foire autour des halles : il aurait fait exprès de s'afficher que cela n'aurait rien d'étonnant. Si c'était le cas, sa mère et lui avaient très bien pu mandater quelqu'un d'autre pour faire le coup. Un homme de main… c'était de ce côté-là qu'il fallait chercher. Il décida de cuisiner de près la naine et son rejeton : l'un des deux misérables finirait bien par craquer.

Dès qu'elle sut l'atroce vérité, Korrig s'appliqua à éliminer toute trace qui pourrait dévoiler la présence de deux garçons à la chaumière si les gendarmes décidaient de la fouiller. Elle ramassa soigneusement un exemplaire des vêtements en double et des paires de souliers et de sabots ; elle en fit un gros balluchon que le Justin en exil emporta avec lui.

Edouard Varin ne traîna pas pour rendre visite à ses suspects. Ces deux-ci étaient sur leurs gardes, et ils ne furent pas surpris de voir les deux képis descendre le chemin. Avec les paysans, le gradé avait pour habitude de se faire craindre dès le premier contact. Cette fois ce ne serait pas la bonne méthode : Violette Lescoët était une infirme, et s'il ne parvenait à établir sa culpabilité, si elle était réellement innocente, tout brigadier qu'il fût, on ne manquerait pas de lui reprocher sa dureté. Il valait mieux user de diplomatie.

Korrig observait les deux gendarmes ; la partie s'annonçait difficile.

— On aurait quelques questions à vous poser, madame Lescoët.

Aussitôt Justin vint se placer à côté de sa mère, signifiant ainsi que lui non plus n'avait rien à cacher.

— Vous voulez peut-être entrer ? On serait plus à l'aise pour discuter devant un bol de café.

Varin connaissait Korrig, et il ne pouvait s'empêcher d'être ému face à ce petit bout de femme.

— Mon Dieu, c'est pas de refus.

Korrig les invita à s'asseoir sur les deux chaises du logis, et elle s'installa avec Justin sur le banc.

— Vous vous doutez pourquoi nous sommes là ?

Elle hésita à jouer la naïve…

— Je suppose que c'est au sujet de l'accident survenu à madame de Chiron.

— Parce que vous pensez que c'est un accident ?

Korrig tressaillit, mais elle parvint encore à dissimuler son trouble.

— Je vois pas autrement ce qui a pu se passer.

— Vous aviez un petit différend avec la défunte, nous a dit monsieur le maire.

Korrig sentait le rouge lui monter aux joues, et elle s'efforçait de conserver le regard clair et franc.

— C'est vrai. Il paraît que le terrain où a été construite notre maison lui appartiendrait.

— Le maire nous a montré en effet les documents qui l'attestent.

Le brigadier laissa s'installer un long silence. Par expérience, il savait que c'était un bon moyen de déstabiliser celui que l'on interrogeait.

— Finalement, reprit-il, la mort de madame de Chiron, pour vous c'est plutôt une bonne nouvelle ?

— La mort de quelqu'un n'est jamais une bonne nouvelle, même celle de ceux qu'on n'aime pas.

— Parce que vous ne l'aimiez pas ?

— Elle voulait nous déposséder du terrain où notre famille habite depuis des siècles.

Le brigadier fixait la cuiller qu'il tournait dans le bol de café. Les paupières mi-closes, il affichait un sourire sournois, et la pauvre Korrig se sentait de plus en plus mal à l'aise.

— J'admets que ce ne doit pas être très agréable de déménager d'une maison où on a toujours vécu, dit-il sans lever les yeux.

— C'est pourtant ce qu'on va devoir faire, mon fils et moi.

— Rien n'est moins sûr, puisque madame de Chiron n'est plus de ce monde et qu'elle n'a pas d'héritiers…

— Vous croyez ?

— Allons, madame Lescoët, ne me dites pas que vous n'êtes pas soulagée… Vous finiriez par nous faire croire que vous êtes en train de mentir.

Piquée au vif, Korrig sursauta, et cette fois, son trouble était évident. Je la tiens, se dit le gendarme.

— Je vois pas pourquoi je mentirais, bredouilla la malheureuse. C'est vrai que ça nous ferait plaisir de pouvoir rester habiter ici.

— A la bonne heure… Je préfère vous entendre parler ainsi. Puisque vous avez décidé d'être franche, je vais l'être aussi. Vous ne savez pas qui aurait pu faire tomber madame de Chiron de l'allée de l'oratoire ?

Korrig n'osait plus lever les yeux.

— Mon Dieu non…

— Je ne sais pas, moi. Vous auriez pu rencontrer quelqu'un qui vous aurait proposé de vous sortir de ce mauvais pas et de régler son compte à celle qui vous voulait tant de mal.

— Non… Je… n'ai rencontré personne qui m'a parlé comme ça…

— On prétend que vous êtes la meilleure repasseuse de coiffes de la région, et vous seriez aussi une très bonne couturière.

Korrig était surprise de la digression.

— Les gens exagèrent parfois, vous savez…

— Non, non, et je suis sûr que votre commerce marche bien.

— On a de quoi manger, mon fils et moi.

— Peut-être même de quoi payer quelqu'un pour s'occuper de vos affaires ?

Korrig comprenait où voulait en venir le gendarme.

— Mon garçon est courageux, on n'a besoin de personne d'autre pour tenir la maison et le jardin.

— Ce n'est pas de ces affaires-là que je veux parler. Je me disais comme ça, que si vous l'aviez voulu, vous auriez même eu de quoi payer un vagabond pour aider madame de Chiron à faire le grand saut.

Soulagée que Justin ne fût plus soupçonné, Korrig recouvra un peu de son sang-froid.

— Vous me prêtez de bien mauvaises intentions, monsieur le brigadier. Le maire a trouvé une solution pour régler notre problème de logement. Je vois pas pourquoi on aurait provoqué la mort de madame de Chiron. De toute façon, tout finit par se savoir, et si on avait commis une action aussi ignoble, un jour ou l'autre on serait dénoncés.

Varin n'était plus maître du jeu. Ou la naine était innocente, ou elle faisait preuve d'un sacré aplomb.

— Vous avez raison, madame Lescoët. Tout finit par se savoir, et j'espère que nous n'apprendrons jamais que vous êtes pour quelque chose dans ce qui est arrivé à cette pauvre madame de Chiron.

— Vous n'apprendrez jamais rien de la sorte. Mon fils et moi, on est innocents.

56

Elisabeth de Chiron n'ayant plus ni famille ni relations, il ne se trouva personne pour exiger une enquête plus approfondie. Les investigations restèrent donc au point mort, et le brigadier Varin ne put que ruminer sa déception. Le Justin qui avait commis le coup réintégra le domicile familial quelques jours plus tard, et les jumeaux reprirent leurs habitudes, encore plus vigilants à préserver le secret.

Trois années s'écoulèrent sans nouveau drame. Les deux frères avaient installé leur chambre dans le grenier, dans des lits séparés cette fois. Il arrivait au meurtrier de faire des cauchemars dans lesquels retentissait le hurlement de sa victime, avec en écho le choc horrible de son corps sur l'escalier de pierre en contrebas, une matité molle qui le révulsait. Il criait dans son sommeil et se réveillait en sursaut. Son frère le calmait : allons... ils étaient en règle avec leur conscience, et ce n'était pas un crime d'avoir fait justice. Mais Justin, le front perlé de sueur, tremblait, les yeux hagards, le temps de reprendre ses esprits. Il ne faudrait pas croire qu'il regrettait son geste, et si c'était à refaire, il n'aurait pas hésité une seule seconde. Son frère non plus.

Korrig pouvait encore vivre décemment de son commerce. Les ailes des coiffes n'étaient pas loin de rivaliser avec celles des voisines bigoudènes qui ressemblaient de plus en plus à des menhirs de dentelle. En pays de l'Aven, l'assemblage montait moins haut, mais était tout aussi volumineux. Bien plus élégant en tout cas : c'était du moins l'avis de la faiseuse du Faouët. Belles sans conteste, les deux coiffes étaient aussi malcommodes l'une que l'autre… Surtout quand il faisait du vent, ou qu'il s'agissait de monter dans les premières automobiles.

Elles n'étaient plus très nombreuses, les femmes à porter le costume qu'on disait traditionnel, même si la forme avait considérablement évolué entre les deux guerres ; la jupe s'était raccourcie, et bientôt on verrait le genou. Les broderies sur le velours noir restaient toujours aussi diverses, combinant perles et paillettes, galons métalliques et fil de soie, et les tailleurs brodeurs, à mesure que s'étiolait la mode coutumière, rivalisaient de fantaisies. Ce n'était plus guère que lors des mariages que les femmes ressortaient ces tenues d'apparat, et il pouvait sembler anachronique de voir se donner le bras un costume féminin issu de l'ancien temps et une vêture masculine moderne, comme on en portait dans toutes les provinces françaises.

On était en 1939 ; sans être coupée du monde, la péninsule bretonne n'en recevait que des échos assourdis. On savait qu'en Allemagne se tramait une politique inquiétante, menée par un dénommé Hitler dont en fait, on ne connaissait pas grand-chose ; les plus alarmistes parlaient même d'une perspective de guerre, mais la dernière n'était pas si loin, et après la défaite qu'ils avaient essuyée, personne ne croyait les Boches assez téméraires pour courir le risque d'un nouvel échec. Ce fut la surprise générale quand les hostilités se déclarèrent le 1er septembre, et que la France entra dans le conflit deux jours plus tard en appelant à la mobilisation. La première conséquence fut l'arrivée massive d'exilés venus du nord et de l'est du pays, les autorités ayant pensé que les batailles se dérouleraient dans ces régions, comme lors de la précédente. Il fallait loger et nourrir les nouveaux venus, qui, au plus fort de l'exode, représentèrent le quart de la population bretonne. L'accueil se passa bien cependant, et le cours de la vie ne s'en trouva pas trop perturbé.

Appelés à en découdre avec l'ennemi, les hommes étaient cependant moins nombreux au pays, et les fiancées se désespéraient de voir monter au front celui avec qui elles avaient l'espoir de convoler. Certains couples décidaient même de se marier avant d'être séparés. Ce fut le cas de Mélanie Collet qui fréquentait un garçon de Lorient dont les relations paternelles avaient réussi à différer l'incorporation.

Mélanie était la fille de riches paysans de Coat-Pales, et malgré la morosité de la conjoncture, ceux-ci avaient décidé de ne pas lésiner sur la noce. Au début du siècle, le mariage durait trois jours, et il était fréquent d'y réunir six à sept cents convives, et parfois même davantage. Depuis, la procédure en Cornouaille avait considérablement évolué. Les Collet avaient décidé cependant de revenir à la tradition ancestrale, malgré les réticences de la famille du prétendant : le premier jour ne seraient invités toutefois que la famille et les plus proches amis. Les Faouëtais de second rang seraient conviés le lendemain. Pour les mendiants du troisième jour, s'il s'en présentait on ne les laisserait pas partir le ventre vide.

Louis-Marie Collet était un des rares à porter encore le costume à la mode ancienne. Lors des grandes occasions seulement, et plus pour afficher ses convictions régionalistes que par souci d'élégance. En revanche, c'était de s'y trouver très belle qu'Honorine, son épouse, arborait chaque dimanche corselet et jupe brodés, avec bien entendu la plus jolie coiffe que l'on pût imaginer. Aussi les invitées ne furent pas surprises qu'elle leur demandât de sortir elles aussi leurs apparats de dentelle et de velours, de façon à ce que l'âme bretonne s'exprimât avec magnificence pendant ces trois jours.

Certaines avaient conservé les anciennes parures dans l'armoire familiale, mais il conviendrait de les restaurer, de les amidonner et de les repasser pour l'occasion. D'autres s'étaient séparées de ces reliques d'un autre âge, et se trouvaient bien embarrassées. Korrig allait donc avoir de l'ouvrage à ne plus savoir où donner de l'aiguille ni du fer. Heureusement, la cérémonie n'était prévue que pour le mois de mai, ce qui lui laissait le temps de s'organiser. Elle était toute guillerette à l'idée de renflouer la caisse, car ses jumeaux, prisonniers à vie de leur secret, ne rapportaient toujours qu'un salaire pour deux de Kost-er-Min. Elle n'était pas inquiète cependant pour leur avenir : les Le Floch avaient tenu parole, et les papiers étaient en règle chez le notaire pour que leur filleul héritât de la propriété le moment venu. Une clause du testament prévoyait que si Mathurin partait le premier, le Justin s'installerait à la ferme et qu'il jouerait le rôle du paysan aux côtés de sa marraine, celle-ci restant la patronne, cela va sans dire.

Les premières commandes enregistrées furent des confections de coiffes. Prévoyante, Korrig avait demandé à la mercière locale de l'approvisionner en coton, satin, tulle et ruban. Elle notait consciencieusement les tours de tête dans un carnet acheté pour l'occasion ; elle présentait différents modèles, et chaque cliente choisissait les motifs de dentelle, la largeur et le volume des ailes, la hauteur de satin pour habiller la cheminée. Au fur et à mesure s'établissait ainsi un échéancier très serré ; Korrig savait qu'elle n'aurait pas beaucoup de répit, mais elle se préservait quelques heures de sommeil si elle voulait tenir le coup.

La naine allait connaître tout de suite une activité intense. Par chance, certaines bandes de tulle étaient déjà brodées à la machine, dont les moins exigeantes se satisfaisaient ; les moins fortunées aussi, car elles coûtaient moins cher que celles confectionnées à la main.

Les visites à la chaumière étaient de plus en plus fréquentes, et les jumeaux devaient se méfier d'être surpris quand aucun ne travaillait à la ferme. Korrig gardait la cafetière sur le coin de la cuisinière, et chaque cliente avait droit à un coup de jus avec quelques biscuits ; on s'asseyait cinq minutes, et on racontait les nouvelles du bourg, où la naine ne trouvait plus le temps de monter. Les frangins se chargeaient des commissions à tour de rôle, et désormais, celui qui s'y collait descendait jusqu'à la boulangerie du bas-Faouët.

Juliette devenait une belle jeune femme. A plusieurs reprises, elle avait croisé son ancien prétendant ; à chaque fois, elle détournait la tête. Pour trois raisons : tout d'abord, encore honteuse de s'être laissé contempler la tirelire par ce grand benêt qui n'avait pas su en profiter ; ensuite, de n'avoir pu goûter aux prémices de la chair alors qu'elle s'était fait violence pour s'y offrir ; et surtout, ulcérée d'avoir été dédaignée au moment suprême où elle s'obligeait à l'étreinte. Chaque Justin affichait un air penaud en baissant la tête comme s'il cherchait quelque objet égaré.

Korrig avait beau se montrer courageuse, elle ne tarda pas à être épuisée. Elle trimait d'arrache-pied du matin au soir et jusqu'à plus d'heure dans la nuit. Elle avait les yeux usés et le cou ankylosé, et pendant son sommeil de plomb, elle s'empêtrait dans des kilomètres de dentelles, où refusait de s'enfoncer son aiguille, aussi grosse qu'un pieu, et trop lourde pour ses poignets menus. Quelquefois, le rêve devenait franchement cauchemar ; une cohorte de clientes en furie l'encerclait. Les cheveux ébouriffés, les harpies glapissaient qu'elles n'allaient quand même pas se rendre au mariage dans cet état ! La naine se réveillait en sursaut, le cœur emballé par l'angoisse ; elle se levait alors, même s'il ne faisait pas encore jour, et se remettait à l'ouvrage.

La tâche avançait cependant, et Korrig avait déjà fourni une dizaine de clientes. Malgré son adresse et son dé à coudre, il lui arrivait de se piquer les doigts. Jamais une plainte pourtant, et quand ses garçons s'apitoyaient sur son sort, elle s'obligeait à rire.

— Je vais quand même pas me lamenter d'avoir du travail !

Ceux-ci proposaient leur aide, mais ce serait plus long de leur apprendre que de mener la tâche toute seule. Alors, ils se contentaient de la regarder dans la faible clarté des bougies, lui parlaient, préparaient un bol de bouillon bien chaud, ou de café fort quand ses paupières trop lourdes se fermaient.

— Va dormir… Tu n'en peux plus…

— C'est ça oui… Et mes coiffes ? Qui va les finir ?

A chaque fois que la malheureuse se croyait au bout de l'ouvrage arrivaient de nouvelles clientes. Korrig s'efforçait de faire bonne mine, et promettait que ce serait prêt à temps, mais dès qu'elles étaient parties, elle se prenait la tête entre les mains et sanglotait qu'elle n'y arriverait jamais.

Mi-avril, Korrig avait fini de confectionner les coiffes de celles qui n'en avaient pas, mais il fallut alors retaper les reliques exhumées des armoires, repriser les trous de mites qui faisaient des dentelles anarchiques, changer les rubans trop jaunis. Les deux semaines précédant le mariage, il ne lui restait plus qu'à s'atteler au repassage. C'était une tâche aussi éreintante, qui lui brisait le dos, et pendant laquelle elle risquait sans cesse de se brûler.

En contrepartie, l'argent rentrait à la chaumière, et quand l'ouvrage fut achevé, les Lescoët n'avaient jamais eu un bas de laine aussi bien garni.

57

Riches paysans, les Collet avaient donc décidé de marier leur fille avec les fastes d'antan. A cette époque disions-nous, les festivités en Cornouaille duraient trois jours. Le mardi eut lieu le mariage religieux, le vrai, le seul légitime aux yeux des pratiquants. Pour les noces de Mélanie étaient invités la famille des deux partis et les plus proches relations, ainsi que quelques notables, ce qui faisait quand même une centaine de personnes.

Les parents du marié étaient de Lorient. Grand gaillard à la moustache noire, Gilbert Renoir exerçait la médecine, un praticien jouissant d'une bonne réputation au demeurant ; sa femme, Adeline, n'avait rien d'autre à faire que de s'occuper de la domestique que les honoraires de son mari lui autorisaient. Bigote à ses heures, elle était du genre maniaque, et la pauvre Angèle savait que jamais elle ne réussirait à lui donner satisfaction. Il restait toujours un grain de poussière oublié par la pauvre fille, un mouton qui voletait d'avoir échappé au plumeau, une trace de gras sur le verre que sa patronne mirait dans le soleil. Mon Dieu, faisait Adeline en levant les yeux au ciel. Cette misérable ne sera donc jamais bonne à rien...

Bourgeois dans l'âme depuis des générations, les Renoir auraient bien sûr préféré faire le mariage chez eux, dans la cité portuaire, et non pas dans ce trou perdu du Faouët, qui devait empester le purin. Mais la tradition préconisait que la cérémonie se déroulât dans la ville de la future épouse ; comme c'étaient les Collet qui réglaient la note – un moyen pour Louis-Marie de prouver que les paysans ont autant de sous que les notables –, ils avaient été obligés de céder, ulcérés cependant que leurs invités, des gens de marque, doivent se déplacer si loin. Quelle idée aussi avait eue Jacques-Edouard de dégoter une fille de paysans ! Mais le jeune homme, ayant hérité de son entêtement, n'avait rien voulu entendre. Il n'avait même jamais avoué où il l'avait rencontrée…

Les Lorientais et leurs invités arrivèrent la veille ; les chambres de l'hôtel avaient été réservées depuis belle lurette par les paysans de Coat-Pales, soucieux de se montrer bons princes à l'occasion. Jamais encore on n'avait vu autant de voitures autour des halles, et les gamins s'extasiaient devant les Peugeot, les Citroën, et autres véhicules qui commençaient à infiltrer les grandes villes, mais tardaient à trouver clientèle dans le monde rural ; le docteur Renoir possédait lui-même une superbe traction avant, dont la carrosserie rutilait. Il avait un frère et une sœur, le premier ayant une belle situation, la seconde s'étant bien mariée. Pour le reste, c'étaient en majorité des notables de Lorient qui se pavanaient devant la populace locale, en surveillant leur parc automobile.

Le matin du mariage, le convoi prit la direction de Coat-Pales, car les paysans avaient poussé le respect de la coutume matrimoniale jusqu'à organiser un cortège à pied de la ferme jusqu'à l'église ; un bout de route, puisque celle-ci se trouvait au bas-Faouët. Ignorant la distance à parcourir, les citadins s'étaient prêtés au jeu, quelques-uns avec réticence, la plupart avec amusement, rassurant ainsi le père Renoir qui avait le sentiment de se complaire dans le ridicule. La présence d'un couple de musiciens ne fit que le mortifier davantage : se targuant d'être à la mode du jour, il exécrait le biniou et la bombarde, des instruments d'un autre âge qui vous écorchaient les tympans plus sûrement qu'une horde de crécelles. Ses invités convinrent que c'était une musique à écouter de loin, mais qu'elle avait des accents authentiques assez émouvants, sans être trop désagréable... De loin.

La femme du toubib, qui donnait le bras à son fils en fin de défilé, ne partageait pas du tout cet avis, et elle ne cessait de demander à son mari ce qu'elle était venue foutre dans « ce patelin de dégénérés » ! Trivialité surprenante chez une femme d'une piété exemplaire, mais dont le vernis mondain se craquelait à la moindre contrariété.

— Mais marier ton fils, ma chère, répondit Renoir. Puisque tu n'as pas réussi à lui faire comprendre que son intérêt aurait été de dénicher une fille de chez nous.

Elle haussait les épaules et s'efforçait de ne pas tirer trop grise mine.

En réalité, Adeline Renoir était d'une humeur massacrante depuis son départ de Lorient. Ce matin-là, elle avait été horrifiée à la vue des Faouëtaises en costumes traditionnels.

« On dirait des épouvantails, avait-elle glissé à son mari.

— Chez nous aussi, il y a encore beaucoup de femmes à porter la coiffe.

— Peut-être, mais elles sont plus discrètes, et ce ne sont pas des gens que nous fréquentons. »

Il est vrai que la coiffe du pays de Lorient était totalement différente de celles de l'Aven : avec ses deux ailes plates, ce n'est pas pour rien qu'on l'appelait l'aéroplane.

Bien que fatiguée, Korrig n'aurait manqué pour rien au monde l'arrivée du cortège sur la place des Halles. Elle n'était pas la seule, et le jumeau qui l'accompagnait dut jouer des coudes pour lui permettre de se faufiler au premier rang, comme les enfants. Elle n'avait d'yeux que pour les coiffes sur lesquelles elle s'était escrimée. La future mariée était particulièrement à son avantage, et Korrig était flattée des murmures admiratifs sur son passage ; c'était la plus belle parure, celle où la naine avait mis tout son art et son savoir, la dernière qu'elle avait repassée, en tremblant d'en roussir la dentelle. Au bras de son père, celui-ci vêtu d'un costume aux mille boutons façon *pourlet*, elle était ravissante.

Le cortège fit le tour de la place avant de descendre vers l'église, et Korrig se retrouva avec son garçon, perdue dans la foule qui n'osait se disperser. Comme elle aurait été heureuse de donner un jour le bras à ses jumeaux afin de les conduire à l'autel !

— Viens, dit-elle à Justin d'une voix triste. On va rentrer.

Il ne faudrait pas croire que les Collet faisaient preuve d'ingratitude envers celle qui s'était consacrée avec tant d'abnégation au faste du cortège. Korrig était invitée le lendemain. Les paysans avaient en effet prévu le programme festif en deux endroits. Les agapes du premier jour se tenaient dans une grande salle de banquets rue des Cendres, un peu plus haut que la boulangerie des Bourdon ; pour le retour de noce, qui réunirait plus de trois cents personnes, la joyeuse compagnie émigrerait vers la ferme parentale, dans les granges de laquelle avaient été dressées des tables pour un second repas, moins plantureux que celui de la veille, mais où l'on ne mourrait quand même pas de faim. Le fils Lescoët avait été lui aussi invité, et les jumeaux avaient convenu de se relayer, afin que chacun pût avoir sa part de réjouissances.

A la sortie de l'église, les mariés prirent la tête du cortège qui remonta sur la place des Halles. C'était une autre tradition que de danser au son de la cornemuse et du hautbois. Dans cette partie orientale de l'Aven, on pratiquait une gavotte rapide, *red an dro*, la course en rond. Il est vrai que c'était une danse pour le moins dynamique, et les ailes des coiffes semblaient autant de papillons qui voltigeaient dans le soleil. Les Collet étaient fiers ; leur fille était mariée avec un gars de la ville, et la noce avait belle allure avec ses costumes bretons. Les invités du médecin ne contemplaient pas la scène d'un œil aussi complaisant, et ils avaient refusé de s'intégrer à la ronde d'un petit geste de la main : très peu pour nous… avec une moue méprisante. Ils se tenaient à l'écart, devisant entre eux, avec l'air de s'emmerder. Attendant que la mascarade fût consommée.

Il en fut ainsi tout au long de la journée. Après la danse, ils refusèrent d'entrer dans les bistrots autour de la place, où il était de coutume que les parents des nouveaux époux payent un verre à leurs invités. Lors du repas, ils s'arrangèrent pour ne pas se mêler aux autochtones qu'ils toisaient avec une morgue évidente. En revanche, les Renoir ne coupèrent pas de s'installer à la table d'honneur. Que ces « sauvages » leur semblaient ridicules de s'obstiner à refuser le progrès ! Encore heureux que le jeune couple eût décidé de s'installer à Lorient, Jacques-Edouard était leur seul garçon…

Les Collet, hôtes en titre puisque du Faouët, s'étaient chargés de concocter le menu avec le restaurateur : une nourriture roborative, avec des sauces épicées et grasses, des vins certes capiteux, mais qui agressaient le palais, et que les Lorientais qualifièrent en aparté de vulgaires tord-boyaux, ce qui n'empêchait pas quelques-uns d'avoir le regard bien allumé avant d'être parvenus aux desserts. Ils faisaient la fine bouche, ignorant qu'ils avaient échappé aux tripes traditionnelles que l'on mijotait dans d'immenses marmites lors des repas champêtres d'antan, ceux justement où il y avait jusqu'à mille invités. Ils eurent quand même droit à un coup de biniou et de bombarde lors de la cérémonie du *rost er forn*, même si le rôti qui fit le tour de la pièce dans un immense plat porté à hauteur d'épaules par deux serveurs n'avait pas été cuit au four. Le docteur et sa femme applaudirent du bout des doigts avec un sourire convenu. Collet leur expliquait :

— La nourriture est un don du ciel. Il s'agit de la recevoir avec respect.

Il voudrait pas en plus qu'on se mette à genoux !

Au grand dam des Renoir, le paysan les sollicitait sans cesse pour leur demander s'ils s'amusaient, si tout se passait comme il faut, si c'était bon, et le médecin devait protéger son verre que Collet voulait remplir toutes les cinq minutes.

— Vous savez, on n'est pas habitués à boire autant…

— Nous non plus, mais aujourd'hui, c'est le mariage de nos enfants, que diantre !

— Ce n'est pas une raison pour se laisser aller à faire n'importe quoi…

S'ils avaient osé, ils auraient changé de table…

A la fin du banquet, la noce descendit prendre l'air. Les Faouëtaises s'assirent sur les bancs du mail d'ormes, les bourgeoises restèrent debout un peu plus loin de peur de tacher leurs robes. Les hommes commençaient à se mélanger en fumant sous les halles. Les Lorientais convinrent que l'édifice présentait une architecture originale, et que la charpente méritait l'admiration. Gilbert Renoir sourit d'un air compatissant :

— L'entretien d'une telle antiquité doit coûter une fortune…

Les festivités reprirent à neuf heures par un buffet, auquel les citadins repus ne goûtèrent que du bout des lèvres. On débarrassa la salle, et les mariés ouvrirent le bal sur une valse à l'accordéon : enfin, un peu de vraie musique… se dirent les invités du marié. Ils se regardaient avec un sourire entendu et se mirent à évoluer sur le plancher ciré avec des postures de mannequins perclus et une mine altière.

Les Faouëtais ne se privèrent pas d'être spectateurs à leur tour ; les allures compassées des bourgeois les amusaient, et ils se donnaient du coude en souriant derrière leur main. Quand les *sonerien* remontèrent sur l'estrade, les « étrangers » se retirèrent avec dignité.

— C'était très bien, condescendit Renoir à Louis-Marie Collet, d'un ton qui signifiait le contraire. Mais vous comprenez, on est un peu fatigués…

C'est ça… Débarrasse le plancher, toi et tes polichinelles.

Le problème, c'est qu'il était hors de question de laisser les voitures à Coat-Pales, dans le chemin précédant la ferme, et qu'il fallait retourner les chercher à pied. Le médecin fut obligé de composer avec les « bouseux » : existait-il une solution moins contraignante ?

— On aurait été à la ferme, je dis pas, fit Louis-Marie avec la malice des paysans. On aurait monté tout le monde dans la charrette, et le Bijou vous aurait trimballés. Mais dame ici, il va falloir user les semelles.

Piqués par l'ironie, les bourgeois haussèrent les épaules et prirent la direction de la sortie.

— Vous saurez retrouver votre chemin ? ne put s'empêcher de gouailler Collet qui avait mis dans son col.

— Faudra bien, répondit Renoir en sortant sans se retourner.

— Et toc ! fit le paysan à un de ses amis quand les gens de la ville furent partis. Viens donc, Basile, on va aller boire un coup à la santé de ces guignols endimanchés à la française.

Heureusement, les jeunes mariés s'étaient déjà éclipsés, et Jacques-Edouard n'entendit pas cette dernière vacherie.

58

Ce matin-là, Korrig prenait enfin le temps de s'occuper d'elle : c'était à son tour d'être belle. Elle y pensait depuis qu'elle avait reçu l'invitation, ce serait en fin d'après-midi, à Coat-Pales, à six heures. Elle avait sorti sa plus jolie coiffe, son corselet et sa jupe de velours, aux fleurs si délicatement perlées. Fanée par les soucis, elle n'avait plus son visage de vingt ans, mais ainsi vêtue, elle semblait une adolescente ; du moins en avait-elle la silhouette, et c'est ainsi que la contemplaient ses jumeaux. Leur mère était une naine… Et alors ? Ils étaient fiers d'elle, et retiraient de cette infirmité une tendresse décuplée. D'ailleurs, l'avaient-ils jamais considérée comme une infirme ? Eux aussi auraient aimé lui donner le bras, un de chaque côté. Pour la protéger, un devoir impérieux qu'ils ressentaient par moments avec une intensité aiguë. Sans raison. Ce matin-là par exemple.

— Et vous, qu'est-ce que vous allez mettre ?

— Tu tiens vraiment à ce qu'on t'accompagne ?

— Bien sûr. A ce qu'on m'a dit, il y aura beaucoup de monde. Vous pourrez vous passer le relais sans que personne s'en rende compte.

Ils optèrent pour la tenue qui les mûrissait le plus. Ils avaient vingt ans, ils étaient des hommes désormais.

Pour se rendre à Coat-Pales, le trio emprunta les chemins de campagne. Il s'agissait de remonter le chemin des pèlerins vers le bourg et, un peu avant Nabelour, d'escalader le talus sur la droite ; un sentier longeait le bas de la lande et menait à une allée bordée de hêtres. Chez les Lescoët, c'était devenu un réflexe de ne jamais se montrer tous les trois ensemble, et l'un des Justin marchait à une cinquantaine de mètres derrière, dissimulé dans le fossé ou dans le sous-bois ou encore dans le champ voisin, de l'autre côté du talus. Ils n'étaient pas les seuls invités en effet à ce second jour de liesse. Dans l'allée, d'autres groupes se pressaient vers la ferme, comme s'ils craignaient qu'il ne restât plus rien à se mettre sous la dent.

Les Collet étaient toujours vêtus à la bretonne, et Korrig ne put s'empêcher de jeter un coup d'œil sur la coiffe d'Honorine, un regard qui n'échappa pas à celle-ci.

— Il y a quelque chose qui va pas ? Une aile de travers.

— Non, non, s'empressa Korrig. Peut-être un peu à gauche. Si vous voulez bien vous baisser.

La paysanne s'accroupit, et Korrig ôta une des épingles qu'elle repiqua à peine un millimètre plus haut.

— Voilà… Comme ça, c'est parfait.

— Tu as des mains de fée, ma belle. Ne restez pas là tous les deux. Allez donc vous rafraîchir ; il fait chaud, et vous avez beaucoup marché.

Les convives du premier jour devisaient entre eux, comme de vieilles connaissances, et les nouveaux venus hésitaient à s'intégrer à la conversation. Tous n'étaient pas encore arrivés cependant. Jacques-Edouard se désespérait, les invités de son père n'étaient pas là ; ses parents non plus d'ailleurs… Il avait remarqué le malaise de la veille, une situation qui ne l'étonnait pas et qu'il appréhendait depuis le début de son idylle avec Mélanie. Ce monde-là l'avait étouffé durant toute son enfance, et ce n'était pas par hasard qu'il s'était entiché d'une fille de la campagne. Par amour bien sûr, mais pas seulement. Besoin d'air, de simplicité, de caresser une peau qui sentait la vie, et non des parfums écœurants, de plonger le regard dans des yeux sincères, de ne pas être obligé de composer sans cesse.

Les hommes buvaient du cidre et du vin tirés à deux tonneaux dont le volume augurait de la bombance à venir. Tout le monde connaissait Korrig, et le cœur en fête, chacun avait envie de lui manifester sa sympathie. A elle et à son garçon. On appela Justin.

— Tu boirais pas un coup, mon gars ?

Le jeune homme sourit.

— C'est pas de refus.

Comme elle était fière, Korrig, de voir son garçon en compagnie des autres hommes, trinquant avec eux d'égal à égal ! Où était son frère ? Elle regarda l'espace alentour, sans inquiétude, elle était habituée... Où avait-il pu se dissimuler pour attendre son tour. Derrière le talus là-bas, à une cinquantaine de mètres ? Ou dans les bosquets qui encadraient l'entrée du champ où commençait à mûrir le blé ? Peut-être aussi à l'abri des bâtiments qui clôturaient le corps de ferme de l'autre côté ? Soudain, l'espace d'une seconde, elle aperçut une silhouette à travers les touffes de carex, en rideau de fond de la mare où pataugeaient les canards. Il était là, et elle lui adressa un signe furtif de la main.

— Tu as vu ? demanda-t-elle à son garçon qui dégustait un verre de vin rouge.

— Oui. On changera tout à l'heure.

— Attends qu'il fasse sombre.

L'obscurité estompa les silhouettes, et les lampes à pétrole, accrochées un peu partout autour de la cour, sculptèrent les visages de reliefs singuliers, où les orbites devenaient caverneuses et les faces camardes ; les enfants s'amusaient à se faire peur en se disant que l'Ankou était l'un de ces paysans qui parlaient haut et fort.

Toujours aucune trace de la phalange citadine. Le marié commençait à tirer grise mine. Il proposa d'aller aux nouvelles, mais Mélanie s'écria qu'il n'en était pas question : ils n'étaient mariés que depuis hier, il n'allait pas déjà la laisser tomber ! Et elle se serrait contre son époux, encore enivrée de désir. Son bonhomme l'avait comblée, et elle ne regrettait pas de l'avoir fait patienter jusqu'au mariage pour lui accorder sa virginité.

Louis-Marie ne voulait pas s'abaisser à montrer son inquiétude, mais il se demandait s'il n'y avait pas été un peu fort la veille. Peut-être aurait-il dû les accompagner, ces bourgeois de la ville qui avaient peur de crotter leurs souliers ? En tout cas, ils ne s'étaient pas perdus, puisque leurs véhicules n'étaient plus là quand les Collet étaient rentrés, accompagnés des jeunes mariés qui avaient convenu de passer leur nuit de noce au logis de la fille, et sans faire abstinence, comme l'exigeait la coutume de l'ancien temps.

Un cousin décida de faire un saut jusqu'en ville afin de voir de quoi il retournait. En attendant, les amphitryons commandèrent de passer à table, et Justin en profita pour aller prendre la place de son jumeau. Le malaise devenait tangible, mais quand on commença à manger, on oublia la table vide qui attendait ses convives.

C'était un repas campagnard, plus simple et rustique, mais que tout le monde attaqua de bon appétit. Une soupe de légumes, des terrines de pâté, des saucissons et de l'andouille, du lard et des rillettes, et en plat principal, des tripes, les fameuses tripes qui embaumaient si fort… Il était préférable finalement que les Lorientais ne soient pas de la fête pour tirer des tronches de dégoûtés. L'émissaire envoyé au bourg revint une heure plus tard : les voitures n'étaient plus là, et il n'avait vu personne.

— Tu n'as pas demandé à l'hôtel où ils sont passés ?

— Si, bien sûr. Les bagages sont toujours dans les chambres, et ils n'ont pas réglé la note.

— Donc ils sont pas rentrés à Lorient, conclut Collet. Vont pas tarder à pointer leur nez.

— Tu as raison, fit Honorine. Ils ont dû aller faire un tour, et ils auront pris du retard.

Des moteurs se firent entendre dans la route montant du bourg alors que sonnait aux halles la demie de neuf heures, et bientôt les pneus crissèrent sur les pierres du chemin.

Renoir et son aréopage avaient tenu à donner une petite leçon à ces « ploucs » qui, sous prétexte de jouer les hôtes, entendaient tout régenter. C'était sciemment qu'ils arrivaient à une heure aussi tardive. Adeline avait protesté :

— C'est quand même notre fils ! Qu'est-ce qu'il va penser ?

— Il n'avait qu'à se marier avec une demoiselle de Lorient. C'est pas ça qui manque, et il est bien connu que les filles de la côte sont moins empotées que celles de la campagne.

— Et ses parents ? Tu as pensé à ce qu'ils doivent raconter derrière notre dos ?

— Eux, je les emmerde.

— Gilbert, tu exagères. C'est à nous de nous montrer plus civilisés.

Le plus difficile fut de composer sans donner l'impression de s'excuser. Ils avaient poussé jusqu'à Priziac afin de voir l'étang ; une des voitures était tombée en panne.

Collet pensa que ses chevaux ne tombaient jamais en panne, mais il se garda bien d'envenimer la situation.

— Elle a redémarré toute seule ?

— Non, bien sûr. Heureusement que notre ami Pernet se connaît un peu en mécanique, sinon, nous y serions encore. J'espère que vous ne nous avez pas attendus ?

— Non, fit Honorine. Nous avons même fini de manger, mais on a gardé de quoi vous régaler.

Le repas était en effet terminé pour la plupart, et les musiciens bretons finissaient de s'accorder ; la ronde se mit en place, et on commença à danser dans la lueur tremblotante des lanternes.

Korrig et son fils étaient parmi les premiers à être sortis de table, soucieux d'opérer un énième changement entre les jumeaux. Les voisins s'étaient étonnés que le jeune homme eût un tel appétit.

— A cet âge-là, on a besoin de manger, l'excusa Korrig.

— C'est vrai que c'est un solide gaillard.

Une remarque sempiternelle…

— Oui, pour une naine, je trouve que je me suis pas trop mal débrouillée.

Invariablement, la conversation se poursuivait de la même façon :

— Le père devait être costaud.

Korrig ne se fâchait jamais. Parfois elle riait, ou haussait les épaules en fronçant les sourcils, comme si elle essayait de se souvenir ; jamais elle ne répondait.

Les Lorientais ne dînèrent pas bien longtemps, ne condescendant pas à apprécier la « charcutaille ». Quant aux tripes… Ils ne pouvaient cependant lever le camp aussi vite, et les hommes allèrent eux aussi rôder au cul des barriques.

Le docteur Renoir discutait avec trois compères, à voix basse, comme des conspirateurs, pensa Korrig qui se trouvait juste derrière eux. Soudain, elle tressaillit, la voix qui venait de s'élever ne lui était pas inconnue. Elle n'eut pas à fouiller bien longtemps dans ses souvenirs : la grange, des hommes avec des fusils et des chiens ; sa mémoire éveilla une douleur au creux de son ventre. Elle les contourna afin de voir leur visage : ils avaient vieilli, mais c'étaient eux, ces salauds dont un l'avait violée.

Justin s'était rendu compte du trouble de sa mère. Elle était livide et tremblait comme une feuille.

— Qu'est-ce qui t'arrive ?

Korrig saisit la manche de son garçon.

— Va chercher ton frère. Dis-lui qu'on va rentrer. Je vous retrouve dans le chemin.

— Pourquoi ? Tu te sens pas bien ?

Il avait clamé ces derniers mots au moment où le couple de sonneurs cessait de jouer. Les quatre hommes se retournèrent et découvrirent la naine. Eux aussi la reconnurent tout de suite.

Renoir et ses amis hésitaient sur la conduite à tenir ; ils se savaient démasqués, et leur proie d'il y a vingt ans allait se mettre à bramer qu'ils étaient des salauds ; ils s'avancèrent vers elle ; ne sachant quoi dire, ils l'encerclèrent, la menaçant sans le vouloir.

Korrig était épouvantée, submergée par l'angoisse accumulée en elle depuis tout ce temps. Le viol, la naissance, le secret, en elle défilaient des images terrifiantes. Entre deux danses, les invités se pressaient vers les barriques afin de se désaltérer. Elle profita du mouvement de foule pour échapper à ses agresseurs.

— Cette fois, c'est fichu, se dirent le médecin et ses comparses.

Ils la suivirent pour tenter de la raisonner, on lui donnerait de l'argent pour la faire taire.

Prise de panique, Korrig était partie à l'aveuglette dans l'obscurité. Les quatre chasseurs la rejoignirent au bord d'une grande excavation où avaient été entreposées d'anciennes machines, une vieille charrue, une javeleuse rouillée, une herse. Elle n'osait bouger, ils ne savaient que dire. Renoir s'avança en tendant la main, et Korrig recula encore.

59

Les jumeaux inquiets restaient dissimulés dans la pénombre de l'allée. La musique avait repris, lugubre comme le cri funeste d'une chouette dans la nuit, cette lamentation stridente dont on disait qu'elle annonçait la mort. Korrig n'arrivait pas. Que s'était-il passé ? Pourquoi cette inquiétude soudaine ? Il avait semblé à Justin qu'elle fixait les hommes à discuter près d'elle, dont le père du marié.

— Il faudrait aller voir.

— Tu as raison, peut-être qu'elle a eu un malaise.

— Reste là, j'y vais.

— Non, je t'accompagne dans l'obscurité. Toi, tu vas aux nouvelles.

Renoir et ses sbires étaient pétrifiés face aux ténèbres où avait disparu la naine. Ils l'avaient vue basculer en arrière, mais ils n'entendaient plus rien. Le médecin comprenait l'angoisse intuitive qui le titillait depuis plusieurs semaines : il n'aurait jamais dû revenir au Faouët, ni lui ni ses trois compères chasseurs. Si la misérable avait réussi à s'enfuir, à tous les coups elle allait ébruiter l'affaire, et ils allaient devoir rendre des comptes. Pour l'heure, il valait mieux quitter le secteur et laisser les choses se calmer. C'est du moins ce que conseilla Robert Coudier, celui des quatre qui était avocat : Lorient était éloigné, qui porterait crédit aux allégations d'une infirme tant d'années après ? Ils rejoignirent la noce qui dansait de plus belle, tourbillonnant et criant comme un sabbat de démons. Les invités de la famille du marié se tenaient à part, avec l'air de s'ennuyer toujours autant. Il ne fut pas difficile de les décider à lever le camp.

— Vous partez déjà ? ironisa Collet. On aura à peine eu le temps de vous voir...

Renoir avait perdu de sa superbe, et il faillit s'offusquer.

— Demain, je reprends mes consultations. Nous quitterons Le Faouët de bonne heure.

— C'était quand même un beau mariage, fit Honorine qui suivait la conversation mine de rien.

Adeline haussa les épaules ; Renoir ne répondit pas, et il suivit son escouade qui se dirigeait vers les voitures.

Justin était revenu parmi les invités, et il cherchait sa mère. A mesure que le temps passait, les fûts se vidaient, et les esprits s'échauffaient, surtout ceux des hommes qui se tapaient sur l'épaule en se disant que c'était une bien belle noce. Korrig ? La naine ? Non, on ne l'avait pas vue. Pourquoi ? De loin, le frère observait la communauté en mouvement où les silhouettes se confondaient sans cesse, guettant celle de sa mère, sachant qu'elle passait souvent inaperçue.

— Je crois bien qu'elle est partie par là.

C'était une vieille paysanne de Coat-Loret, dont la coiffe commençait à être un peu de travers.

— Par où, par là ?

— Tout droit, mais elle était pas seule. Il y avait des hommes à la suivre.

— Qui ça ? Quels hommes ?

— Je sais pas, moi. Je suis pas là pour espionner les gens.

De plus en plus angoissé, Justin se dirigea dans la direction indiquée. Dès qu'il fut dans l'obscurité, son frère le rejoignit.

— Alors ?

— C'est bizarre... Elle serait venue par ici.

— Elle est quand même pas rentrée sans nous.

— Ou alors, c'est qu'il s'est passé quelque chose de grave.

Eux aussi faillirent basculer dans la fosse qu'on ne voyait pas dans les ténèbres. Aussitôt, ils entendirent des gémissements.

Korrig gisait dans le fatras de ferraille. Ses garçons voulurent la relever.

— Non, j'ai trop mal.

Elle était tombée à la renverse sur la herse, laissée malencontreusement les dents en l'air.

— Ne bouge pas, on va aller chercher du secours.

— C'est trop tard. Il y a plus rien à faire.

Ils insistèrent, le père du marié était médecin, il saurait lui prodiguer les premiers soins !

— Celui-là... Il y a longtemps qu'il doit être parti...

Elle déglutit avec peine, et quand elle voulut reprendre son souffle, un râle affreux sortit de sa gorge.

Korrig sentait ses forces s'amenuiser ; la tête lui tournait, et sa vue se brouillait.

— Avant de mourir...

— Tu vas pas mourir !

— Si. Ecoutez-moi. J'ai quelque chose à vous dire.

Elle hésitait, mais elle ne pouvait se résoudre à partir avec le terrible secret.

— Vous m'avez souvent demandé qui était votre père.

Les jumeaux s'étaient accroupis près d'elle, conscients de la gravité du moment.

— Un jour, quatre chasseurs sont arrivés à la chaumière. Ils avaient blessé Mabig, notre chevreuil, et ils le poursuivaient. Ils avaient des chiens qui sautaient partout.

Elle fit une pause pour respirer.

— Je l'avais caché, et j'ai pas voulu leur dire où. Alors ils m'ont fait du mal.

— Quoi donc ?

— L'un de ces quatre salauds est votre père.

— Qui ?

— Je sais pas. Ils étaient derrière moi, et ils me tenaient la tête sous ma jupe, le visage écrasé contre le sol.

— Tu sais pas du tout qui étaient ces hommes ?

— Je les ai revus tout à l'heure. Ils ont essayé de me suivre, et c'est en voulant leur échapper que je suis tombée.

D'avoir tant parlé, Korrig s'affaiblissait, mais elle voulait aller au bout de la confession.

— Il y avait Renoir.

— Le père du marié ?

— Oui, et trois autres invités de Lorient. Ils savent que je les ai reconnus.

Les jumeaux étaient atterrés. Ils proposèrent encore d'aller chercher du secours ; elle refusa en agitant faiblement la main. Dans sa semi-inconscience lui revenaient les paroles de Francine, sa mère.

— Je vais vous quitter maintenant. Il faut pas être tristes. J'ai réussi à faire de vous des hommes.

Elle s'arrêta encore.

— J'ai caché toute ma vie que vous étiez deux. Le moment est peut-être venu de dire la vérité à tout le monde, puisque je serai plus là.

— On dira rien.

— Non, on te fait le serment qu'on dira rien.

La tête de Korrig retomba en arrière, et ses mains qui tenaient chacune un poignet se desserrèrent. Elle était partie rejoindre sa mère.

Effondrés, les deux frères mirent un certain temps à se rendre compte que leur mère venait de pousser son dernier souffle. Là-haut, la fête battait son plein. Ils avaient le sentiment que ces gens en train de s'amuser ne devaient pas savoir encore, et puis, ils venaient de promettre de garder le secret.

— On va la ramener à la maison.

— Oui, là-bas elle sera bien.

Lentement, ils la soulevèrent de la herse où elle était clouée. Leurs visages ruisselaient de larmes. La pauvre naine n'était pas bien lourde, le poids d'une enfant, et ils étaient accablés de ne pas avoir su la protéger.

60

Le secret de Korrig allait donc être préservé. Les jumeaux veillèrent leur mère ensemble la première nuit, puisque personne n'était encore au courant de l'accident. Ils l'avaient disposée de leur mieux dans le lit-clos, avaient rajusté sa coiffe et sa tenue, celle qu'elle aurait de toute évidence choisie si on avait lui demandé son avis. Les paupières closes et les mains jointes, elle semblait sereine et assoupie. La chair peut-elle être belle quand la vie s'en est enfuie ? Si c'est le cas, Korrig l'était assurément, et les deux garçons ne cessaient de la contempler. Ils n'avaient pas encore réalisé que plus jamais ce corps ne s'animerait.

Au petit jour, il fallut régulariser la situation.

— L'un de nous deux va monter en ville, dirent-ils à Korrig.

— Mais on va pas te laisser seule.

En pleurant, ils tirèrent au sort, chacun priant le ciel de rester au chevet de la mère, comme s'ils ne pouvaient se détacher d'elle.

Justin se présenta à la mairie. A sa mine livide, la secrétaire comprit qu'il se passait quelque chose de grave. Les deux frères avaient convenu de passer sous silence le rôle des quatre salauds ; c'était une affaire à régler plus tard.

Un accident, balbutia le jeune homme. La mère avait voulu s'isoler pendant le mariage. Dans la nuit, elle n'avait pas vu une grande fondrière où il y avait des machines désaffectées, elle était tombée sur une herse.

— Mon Dieu, quelle horreur... Bien sûr, vous avez demandé de l'aide ?

— Quand je l'ai retrouvée, elle avait déjà perdu beaucoup de sang, et elle agonisait, elle voulait pas, et j'ai compris qu'il y avait plus rien à faire. J'ai préféré rester près d'elle pour l'assister jusqu'à la fin.

Le maire suivait la conversation par la porte entrouverte de son bureau. Il intervint à son tour :

— Ce sont les gens de la noce qui t'ont aidé à la ramener à la maison ?

— Non, avant de mourir, ma pauvre mère n'a pas voulu qu'on les dérange en ce jour de fête ; elle avait peur de gâcher le bonheur des jeunes mariés. Je l'ai portée seul dans la nuit. La pauvre, elle était pas bien lourde.

— Sacrée Korrig, je la reconnais bien là. C'était une brave personne, toujours serviable, toujours peur de déranger, et elle a eu bien du mérite de t'élever.

— Oui, elle va beaucoup me manquer.

— Ne t'inquiète pas, je vais ordonner de faire le nécessaire.

— Pour la toilette, c'est pas la peine. Hier, elle avait mis ses habits de cérémonie, et je l'ai arrangée comme il faut. Je vais passer au presbytère et chez le menuisier pour le cercueil.

La nouvelle fit le tour du bourg avant midi : la naine était morte, et tout le monde eut le sentiment que venait de disparaître un personnage hors du commun. Un seul Justin resta avec la mère ; l'autre se réfugia dans l'atelier. Les premières visites furent celles des paysans de Kost-er-Min, en tout début d'après-midi. L'homme puis la femme serrèrent le filleul entre leurs bras. Denise Le Floch s'empressa de placer un rameau de buis bénit dans un bol d'eau sur une assiette posée sur le banc-coffre, et elle vérifia si la défunte était bien comme il faut.

— Pour la ferme, dit le paysan, ta mère a dû te dire qu'on a tout prévu. Elle sera à toi quand on sera plus là.

— Oui, elle m'a prévenu, et je sais pas comment vous remercier.

— Tu es un peu notre fils, n'est-ce pas ? fit Mathurin Le Floch. D'ailleurs, maintenant que tu es orphelin, on va voir si on peut t'adopter. Tu viendras habiter avec nous, comme ça, les choses seront plus faciles.

Justin tressaillit : et son frère ?...

— Je suis un homme maintenant...

— Tu n'es pas encore majeur. On va demander à la mairie de nous aider pour les démarches. Rassure-toi, tu garderas toute ta liberté.

— Ce soir, on viendra avec toi veiller ta mère, fit Denise d'un ton péremptoire.

Justin voulut protester.

— Si, si. Ce serait pas une bonne chose de rester seul avec une morte toute la nuit, et on est quand même ton parrain et ta marraine.

Il était inutile d'insister. Après un dernier bout de prière, les paysans s'en allèrent, et le Justin de l'atelier prit la place de son frère.

Le curé passa un peu plus tard, vêtu d'une aube blanche et accompagné d'un enfant de chœur qui balançait l'encensoir. Il bénit la dépouille et prononça des paroles réconfortantes à son fils : sa mère devait être déjà au paradis, et là-haut, elle ne serait plus une naine pour personne. Ce n'était pas très adroit, mais c'était dit avec une telle onction que Justin sourit à travers ses larmes.

Jusqu'au soir, ce fut un défilé. Korrig était très appréciée, mais il y avait aussi beaucoup de curiosité. Le lendemain, ce fut la même chose.

Les paysans de Kost-er-Min se proposèrent encore de veiller la défunte.

— Je vous assure que ça me dérange pas de rester seul avec ma mère.

— Tu es bien sûr ?

— Je n'ai pas peur des revenants, et si c'est son fantôme, je suis sûr qu'il me fera aucun mal.

Les jumeaux purent donc passer ensemble la dernière nuit au chevet de Korrig. Ils avaient conscience qu'elle allait partir pour de bon, mais leur peine était atténuée de savoir qu'ils avaient une mission à accomplir.

Les obsèques avaient été fixées pour le début de l'après-midi, et le menuisier livra le cercueil un peu avant midi. Avec l'aide de son apprenti, il y installa la dépouille de la naine.

— Je viendrai avec le corbillard afin de clouer le couvercle. Il faut être courageux, elle souffrira plus, ta pauvre mère.

Tout le monde était persuadé qu'elle avait passé une vie de souffrance à cause de sa petite taille.

Les jumeaux étaient face à une situation atroce : plus que jamais prisonniers du secret, ils savaient qu'un seul pourrait assister à la cérémonie. Ils profitèrent de la courte accalmie pour embrasser une dernière fois le visage si cher, puis ils tirèrent au sort, un jeu encore plus morbide, mais ils n'avaient pas le choix.

Le corbillard arriva peu après, et le menuisier enferma la naine dans son dernier « lit-clos ». On aurait dit le cercueil d'un enfant, et il ne prit pas beaucoup de place sur le véhicule funéraire tracté par le cheval recouvert d'un caparaçon noir et avec des plumets aux oreilles. Les deux fermiers se joignirent à Justin, et le cortège funèbre s'enfla jusqu'à l'église qui fut trop petite pour accueillir tout le monde. Le frère suivait à distance, enveloppé dans une grande cape qui lui dissimulait la tête et les épaules, mais il ne commit pas l'imprudence d'entrer dans l'édifice.

Justin s'installa sur le banc réservé à la famille. Les Le Floch se placèrent à côté de lui, afin d'afficher leur affection aux yeux de la communauté faouëtaise : ils seraient là s'il avait besoin d'eux. La cérémonie fut solennelle, et l'abbé insista encore sur le mérite de Violette Lescoët, un exemple que feraient bien de suivre ceux qui sont toujours en train de se plaindre. Les deux frères avaient envisagé de permuter entre l'église et le cimetière, mais c'était trop dangereux, et ce fut le même qui accompagna la mère jusqu'à la tombe. Les choses se déroulèrent comme il faut ; l'abbé se fendit d'un dernier éloge funèbre, tout aussi édifiant que le premier, comme si son nanisme faisait de Korrig une sainte. Justin reçut les condoléances à la sortie. Effondré bien sûr, il aurait eu besoin de son frère à ses côtés. Dans la nuit, ils revinrent ensemble dans le cimetière, lugubre sous la lune. Avant qu'elle ne rendît son dernier souffle, ils avaient fait à Korrig le serment de ne pas trahir le secret des jumeaux, ils firent devant sa tombe celui de la venger.

LIVRE 4

LA VENGEANCE

61

Les circonstances de la mort de Korrig suscitèrent une vive émotion dans la contrée faouëtaise. Sa volonté de ne pas contrarier la liesse des noces provoqua respect et admiration. La pauvre… Quel courage jusqu'à son dernier souffle, alors qu'elle avait tout lieu d'en vouloir à un destin impitoyable ! Elle laissait l'image d'une femme exemplaire, douée d'un savoir-faire inégalable, dont la disparition participait à l'extinction à brève échéance des modes vestimentaires paysannes.

Les parents Collet furent les plus touchés de la délicatesse de la naine, une agonie pathétique, dans les ténèbres, empalée parmi un enchevêtrement de ferraille, seule avec son fils à lui tenir la main. Justin avait droit lui aussi à sa part de louanges. On l'imaginait portant la dépouille, comme le corps de son enfant, un cheminement terrible dans la nuit. Puis la chaumière où il installait sa mère et lui arrangeait sa tenue d'apparat, endossée pour un mariage et devenue sa parure mortuaire.

Sous son aspect rustaud, Louis-Marie Collet cachait une profonde humanité. Il avait mal vécu le mariage de sa fille, ulcéré de l'outrecuidance de la famille de son gendre et de ses invités. Après la triste nouvelle, il n'y eut pas de fête pour les gueux ; tout au plus, les quelques mendiants qui se risquèrent à Coat-Pales eurent-ils le droit de se partager les reliefs du repas de la veille, seuls, sans les mariés, repartis dans la matinée à Lorient. Collet assista aux obsèques de Korrig, et dès le lendemain il rendit visite à son fils.

Les Justin avaient passé la nuit à ressasser le serment de vengeance. Des paroles indéfectibles, puisque proférées sur la tombe de la mère. De toute façon, il n'était pas dans leurs intentions de se démettre : dans le logis vide flottait encore l'esprit de Korrig, une plainte éternelle tant que ne serait pas lavée l'infamie, et leur détermination ne fit que se renforcer au fil des heures. Qu'importe si l'un de ces salauds était leur père, ils devaient payer l'abominable forfait !

Dans la matinée, on frappa à la porte, l'un des jumeaux se réfugia au grenier.

La visite du paysan de Coat-Pales était dans l'ordre des choses. Justin l'invita à s'asseoir et lui proposa un bol de café. Collet accepta volontiers et le remercia du tact dont lui et sa mère avaient fait preuve. Le jeune homme hochait la tête, touché de cette compassion.

— C'est de ma faute aussi. J'aurais jamais dû laisser traîner ces vieilles machines si près de la noce ! Si j'avais été moins con, j'aurais tendu une corde pour empêcher de s'en approcher.

— C'est le destin. Personne pouvait prévoir.

L'homme assis face à lui était le seul lien avec les responsables du malheur de Korrig : c'était une occasion unique d'obtenir des renseignements.

— Je n'ai pas eu le temps de féliciter les mariés, mais il me semble que Mélanie a épousé un beau parti…

Collet fronça les sourcils.

— C'est une façon de voir les choses…

— Qu'est-ce qu'il fait son beau-père ? Il avait l'air d'être un… monsieur.

— Il est médecin à Lorient.

Justin resta un moment interloqué : un médecin avait pour mission de soulager la souffrance de ses semblables…

— C'est monsieur Renoir qu'il s'appelle, si je me souviens bien.

— Oui, Gilbert Renoir.

La mine renfrognée, de toute évidence Collet ne parlait pas avec plaisir du personnage.

— Avant le drame, il avait trois amis avec lui, reprit Justin. Ceux-là aussi doivent faire un beau métier ?

— Tu sais, mon garçon, on n'a pas eu beaucoup le temps de discuter. Pour tout te dire, ce sont de drôles de gens, des bourgeois qui veulent péter plus haut que leur cul, et ça les emmerdait de fréquenter des péquenots de notre espèce.

Il marqua une pause, en contemplant ses doigts crevassés.

— Enfin, leur fils est gentil, et c'est le principal. On espère que Mélanie sera heureuse avec lui.

— Y a pas de raison. Je l'ai vu que de loin, mais il a l'air d'être un brave garçon.

— Sans doute, mais il faudra que Mélanie apprenne à se défendre, sinon elle va se faire bouffer par ses parents. Crois-moi, la mère est une sacrée rombière.

— Vous avez pas l'air de les aimer ?

— Tu veux vraiment savoir ce que je pense ?

Justin acquiesça du chef.

— Ce sont des cons.

Bien que lapidaire, la formule avait le mérite d'être claire. Estomaqué, le jumeau se dit que le paysan pouvait devenir un allié précieux. Il hésitait à compléter le portrait du médecin lorientais, mais une telle opportunité ne se représenterait jamais.

— Confidence pour confidence, vous voulez que je vous révèle un secret ?

Ce fut au tour de Collet d'être intrigué.

— Un terrible secret…

— Au sujet du beau-père de ma fille ?

— Ça se pourrait, et de ses trois amis.

— Je croyais que tu les connaissais pas ?

— Moi, non. Mais ma mère avait déjà eu affaire à eux.

Cette fois, le paysan était très intéressé.

— Je t'écoute.

— C'est l'un d'entre eux qui est mon père.

— Ton père ? Tu racontes des bêtises, Justin Lescoët.

— Les quatre hommes dont nous parlons étaient déjà venus au Faouët, il y a longtemps, vingt ans en réalité, l'âge que j'ai. Le mieux, c'est que je vous raconte toute l'histoire.

Il proposa une rincette de lambig à son hôte, qui ne refusa pas.

— Ce sont des chasseurs, et ce jour-là, ils étaient venus traîner dans les bois de Sainte-Barbe. Ils avaient levé un chevreuil que ma mère avait recueilli quand il était petit. Blessée, la pauvre bête était venue se réfugier ici, poursuivie par les chiens et leurs maîtres.

Collet était de plus en plus intrigué.

— Moi aussi, je suis chasseur, et j'ai jamais vu de chevreuil dans les bois du Faouët.

— Ce devait être le seul, mais je peux vous garantir que c'est vrai, puisque moi aussi, je l'ai connu. On l'appelait Mabig. Quand Renoir et ses trois acolytes sont arrivés, ils ont compris que ma mère avait caché l'animal, mais elle a pas voulu leur dire où.

Justin avait du mal à raconter la terrible histoire, conscient de trahir la mémoire de sa mère sans avoir consulté son frère qui l'écoutait du grenier, mais, à l'intérêt du paysan, il savait avoir pris la bonne décision.

— Et alors ? Qu'est-ce qui s'est passé ? s'impatientait Collet.

— Les quatre chasseurs avaient dû boire un coup de trop. Ils s'en sont pris à ma mère, ils l'ont coincée dans la grange, et l'un d'eux...

Justin déglutit avec peine.

— L'un d'eux lui a fait son affaire ? l'aida le paysan.

— Oui... Un seul des quatre.

— Lequel ? Renoir ?

— Ma mère n'a pas pu voir celui qui l'a forcée. Il a fait ça par-derrière pendant que les trois autres la maintenaient au sol, sa jupe relevée par-dessus sa tête.

— Mon Dieu, mais c'est ignoble...

Le jeune homme soupira.

— J'aurais pas dû vous raconter toute cette misère, maintenant que Mélanie est mariée avec le fils Renoir.

— Tu as bien fait... Il vaut mieux savoir à qui on a affaire. Mais pourquoi tu nous en as pas parlé avant le mariage ?

— Ma mère m'avait rien dit jusqu'à l'autre soir. Ces hommes-là, elle les avait jamais revus, elle les a reconnus pendant le bal. Eux aussi. Une naine, c'est pas courant.

Collet hocha la tête.

— C'est donc pour ça qu'ils sont partis comme s'ils avaient le feu au cul.

— C'est au moment de mourir que ma pauvre mère m'a tout raconté.

— Elle avait peut-être envie que tu la venges ?

— Je crois pas. Elle était plutôt du genre à pardonner. Pas moi.

Louis-Marie était atterré.

— Ma pauvre fille… J'espère au moins qu'elle apprendra jamais la vérité… Et toi, qu'est-ce que tu comptes faire ?

— J'aimerais savoir qui est mon père et lui demander des comptes.

— Je comprends. Je peux te donner l'adresse de Renoir à Lorient, si tu veux.

— Lorient, c'est pas la porte à côté. Il y a bien le car, mais je sais pas où habitent les trois autres. Vous pourriez peut-être m'aider…

— Ma foi, après ce que tu viens de me raconter…

— Vous êtes vous-même chasseur.

— Oui, mais moi, j'ai jamais violé personne.

— Puisque ça s'est pas très bien passé lors du mariage, vous pourriez inviter Renoir à une partie de chasse, histoire de vous rabibocher, puisque c'est quand même le beau-père de votre fille. Lui et ses trois amis.

— La chasse est fermée. Mais on a le droit de faire une battue au renard. C'est fou ce que les goupils peuvent chaparder comme gibier.

Collet réfléchissait.

— Il y a quand même un problème… Tu es bien sûr qu'ils avaient reconnu ta mère ?

— C'est elle qui me l'a dit, et ce doit être vrai, puisqu'ils l'ont suivie.

— Alors ils vont jamais vouloir revenir au Faouët.

— Il faudra les mettre au courant du décès de leur victime, ils vont penser qu'ils n'ont plus rien à craindre.

— Toi, tu es encore vivant.

— Ils savent pas que j'existe. Ils n'ont aucune raison de décliner l'invitation. Et puis, s'ils veulent pas venir, ce sera tant pis pour moi, je chercherai une autre solution.

— Je vois que tu penses à tout.

— C'est important pour moi de les rencontrer et d'entendre leur version.

Collet hésitait, certain de toute évidence de s'embarquer dans une sale affaire.

— Laisse-moi le temps de réfléchir. Passe me voir dans quelques jours, j'aurai pris ma décision.

62

L'autre Justin descendit du grenier. Son frère le dévisagea, appréhendant sa réaction ; son inquiétude fut vite dissipée.

— J'aurais fait comme toi. Il y a plus qu'à espérer que Louis-Marie soit d'accord pour nous aider et que les autres crapules acceptent de se déplacer.

— Je crois que ça peut marcher. Sinon on ira leur réclamer des comptes à Lorient.

La vie reprit son cours normal, et le filleul retourna travailler à Kost-er-Min. Les Le Floch l'entouraient d'une sollicitude accrue, et les deux frères éprouvaient parfois des scrupules à tromper de si braves personnes. Les paysans initiaient le commis de leur mieux, lui expliquant dans le détail la gestion de l'« entreprise », puisque bientôt elle serait à lui. Celui qui restait à la maison mettait de l'ordre dans les affaires de la défunte, rangeant avec chagrin et dévotion les coiffes dans l'armoire, comme des reliques.

« Un jour, s'étaient-ils dit, s'il y a un musée, on les donnera pour que tout le monde puisse voir comme elles sont belles.

— Oui, mais à condition qu'on marque bien que c'est Violette Lescoët, qu'on appelait Korrig, qui les a faites. »

Un matin de la semaine suivante, la ferme de Kost-er-Min était silencieuse. Ils doivent être aux champs, pensa Justin. La porte de l'étable était ouverte, et quand les vaches virent le jeune homme, elles se mirent à beugler, elles n'avaient pas été traites. De plus en plus intrigué, Justin appela les fermiers, mais personne ne répondit. Dans l'aile de l'autre côté habitait Nestor, le taureau. Lui, avait entendu la voix, et il se mit à son tour à tempêter. Mû par un mauvais pressentiment, Justin se précipita de ce côté. Le spectacle qu'il découvrit lui retourna le cœur.

Nestor était une bête puissante. D'humeur plutôt bonasse, il était capable de sautes d'humeur imprévisibles, surtout quand il sentait une génisse en chaleur. C'était sans doute ce qui s'était passé. Les deux fermiers se trouvaient dans l'écurie. Entre eux, le taureau contemplait Justin de ses grands yeux niais. Lentement, sans gestes brusques, celui-ci défit sa longe et le tira vers la sortie. L'animal le suivit docilement et se laissa attacher à un anneau fiché dans le mur. Le jeune homme revint en titubant. Le corps de Mathurin était froid. Denise était allongée sur la litière du mastodonte, morte elle aussi. Elle avait le cou désarticulé, de toute évidence écrasée contre le mur avant d'avoir été piétinée. Le fermier gisait plus près de la porte, et quand il retourna son corps, Justin vit qu'il avait été proprement éventré. La tête lui tourna, et il dut s'appuyer à la porte pour vomir. Il courut chercher son frère. A l'annonce de la terrible nouvelle, celui-ci manqua aussi de défaillir.

— Il faut aller prévenir la mairie.

— Vas-y, toi. Moi, j'ai plus la force.

Le maire se déplaça en personne, accompagné du garde champêtre et du brigadier Varin. Eux aussi furent épouvantés par la violence de la scène, se demandant quelle lubie avait pris le placide bovidé qui observait tout ce remue-ménage en ruminant.

— Cet imbécile de taureau a dû coincer la pauvre Denise contre le mur sans faire exprès, avança le gendarme. Elle se sera débattue, et il a pris peur. Alors, il l'a écrasée.

C'était en effet l'hypothèse la plus plausible, comme il était évident que Mathurin s'était précipité pour sauver sa malheureuse épouse et que Nestor, se croyant attaqué, l'avait encorné au passage. Les corps furent transportés dans la pièce principale et allongés côte à côte sur la grande table recouverte d'un drap blanc. Ces deux-là ne s'étaient pas quittés depuis leur première rencontre, et il était somme toute légitime qu'ils effectuent ensemble leur dernier voyage.

Le maire était au courant du projet de succession des Le Floch. Il posa la main sur l'épaule du jeune homme.

— Te voilà propriétaire plus vite que prévu.

Toujours effondré, Justin lui répondit qu'il aurait préféré patienter quelques années.

— Certainement, et nous aussi. Tu n'es pas encore majeur, mais je vais demander au notaire de régler la situation au plus vite. En attendant, le mieux serait de t'installer ici afin de t'occuper du bétail. Pour le service militaire, il faudra qu'on voie aussi. Avant tu étais soutien de famille, puisque ta mère n'avait que toi, mais maintenant qu'elle est morte…

— A la tête d'une ferme, cela devrait pouvoir s'arranger, fit le brigadier. Sinon, qui s'en occuperait ?

Le frère les observait, dissimulé à distance, et il se doutait de la teneur de la conversation. La mère, puis les Le Floch, l'existence des jumeaux venait de basculer en quelques jours. Si aucun problème ne se présentait, ils allaient se retrouver à la tête d'une exploitation agricole, et ils ne seraient pas trop de deux, même si comme promis à Korrig, ils continueraient à taire son secret.

— Quand tu seras décidé à déménager, préviens-moi, fit le maire. J'enverrai mes employés te donner un coup de main.

— Vous savez, j'ai pas grand-chose. Avec le tracteur et la remorque, deux ou trois voyages seront suffisants.

— Il y a quand même les meubles. Tu n'arriveras pas à porter tout seul l'armoire, la table, la cuisinière. Non, crois-moi, le mieux, c'est que je t'envoie quelqu'un au plus vite. Demain, si tu veux.

Justin répondit qu'il verrait après les obsèques.

Les choses se déroulèrent comme prévu, et quelques jours plus tard, les jumeaux s'installaient à la ferme de Kost-er-Min, quittant sans trop de regrets la chaumière familiale pour laquelle ils avaient pourtant trucidé Elisabeth de Chiron.

Les Le Floch possédaient plusieurs champs, le plus vaste s'étendait à l'est de la ferme et occupait cinq bons hectares, une terre riche et plate, facile à cultiver et d'un excellent rendement. De l'autre côté, une prairie coupée en deux par un talus, plus humide et plus ingrate, servait de pâture au bétail ; plus haut, un autre champ était de la même qualité que le premier. Les terrains étaient assez vastes pour qu'un Justin travaillât d'un bord pendant que son frère s'occuperait à l'autre bout, ou à la ferme, où il y avait toujours à faire. Formés par des maîtres exemplaires, les jumeaux n'étaient pas effrayés par la tâche. C'était une nouvelle vie qui s'offrait à eux, leur vie d'adulte finalement. Ils n'oubliaient pas Korrig. Comme elle aurait été fière de ses deux garçons !…

Les nouveaux fermiers hésitèrent à garder Nestor ; le bestiau était de taille à passer à l'abattoir, et après son double forfait, ils se méfiaient de lui comme de la peste.

Pendant plusieurs jours, ils furent sur le point de prendre la décision. On aurait dit que le taureau devinait le dilemme de ses jeunes maîtres. A la moindre occasion, il leur manifestait comme une tendresse, et dans ses yeux glauques passaient des ombres qui ressemblaient à de la contrition.

— Oui, qu'est-ce tu as fait ?

Le taureau baissait la tête.

Après tout, convinrent les Justin, la mort des Le Floch n'était qu'un accident, et Nestor ne pouvait avoir agi par méchanceté ; il eut la vie sauve.

Le moment était venu de rendre visite à Louis-Marie Collet.

63

Cette guerre-ci n'avait rien à voir avec la précédente ; c'était comme un soulagement qu'elle ne stagnât pas dans un dédale de tranchées dont les survivants racontaient encore des souvenirs à faire dresser les cheveux. Pour autant, les nouvelles du front n'étaient guère réjouissantes ; de toute évidence, les Allemands étaient supérieurs en armement et en forces vives, même si les journaux continuaient à chanter cocorico. Chaque armée campait sur ses positions dans une attente singulière. Oui, une drôle de guerre, puisque le conflit se déroulait pour l'instant au large des côtes.

Les relations du docteur Renoir valaient à son cher Jacques-Edouard d'avoir été « oublié », une épée de Damoclès. Cette exemption mortifiait le jeune homme plutôt qu'autre chose ; il en avait assez d'être reconnaissant à ce père qui l'avait toujours écrasé, qui décidait à sa place, et qui ne manquait pas une occasion de lui rappeler ses bienfaits. Ce mariage avec une fille d'un autre milieu avait été une superbe occasion de se rebeller contre l'autorité parentale, car sa mère était encore pire. Depuis le début, celle-ci s'était promis d'éduquer sa bru, et de la mater si besoin, la seule solution maintenant que la mésalliance était irréversible.

Jacques-Edouard avait éprouvé le désir de s'émanciper trop tard pour se soustraire aux études d'architecture prévues par le père. De ce côté-là, il ne regrettait rien : le métier lui plaisait, les affaires avaient bien marché, du moins jusqu'au début de la guerre, et les Renoir avaient les reins solides si le conflit devait durer. Le cabinet occupait le rez-de-chaussée d'une bâtisse du début du siècle, avenue de la Perrière, achetée grâce à la fortune familiale ; ce fut dans les étages que s'installa le jeune couple.

Lors de sa première visite, Adeline Renoir manifesta une cordialité tout à fait étonnante.

— Tu vois, disait Mélanie, je me faisais des idées au sujet de ta mère…

— Tant mieux, répondait Jacques-Edouard sans lever la tête de sa planche à dessin. Méfie-toi quand même…

— Je suis plus une enfant, et je saurai me défendre si elle entreprend de se mêler de mes affaires.

— De « nos » affaires. Des tiennes en particulier, elle s'en contrefiche, mais tu es la femme de son fils, et pas celle qu'elle a choisie. Je peux t'affirmer qu'elle te considère comme une voleuse et qu'elle n'a pas l'intention de me laisser à ton entière disposition.

Jacques-Edouard avait vingt-cinq ans, et il savait de quoi il causait : calculatrice dans l'âme, sa mère était capable d'une perversité redoutable pour arriver à ses fins, sa belle-fille ne serait pas la première à en faire les frais. La période d'observation ne dura en fait qu'une semaine.

Un après-midi, Adeline Renoir arriva encombrée de plusieurs boîtes. Elle était rayonnante. Elle demanda à son fils des nouvelles de ses projets en cours, se félicita de sa réussite, sans manquer de lui rappeler que son père avait eu raison de le pousser dans cette voie.

— Tu as été faire des courses ? demanda Jacques-Edouard en désignant les paquets.

— Non, c'est pour vous. Mélanie est là-haut ?

— Sans doute. Attends, je vais lui demander de descendre.

— Ce n'est pas la peine de la déranger, je suis encore capable de monter un escalier.

Le fils n'eut pas le temps de l'en empêcher. Déjà son adorable mère frappait à la porte sur le palier.

— Vous êtes là, ma chère ?

Des bruits de pas sur le plancher, les gonds qui couinent, l'étonnement simulé de Mélanie qui avait reconnu la voix, Jacques-Edouard préféra monter.

— Tenez, j'ai pensé à vous, fit Adeline en posant ses boîtes sur la table.

— Vous êtes trop gentille, répondit Mélanie dans un sourire crispé.

— Non, c'est normal, je suis passée devant la charcuterie Bizet. Ils font des ris de veau excellents. Jacques-Edouard les adore, et je sais que c'est très difficile à cuisiner, surtout quand on n'a pas appris.

— Mélanie est un vrai cordon-bleu, intervint le fils.

La mère esquissa une moue dubitative.

— Comme je passais devant la pâtisserie Guilbert, j'en ai profité pour vous acheter aussi quelques gourmandises. Comme cela, vous ferez un vrai bon repas.

Jacques-Edouard rongeait son frein, Mélanie encaissait sans broncher, même si elle avait du mal à dissimuler son agacement. Feignant de ne pas sentir le malaise, la bourgeoise inspectait la pièce du regard ; elle hocha la tête d'un air entendu.

— Mes chéris, il faudra penser à embaucher une femme de ménage. L'entretien d'une si grande maison, c'est beaucoup de travail quand on n'a pas l'habitude.

Cette fois, la bru ne put s'empêcher de soupirer.

— Pour l'instant, je n'ai que ça à faire, et je ne crois pas que la maison soit si sale.

Elle avait répondu sèchement, la réplique ne le fut pas moins.

— Non bien sûr, mais ce n'est pas le rôle de la femme d'un architecte de balayer et de ramasser la poussière. Il y a des gens pour ça, quand on peut les payer.

— On va y réfléchir, fit Jacques-Edouard, soucieux d'éviter le conflit.

S'ensuivit un silence pesant.

— Il faut que je retourne travailler, dit le fils. Ma chérie, tu ne m'avais pas dit que tu avais deux ou trois courses à faire ?

Mélanie saisit la perche tendue.

— Si, c'est vrai, tu as raison, j'oubliais.

— Je peux vous accompagner si vous voulez. Je connais bien les boutiques de Lorient. C'est pas comme au Faouët… Ici, ils vont sentir le pigeon, et vous risquez cent fois de vous faire rouler.

— C'est gentil à vous, mais je préfère être seule.

Mélanie avait parlé sans sourciller, mais ses mains tremblaient.

— Si je dérange… fit encore Adeline Renoir en adoptant son air offusqué.

Ne pas intervenir plus longtemps, c'était se ranger du côté de la mère.

— Maman, s'il te plaît. Peux-tu comprendre que Mélanie désire être seule pour effectuer certains de ses achats ?

— Je suis pas complètement idiote. Puisque vous n'avez pas besoin de mes conseils… Jacques-Edouard, ce serait bien de nous rendre une petite visite de temps en temps ; ton père n'a pas tellement le moral ces jours-ci. Depuis que tu es marié, c'est vrai, on ne te voit plus.

Elle se tourna vers sa belle-fille :

— On finirait par croire que vous le séquestrez.

— Il n'y a pas encore quinze jours qu'on est mariés... protesta le fils.

Mélanie avait réussi à dominer son irritation, mais cette fois elle ne put s'empêcher de se permettre une petite pique :

— Va voir ton père, puisque ta mère te le demande. J'essaierai de ne pas être trop éplorée.

— Il va sans dire que vous êtes invitée aussi ! se rattrapa madame Renoir. Je vous laisse, moi aussi j'ai à faire...

Les nouveaux époux poussèrent un long soupir de soulagement.

— Ma mère est incorrigible... essaya de l'excuser Jacques-Edouard.

— Malgré tout l'amour que j'éprouve pour toi, je crois pas que je la supporterai bien longtemps.

— Laisse-la dire, ne l'écoute pas, elle va se calmer.

— Je ne la connais pas aussi bien que toi, mais j'ai plutôt l'impression que si on la laisse faire, elle va nous pourrir l'existence. Si je peux me permettre...

— Je t'en prie...

— Va donc passer le week-end prochain avec eux, Explique-lui qu'ici elle n'est pas chez elle et que je ne tolérerai pas qu'elle fourre son nez dans « nos » affaires. Moi j'en profiterai pour rendre visite à mes parents. Tu me prêteras bien ta voiture ?

Jacques-Edouard était navré, conscient que sa jeune femme n'avait pas à subir de pareilles rebuffades.

— Ils vont se demander pourquoi tu n'es pas venue.

— Tu leur diras que je suis souffrante, ça se fait beaucoup dans votre monde. Ou que je suis restée faire le ménage.

64

Quand Justin arriva à Coat-Pales, Louis-Marie n'était pas là. C'était un riche fermier, et il n'avait pas trop de quatre commis pour s'occuper de ses champs. Ce jour-là, dit Honorine, il était parti avec son équipe faucher une prairie avant que le vent ne s'amusât à se vautrer dans les hautes herbes et à les coucher. Collet était un quinquagénaire vigoureux ; sa propriété, il l'avait construite à la force du poignet, achetant aux agriculteurs voisins les bouts de champ que ceux-ci ne parvenaient pas à mettre en valeur, arasant les talus afin d'agrandir les parcelles cultivables, se renseignant sur les meilleurs engrais et les semences les plus vigoureuses, pratiquant l'assolement avec un discernement quasi scientifique. Encore en pleine santé, il adorait donner la main à ses hommes, et aucun ne l'égalait pour manier la faux, en un geste ample et régulier qui couchait à chaque fois une demi-lune de foin.

Ce jour-là, Louis-Marie déployait d'autant plus d'énergie qu'il avait besoin de se changer les idées. Sa gamine était venue passer le dimanche avec eux, et il avait deviné tout de suite que ça ne tournait pas rond.

— Ton mari n'est pas venu avec toi ?

— Il a beaucoup de travail, des chantiers qui doivent démarrer bientôt. Il m'a bien recommandé de vous assurer de son entière affection.

Ce n'était donc pas au niveau du ménage qu'il y avait des problèmes… Louis-Marie connaissait sa fille : elle parlerait le moment venu, sinon, ce n'était pas la peine d'essayer de lui tirer les vers du nez.

— Tout va comme tu veux ? s'inquiéta la mère à la fin du dîner, consciente aussi de la mélancolie de sa Mélanie.

— Pourquoi tu me demandes ça, alors que tu connais très bien la réponse ?

Honorine soupira, persuadée tout de suite que sa gamine était la plus malheureuse des épouses.

— Qu'est-ce qui t'arrive ?

— Rien de trop grave, rassure-toi.

— Ce sont les parents de Jacques-Edouard ?

— Tout juste… Surtout sa mère. Si je la laissais faire, elle serait déjà à commander chez moi.

Louis-Marie écoutait ; il avait encore en mémoire la terrible révélation du fils de la naine.

— Et son père ? Qu'est-ce qu'il dit ?

— Je l'ai pas revu depuis le mariage, mais je pense pas que ce soit lui qui commande à la maison.

Tiens donc, se dit Collet. Le salaud reste dans sa tanière.

— Si j'ai un conseil à te donner, délimite ton territoire.

La remarque fit sourire Mélanie.

— Je vais quand même pas lever la patte !

— Tu m'as très bien compris, chacun chez soi. Tu en as parlé à ton mari ?

— Il est très embêté, mais il est d'accord avec moi.

— Pour lui, j'ai aucun doute, c'est un brave gars. Mais son père…

— Qu'est-ce t'en sais ! intervint Honorine. Tu le connais à peine…

— Assez pour voir le genre de type que c'est. Tu as oublié comment ils se sont conduits le jour du mariage, lui et ses amis ?

— Ils sont pas du même milieu que nous. Ils n'étaient pas à l'aise.

— Peut-être, mais c'est pas une raison.

Puis il marmonna : « Y a pas que ça… » Mais les deux femmes ne l'entendirent pas.

Collet se trouvait donc au bout du champ, quand il aperçut Justin dans le chemin. Il ne fut pas mécontent de sa visite, mais l'entrevue devait rester secrète.

— Continuez, les gars. Je vais faire un tour.

Le jumeau connaissait les usages ; il ne commit pas l'indélicatesse d'aborder d'emblée le sujet qui l'amenait. Ils devisèrent du temps : la chaleur n'allait pas durer, on annonçait de la pluie pour la semaine suivante. Le paysan était au courant, mais d'ici là, le foin aurait le temps de sécher, et on pourrait le mettre en meule. Collet demanda à Justin s'il parvenait à gérer la ferme de Kost-er-Min.

— Elle est pas si grande que la vôtre. Je commence à m'organiser.

— Parce que si t'as besoin d'un coup de main, il faut pas hésiter à demander. Moi et mes gars, on veut bien aller t'aider.

Justin remercia ; la discussion s'engageait sur de bonnes bases.

— C'est vrai, continuait Collet. Avec tout ce que tu viens de passer, on va pas te laisser tomber. J'ai réfléchi à ton histoire de l'autre jour. Moi aussi, j'aimerais en avoir le cœur net.

— Au sujet du docteur ?

— Oui, de lui et de ses amis. Si je t'aide à les rencontrer, j'espère que c'est pas pour faire une connerie.

— La connerie, c'est eux qui l'ont faite les premiers.

Le paysan hocha la tête ; ce n'était pas faux, et il était légitime que le jeune homme n'eût pas envie d'en rester là. Et puis de mettre le nez de ces faux culs dans leur merde, ce n'était pas pour déplaire à Collet ! Il avait ressassé l'histoire avec Korrig : fallait-il être des fumiers quand même pour abuser d'une naine ! Un vagabond qui n'avait pas grand-chose dans la tête, passe encore, on aurait pu comprendre qu'il eût envie de fourrer son braquemart dans le premier derrière venu, mais des hommes qui avaient de l'instruction ! Il avait compté, cela s'était passé il y a vingt ans. Renoir devait avoir maintenant dans les cinquante, cinquante-cinq, ce qui veut dire qu'il avait alors dépassé la trentaine. Encore plus ahurissant, Jacques-Edouard avait vingt-cinq ans, et à l'époque du « crime », le toubib était donc déjà papa d'un petit bonhomme de cinq ans. Qu'il soit le violeur ou non, c'était quand même une belle ordure !

Il convenait toutefois d'éviter les ennuis si la confrontation tournait au vinaigre.

— Comment tu envisages l'affaire ?

— Il faut les inviter tout d'abord.

— Ça, je sais, comme je sais qu'ils sont pas sûrs de venir. Admettons qu'ils viennent.

— Il faut les amener dans un endroit où je pourrai discuter avec eux sans qu'ils me filent entre les doigts quand ils sauront qui je suis.

— Ça, c'est moins facile. Tu as pensé à un lieu quelconque ?

— Oui, là où ils ont abusé de ma pauvre mère.

— Dans la chaumière où tu habitais avant ?

— Dans la grange.

— Ils vont jamais vouloir se rendre dans cet endroit.

— Il faudra pas leur dire que c'est là que vous les conduisez. Ils sont pas du Faouët. Je suis sûr qu'ils sont pas revenus rôder dans les bois de Sainte-Barbe après ce qu'ils ont fait. Ils ne reconnaîtront la maison que quand ils seront arrivés.

Les deux frères avaient échafaudé le plan avec autant de froideur et la même ingéniosité que l'exécution de la mère Chiron. Le paysan hochait la tête. Le coup semblait bien monté, et c'est lui-même qui expliqua la suite des opérations.

— Ouais... Je les plante là, et je m'en vais mine de rien.

Ce n'était pas sans risque... Mais si cela se passait mal, pensait-il, qui le soupçonnerait d'avoir jeté le beau-père de sa fille dans la gueule du loup ? Le Justin ne voulait pas féliciter les agresseurs de sa mère, certes, mais irait-il jusqu'à leur faire du mal, puisque l'un deux était son père ?

Le paysan se persuadait : ne rien faire maintenant qu'il savait, c'était de la lâcheté, un boulet honteux qu'il traînerait toute sa vie. Après tout, on verrait bien... Le passé scandaleux de Renoir était une arme à mettre de côté afin de défendre, le cas échéant, sa Mélanie et d'empêcher le toubib et sa bourgeoise de fourrer leur nez dans son ménage.

— Bien sûr, personne doit être au courant de notre arrangement. Je vais voir ce que je peux faire, mais d'ici là, tu pointes plus ton nez dans les parages. S'ils sont d'accord, c'est moi qui irai te prévenir.

— Un détail, si je peux... Invitez-les pour deux trois jours, une battue au renard, ça peut prendre du temps.

65

Ils étaient quatre amis depuis l'adolescence : Gilbert Renoir, Robert Coudier, Maurice Pernet et Paul Têtard. De sacrés lascars à l'époque. Fils de riches familles bourgeoises investies dans le commerce de la pêche, ils avaient fréquenté le même lycée lorientais, un établissement privé, cela va de soi. Bien sapés grâce à la fortune parentale, ils faisaient preuve d'un humour naturel qui séduisait les demoiselles. En ce domaine, ils ratissaient large, ayant institué entre eux la compétition de savoir lequel en sauterait le plus : grosses ou maigres, laides ou jolies, grandes ou petites, pubères ou non, peu importe, chaque samedi ils dressaient leurs tableaux de chasse respectifs. Lors de ce bilan hebdomadaire, l'honnêteté était de rigueur, et aucun ne se targuait de conquêtes imaginaires. Il leur était arrivé d'échanger leurs bonnes fortunes, afin de faire profiter les camarades d'une aubaine exceptionnelle, les plus intéressantes étant les timides aux yeux baissés à la messe dominicale, qui se révélaient audacieuses et inventives dans le secret de l'alcôve ou à l'abri d'un fourré. Ou encore celles qui présentaient une singularité physique qui valait le détour, une « foufoune » particulièrement touffue, ou une paire de « totoches » qui leur comblaient les mains et ballottaient pendant l'étreinte comme des pis de vache au retour de la prairie : c'était dans ces termes glorieux qu'ils devisaient entre eux de la gent féminine ! Bien sûr, il leur était arrivé d'opérer en équipe. Un autre défi, chacun se faisant fort de lever la plus moche… Surprise d'une attention aussi inespérée, la pauvre acceptait, et quand elle se retrouvait entre les pattes des quatre petits messieurs, il était trop tard pour se défiler ; par la suite, elle préférait taire sa naïveté. Les parents étaient plus ou moins au courant ; les mères feignaient de s'en offusquer, les pères en riaient, fiers en fin de compte que leurs gamins soient de sacrés lapins !

Le baccalauréat en poche, les quatre lycéens se séparèrent. Renoir émigra à Nantes pour des études de médecine, Coudier à Rennes pour suivre un cycle de droit, car, le verbe facile, il voulait être avocat. Fils de négociants, Pernet fit une école de commerce, puisque ses parents avaient promis de lui acheter un magasin. Têtard, quant à lui, était du genre plutôt gourmand. Il suivit une formation hôtelière et fréquenta des grands chefs parisiens qui peaufinèrent son art de la gastronomie.

A l'issue de leurs études respectives, nos petits bourgeois se retrouvèrent à Lorient. D'être considérés comme des notables, ils n'osèrent reprendre les jeux de leur adolescence ; il leur arrivait cependant, lors de soirées bien arrosées, de se raconter leurs exploits, en taisant à présent les noms de leurs conquêtes.

Gilbert Renoir avait la réputation d'être un bon médecin, revêche mais à l'écoute de ses patients, d'un diagnostic assez sûr et n'abusant pas sur les médicaments. Sa future épouse fut d'ailleurs une de ses clientes, et en l'occurrence, il joua le rôle de l'arroseur arrosé…

Plutôt collet monté, à vingt-sept ans Adeline Lecouvreur était encore vierge, bien qu'elle ne manquât pas de charme. Il peut donc paraître étonnant qu'elle consultât un praticien plutôt qu'une doctoresse afin de vérifier si tout fonctionnait de ce côté-là, et l'on aurait pu croire à un fantasme inassouvi. De fait, Renoir remarqua l'émoi de la jeune femme au moment de l'examen ; aussitôt, elle lui saisit le poignet, non pour se dérober, mais en lui retenant la main au mitan de ses jambes relevées avec un faible gémissement qui ne laissait aucun doute sur ses intentions. Le nouveau médecin avait connu des situations singulières, mais jamais de ce calibre-là ! Il fut d'autant plus surpris et amusé que la belle était pucelle, il venait de le constater. Séduit aussi, puisqu'il se laissa faire quand elle entreprit de le déboutonner. Les pieds derrière ses reins, Adeline le retint dans l'étau de ses cuisses au fond de son ventre, et celui-ci n'eut pas la force de se retirer avant d'y avoir déversé sa semence.

Dans la salle d'attente, les autres patients trouvaient le temps long, et certains se permettaient de toussoter. Son bureau étant adjacent au cabinet, la secrétaire avait été intriguée par les petits cris de la jeune femme, poussés sciemment, vous l'aurez deviné ; le gémissement final la fit tressaillir, et elle ne put s'empêcher de sourire en voyant la tenue froissée de la patiente, sa chevelure décoiffée, ainsi que l'embarras évident de son patron. On pourrait croire que cette étreinte à la sauvette, dans une position aussi peu confortable, était l'égarement instinctif d'une femme refoulée. Eh bien non ! Adeline avait rencontré Gilbert Renoir lors d'un vernissage, le jeune homme lui avait plu, et depuis elle avait des vues sur lui. Ce n'était donc pas par hasard qu'elle avait prétexté des suintements intimes, de vagues douleurs vaginales afin de se faire ausculter par ce médecin-là et non par une de ses consœurs. Bien que vierge, elle connaissait les mystères de la fécondation féminine, et elle avait choisi le jour le plus fécond de son cycle menstruel.

Renoir se trouva mortifié de s'être laissé aller à une pareille gaudriole. Pour une fois que c'était lui qui s'était fait avoir, il s'était promis que cela lui servirait de leçon. Quelques semaines plus tard, Adeline Lecouvreur se tenait parmi les patients installés dans la salle d'attente. Droite sur sa chaise, les yeux baissés, elle était charmante au demeurant, dans un tailleur gris perle qui la moulait à ravir. Renoir expédia les consultations et la fit entrer dans son cabinet, sous l'œil amusé de sa secrétaire. Croyant qu'elle désirait une seconde extase, il se sentait passablement gêné.

— Vous savez, mademoiselle Lecouvreur, l'autre jour, vous et moi, nous nous sommes un peu égarés, même si j'en conviens, l'instant fut fort agréable. Mais il ne faudrait pas croire…

— Je ne crois rien du tout, docteur, mais j'aimerais bien que vous m'examiniez encore aujourd'hui.

— J'étais justement en train de vous expliquer que…

— Je pense être enceinte.

Il sembla à Gilbert Renoir que le plafond de son cabinet s'effondrait.

— Vous avez eu d'autres rapports depuis…

— Ne m'insultez pas, mon cher ami. Vous savez très bien que j'étais vierge l'autre jour, et ce serait injurieux de croire que j'aurais proposé mes charmes à quelqu'un d'autre. Je vous aime, Gilbert.

Renoir sentit son esprit chavirer ; la jeune femme paraissait sincère, il était pris au piège, lui qui avait abusé tant de jeunes personnes avec des promesses fallacieuses.

— Vous savez, il existe des solutions permettant de réparer notre… enfin… notre erreur.

— Vous n'êtes quand même pas en train de me conseiller de me faire avorter ! C'est interdit par la loi.

Renoir soupira ; la petite intrigante tenait en main tous les atouts, et il était évident qu'elle comptait s'en servir.

— Je peux vous dédommager si vous voulez...

— De mieux en mieux, de l'argent pour que je me taise. Il n'en est pas question, Gilbert ! Nous allons nous marier, et...

Elle baissa les yeux avec une pudeur exquise.

— Et je vous promets d'être la plus délicieuse des épouses. Vous m'avez comblée l'autre jour, Gilbert, et je suis toute disposée à vous laisser continuer mon éducation amoureuse.

— Je vous en prie, mademoiselle Lecouvreur, vous devenez vulgaire.

— Mais la vulgarité des femmes ne plaît-elle pas aux hommes ? Du moins dans l'intimité. C'est ce qu'affirment beaucoup d'écrivains qui ont traité du sujet. Préférez-vous que je fasse état à nos relations communes que...

Elle marqua une pause.

— ... que le docteur Renoir a sauté une de ses patientes lors d'un examen, qu'il l'a mise en cloque, et qu'il l'a foutue à la porte ? Vous voyez, là je suis vulgaire, mais vous le seriez tout autant si vous refusiez d'assumer vos responsabilités.

De plus en plus gêné, le médecin ne put que bafouiller qu'il allait réfléchir. Pour l'instant, il la suppliait de ne rien dire. Oui, c'est cela, il convenait de réfléchir.

— Pas trop longtemps quand même. Si mes parents s'aperçoivent de mon état, ils vont me demander des comptes, et je sais que je n'aurai pas la force de leur mentir.

Renoir vécut des jours épouvantables. Sa réputation était en jeu, mais pouvait-il épouser une arriviste animée d'un tel cynisme, vivre avec elle le reste de son existence ? Il ne trouva aucun moyen élégant de sortir de l'impasse. Lui qui éprouvait déjà un profond mépris pour les femmes, il en développa à leur égard une haine chronique, à laquelle il s'habitua pourtant.

Gilbert Renoir et Adeline Lecouvreur se marièrent le mois suivant, avant que son état ne se vît. Ce fut un beau mariage où fut invité le gratin lorientais. Même si celui-ci ne s'en vanta pas, les trois amis du malheureux toubib comprirent très vite que leur compagnon était tombé dans un traquenard, mais ils n'eurent pas la cruauté de se moquer de lui.

Jacques-Edouard naquit à la date prévue. Un beau garçon, mais qui n'eut jamais ni frère ni sœur.

66

Robert Coudier était avocat. Son cabinet donnait façade sur le cours de Chazelles, et il n'avait pas mis longtemps à acquérir une solide réputation. La moustache toujours bien taillée, un nez un peu aquilin et le visage étroit et anguleux, le teint légèrement mat de naissance et les yeux clairs, il était plutôt bel homme. Tout gamin, il adorait pérorer sur n'importe quel sujet, le plus souvent pour s'opposer à ses aînés, à sa mère aussi qu'il faisait tourner en bourrique. Il ergotait en toutes circonstances, à propos de la nourriture qu'on lui servait, des vêtements que lui confectionnait le tailleur ; les chaussures étaient toujours trop petites ou trop grandes, trop ou pas assez serrées. A l'école, il fut redoutable très jeune, traquant les moindres faiblesses dans les démonstrations du maître, exigeant sans cesse des explications sur des évidences comprises par tous ses camarades. Il n'y avait guère que son père à qui il n'osait trop se frotter, doué lui-même de la faconde dont avait hérité son fiston.

Robert se plaisait particulièrement à être de mauvaise foi, cultivant l'art de récupérer la version de son interlocuteur en affirmant que c'était celle qu'il défendait depuis le début. Ce doivent être des qualités nécessaires pour devenir un maître du barreau. Au tribunal, les magistrats craignaient sa ténacité, son ironie qui était son arme favorite, son art de gagner les causes perdues, ses plaidoiries interminables qui finissaient par embrouiller les esprits les plus cartésiens.

Ainsi n'avait-il pas sauvé un individu sur la peau duquel personne n'aurait misé un liard ? Pourtant Rodolphe Marot était accusé de viol sur la fille de métayers auxquels les parents du misérable louaient une ferme. Sa culpabilité était évidente, même pour Coudier. C'était quelques mois après la mésaventure de Korrig. L'affaire fut jugée à la cour d'assises de Vannes, et s'il avait l'honneur d'assurer la défense du prévenu, c'est que le père Marot était un notaire fortuné de Lorient, et qu'il connaissait la réputation du plaideur.

Tout au long du procès, Robert Coudier se montra d'une acerbité féroce envers la victime. Jamais il ne fut aussi brillant, ni aussi véhément : battant en brèche une à une les allégations de la partie adverse, on aurait cru qu'il défendait une cause personnelle. N'était-ce pas elle qui s'était montrée provocante ? N'avait-elle pas inventé toute cette histoire afin de faire parler d'elle ? N'était-ce pas une manigance pour soutirer de l'argent à un homme dont elle avait tout de suite deviné le degré de fortune ? Un chantage auquel celui-ci avait eu l'intelligence de ne pas céder… Qu'est-ce qui prouvait d'ailleurs qu'elle avait été véritablement forcée ? Un examen médical ? Allons donc… Ces sauvageonnes se font saillir par le premier venu. Elle ne serait pas la première à fantasmer par jalousie de classe : une misérable accusant le fils du notaire qui louait la ferme à ses parents, la manœuvre était évidente. Et puis quel plaisir aurait pu retirer un homme si raffiné d'une telle étreinte ? Du coup, le violeur en devenait la victime, et la jeune paysanne finit par être soulagée de s'en tirer à si bon compte. Bien entendu, l'accusé fut acquitté, et son avocat encensé. Grassement payé aussi par les parents Marot, qui congédièrent ceux de la pauvre fille.

Coudier ne s'était pas marié, trop finaud pour être tombé dans un piège aussi grossier que celui tendu à son ami Renoir. Célibataire endurci, il avait continué à collectionner les conquêtes, celles-ci étant le plus souvent ravies de se faire épingler par un homme d'une telle prestance. Faisant preuve d'une prudence extrême, il hébergeait ses aventures dans une petite maison carrée dans la campagne de Quéven. Un chemin empierré, bordé de fourrés et d'arbustes, permettait d'y accéder à l'abri des regards, et n'allait pas plus loin. L'endroit était donc idéal pour accueillir les femmes qui souhaitaient l'entière discrétion, notamment celles à qui les étreintes maritales ne suffisaient pas, et il n'est pas impossible que le père, riche armateur au port de pêche, eût utilisé pour ses fredaines personnelles la garçonnière de son fils, puisqu'il en était le propriétaire.

La mésaventure du médecin incita l'avocat à redoubler de prudence. Il faut dire qu'il mettait un point d'honneur à faire chavirer les plus prudes, à vaincre les réputations les plus inexpugnables. Persuadé qu'une femme ne demande qu'à être comblée, que même les plus coincées attendent le révélateur de leurs fantasmes, il s'attaquait à des forteresses de froideur, et ciselait leur vertu pour en dégager la sensualité refoulée par la morale. Dans l'intimité, il se montrait en effet d'une grande délicatesse, et si ses conquêtes avaient pu s'épancher, elles auraient à coup sûr certifié qu'il n'avait pas son égal dans la caresse, inventif en diable tout en ménageant la pudeur de ses maîtresses, et aucune ne sortait de ses bras sans avoir connu l'extase. S'il croisait les maris cocufiés avec tant de maestria, il s'interdisait d'être cynique et triomphant, compatissant en fait à leur infortune, comme si lui-même n'était que l'instrument d'un destin inéluctable.

De Paul Têtard, on brossera le portrait inverse, du moins physiquement. Né joufflu et potelé, il le resterait toute sa vie. Sa nourrice se plaignait qu'il lui mâchonnait les tétons et lui tirait davantage de cris que de lait : jamais elle n'avait allaité une pareille sangsue ! Au demeurant, c'était un bébé placide une fois repu ; sinon il poussait des braillements à réveiller un mort, et devenait rouge comme un gros radis. Epuisée d'être traite de si vorace façon, la nourrice refusa de s'occuper du chérubin ; on le passa au biberon, ce qui ne le dérangea nullement, l'essentiel étant qu'on lui emplît l'estomac à échéances régulières et sans lésiner sur la quantité. Le petiot prenait du volume et améliorait en conséquence son coup de fourchette. En fait, il ne s'inquiéta de sa morphologie replète qu'à l'adolescence, quand l'envie lui prit de lorgner lui aussi les demoiselles. Dire qu'il se mit au régime serait exagéré, mais il s'obligea à suçoter moins de sucreries, à grignoter moins de gâteaux et réduisit de façon spectaculaire la couche de beurre sur ses tartines.

Ses parents avaient depuis longtemps renoncé à se morfondre sur l'embonpoint de leur gamin ; lui-même de corpulence remarquable, le père avait décrété que ce devait être héréditaire, et qu'il ne servirait à rien de traumatiser son fils quand il avait faim. De toute façon, comme il voulait devenir cuisinier, il valait mieux faire envie que pitié.

Initié par ses trois complices, le Paulo ne fut cependant pas malheureux en amour, confirmant l'adage que les gros sont rassurants pour les femmes. Pour assumer un patronyme aussi cocasse, il en revendiquait les proportions inverses : petite tête, mais grosse queue ! La boutade faisait sourire… L'honnêteté implique de préciser que sa première conquête lui fut refilée par ses copains. Celle-ci dut apprécier l'étreinte rustaude, puisqu'elle recommanda le Têtard à ses copines : c'était un sacré coup ! De l'une à l'autre, Paul se construisit la réputation d'un rude soldat en amour, un laboureur infatigable, qui n'abandonnait jamais sa partenaire au milieu du sillon. Il n'était cependant pas de tempérament à jouer trop longtemps le joli cœur. Lors de ses études hôtelières, il déniaisa une jolie fille à laquelle des adonis auraient volontiers offert le bras, et même davantage.

Yvette Cabourg décida de suivre son valeureux batracien en Bretagne-Sud, où elle l'aida à monter son affaire. Un peu avant les examens du fils, le père Têtard avait acheté un restaurant avenue de la Perrière. Le chef et sa femme se faisaient vieux, ils en avaient assez de touiller des sauces à longueur de journée, et ils ne supportaient plus les clients qui, à les entendre, passaient leur temps à chipoter sur les plats et sur la note. L'affaire fut conclue en un clin d'œil. L'endroit était intéressant, cette artère lorientaise étant très fréquentée du fait qu'elle menait au port de pêche.

Paul et Yvette s'entendaient à merveille et s'appréciaient aussi bien devant les fourneaux que dans la chambre. Ils se marièrent sans se poser la question de savoir s'ils s'aimaient vraiment. Filant la métaphore patronymique, le Paulo appela son restaurant *Le Batracien*, et une des spécialités fut les cuisses de grenouille relevées d'une aillade à la provençale, c'est-à-dire de croûtons frits, frottés à l'ail et imprégnés d'huile d'olive. Tous deux menaient une vie tranquille ; Paul se permettait avec les serveuses les plus accortes quelques privautés, sur lesquelles la patronne fermait les yeux, car elle ne suffisait pas à calmer les ardeurs de son mari. Et puis, un petit coup par-ci par-là, cela ne portait pas à conséquence tant que ça restait dans la boutique.

Maurice Pernet avait quant à lui réussi à transmettre à ses trois compères sa passion des armes et de leur seule application licite en dehors de la guerre : la chasse.

Pernet était petit et rouquin. On dit que le rouquin est teigneux, en tout cas, celui-ci l'était. Et ce depuis qu'il était tout jeune. De naissance en fait. Teigneux et même méchant. A l'école, il eut tout au plus quelques camarades, pas d'amis. Ses parents l'excusaient en disant qu'il avait du caractère, ce qui n'était pas faux, sauf que c'était du « mauvais » caractère. Au cours complémentaire, cela ne s'arrangea pas, et s'il n'en fut pas renvoyé, c'était pour deux raisons : d'abord parce que ses parents avaient du fric, et ensuite qu'il était quand même un bon élève. Il le prouva au lycée, où il rencontra ses trois acolytes, et ceux-là, qui n'étaient pas non plus des premiers communiants, devinrent ses premiers amis. Les seuls qu'il aurait en fait. Il n'avait pas beaucoup grandi, mais avait pris de la carrure, et à seize ans, il était devenu un adolescent râblé, la tête rentrée dans les épaules comme si son cou avait oublié de pousser ; le visage recouvert de taches de son, il était toujours aussi rouquin. Et encore plus teigneux.

En mûrissant, Pernet ne s'était guère assagi. Sur le plan amoureux, il développa d'emblée une certaine perversité envers les filles, qui séduisit Renoir, Coudier et Têtard. Il boucla honorablement les études de commerce décidées par son père ; ses parents lui laissèrent le choix de ce qu'il voulait vendre dans la boutique qu'ils lui offraient. Les seuls jouets ayant trouvé grâce à ses yeux d'enfant étaient des reproductions fidèles d'artillerie – il en possédait un arsenal dans sa chambre. Ce fut donc sans surprise qu'il décida d'ouvrir une armurerie, dans laquelle il vendait aussi bien des articles de chasse que de pêche.

Pernet tenta l'expérience du mariage. Sans doute parce que la jeune fille qu'il rencontra était aussi rousse qu'il était rouquin, et tavelée comme lui de lentilles orangées sur tout le corps. La curiosité de les contempler sur l'anatomie laiteuse de la belle ne l'amusa qu'un temps. Comme elle ne cédait pas à ses caprices « bizarres », il se détourna de son épouse quelques mois après le mariage. Suzette et lui vécurent alors une cohabitation contrainte. Puis ils en vinrent à ne plus se supporter. Ne s'étant jamais sentie chez elle, ce fut la jeune femme qui prit la décision de divorcer. Désormais, le Maurice assouvit ses pulsions dans les maisons closes de la rue de l'Enclos-du-Port, où il pouvait copuler en toute tranquillité sans avoir besoin de composer, se dispensant des préliminaires aussi bien que de la tendresse ultérieure dont sont friandes la plupart des femmes.

Un fusil entre les mains, Maurice Pernet connut enfin la vraie jouissance. Il s'inscrivit à une société de tir, mais ficher des balles dans une cible de carton l'ennuya bien vite. C'est alors qu'il devint chasseur et initia Renoir, Coudier et Têtard à l'art cynégétique. Il leur fournissait armes et munitions et organisait des expéditions de plusieurs jours. Ils traquaient le lapin de garenne, le lièvre aussi bien que le gibier à plumes. Mais Pernet rêvait de proies plus conséquentes, et à plusieurs reprises, il fut sur le point d'aller se mesurer aux grands fauves africains. Ce n'étaient pas des forfanteries à la Tartarin, et ne l'en retinrent que ses obligations professionnelles. Aussi, quand il apprit qu'on aurait aperçu un chevreuil dans la région du Faouët, s'empressa-t-il de rameuter ses trois compagnons.

Ce fut à cette occasion qu'ils rencontrèrent Korrig.

67

Louis-Marie Collet était un des premiers paysans du Faouët à avoir fait installer le téléphone. Il prouvait ainsi que l'on peut être défenseur de ses traditions sans être opposé au progrès. De pouvoir communiquer à distance était une de ses fiertés, et il proposait volontiers à ses amis et voisins de se servir de son appareil. Ce n'était jamais arrivé : dans les campagnes, il paraissait encore incroyable que l'on pût converser à travers un fil, et pour beaucoup, si c'était vrai, cela relevait de la magie, et ils n'avaient pas envie de vendre leur âme au diable afin d'essayer.

Le père de Mélanie ne pouvait chasser l'image de Renoir, ni la dissocier de celle de la faiseuse de coiffes. En revanche, il avait du mal à cristalliser la scène du viol, une barbarie extrême : la naine avait la taille et la morphologie d'une adolescente. Dans les campagnes, on racontait de terribles histoires de fillettes forcées et déchirées par des salauds, parfois même par leur propre père. Pour Collet, ces êtres-là étaient des monstres qui méritaient l'échafaud, et l'abomination commise par les hommes venus de Lorient lui paraissait un acte aussi grave, proche de la pédophilie. Il hésitait encore à aider le fils Lescoët ; il s'était bien gardé d'en parler à Honorine qui à coup sûr lui aurait conseillé de se mêler de ses affaires : à vouloir jouer les justiciers, il allait s'attirer de sérieux ennuis ! C'était le risque, mais ça ne passait pas… Comment pourrait-il regarder en face le beau-père de sa fille sans lui cracher son abjection à la figure ? Lui-même, Louis-Marie Collet, appliqué depuis toujours à rester droit et intègre, il se considérerait comme un lâche, et jamais les remords ne cesseraient de le torturer. Justin Lescoët paraissait un garçon décidé ; de toute façon, il trouverait une autre solution afin de venger sa mère.

Une battue au renard… Pourquoi pas… Sauf qu'en principe, il fallait une autorisation du maire. Mais il dirait à Renoir et à ses amis que tout était en règle ; ceux-ci n'iraient pas vérifier.

Le lendemain, Collet décrocha son téléphone et appela le médecin. Il se présenta, la secrétaire hésita :

— Il est en consultation. C'est important ?

— Assez, oui.

— C'est de la part de monsieur Collet, n'est-ce pas ?

— Oui, le beau-père de son fils.

Le médecin raccompagnait le patient, le dernier client de la matinée ; il entendit le nom de celui qui téléphonait.

— Qu'est-ce qu'il veut encore ce vieux con ? marmonna-t-il.

La secrétaire l'interrogea du regard. Il haussa les épaules et lui fit signe de lui passer le combiné.

— Quel bon vent vous amène, Louis-Marie ?

— Je venais prendre de vos nouvelles, répondit Collet dans un registre aussi hypocrite. Pendant le mariage, on n'a pas eu beaucoup le temps de discuter…

— La clientèle… Que voulez-vous, cher ami… Les malades n'attendent pas, et ils n'admettent pas qu'on ne s'occupe pas d'eux.

Parler de Korrig, se disait Louis-Marie. Maintenant.

— Vous savez qu'il s'est produit un petit drame quand vous êtes parti ?

— Le soir du retour de noce ?

— Tout juste… Je sais pas si vous aviez remarqué, mais on avait invité une naine pour ce second jour. Une personne remarquable soit dit en passant, c'est elle qui avait fait la plupart des coiffes.

Le docteur sentit son sang se glacer : la misérable l'avait dénoncé ! Il tourna le dos à sa secrétaire afin de dissimuler son trouble, et il mit quelques secondes à trouver les mots.

— Ma foi, non… Je me souviens pas… Mais il y avait tellement de monde.

— Figurez-vous qu'elle a eu un accident…

— Mon Dieu… Pas trop grave, j'espère ?

— Malheureusement, si. Elle est tombée sur de vieilles machines que j'avais mises au rancart afin de faire de la place dans la grange.

— Vous n'êtes pas en train de me dire qu'elle est morte ?

Collet crut discerner du soulagement dans la voix du docteur.

— C'est pourtant le cas.

— La pauvre, elle n'a pas trop souffert ?

— On sait pas. Quand on l'a trouvée, elle avait déjà rendu son dernier souffle.

Renoir avait l'impression que se désagrégeait la chape de plomb qui l'écrasait depuis la mascarade du mariage. De toute évidence, la misérable n'avait rien dit, sinon, cette baderne de paysan n'aurait pas manqué d'en faire état.

— Mais vous vous doutez bien que ce n'est pas pour ça que je vous appelle, continuait Collet, appliqué à réciter le discours qu'il avait préparé.

— En effet… Vous avez quelque chose à me demander ?

— A vous proposer plutôt. Maintenant que nos jeunes gens sont mariés, je me suis dit que ce serait bien de se rencontrer de temps en temps.

Libéré de son fardeau, Gilbert Renoir était prêt à toutes les concessions.

— Pourquoi pas ? C'est une bonne idée…

— J'ai cru comprendre que vous étiez un chasseur émérite.

— Vous ne vous trompez pas… J'adore parcourir la campagne et tirer le lièvre et la perdrix.

— Tout seul ?

— Non, j'ai trois amis qui sont aussi de bons fusils.

— Je suis pas trop maladroit, moi non plus. Vous n'êtes jamais venu chasser au Faouët ?

De plus en plus rassuré, Renoir admit que c'était le cas.

— Les bois de Sainte-Barbe sont infestés par les renards, et j'ai pensé que ce serait bien de leur dire deux mots ensemble. Qu'en pensez-vous ?

Renoir hésita, mais n'était-ce pas le moyen d'évacuer pour de bon les vieux fantômes ?

— Vous avez l'autorisation ?

— Le maire est trop content de se débarrasser de ces saletés de goupils. Il n'a fait aucune difficulté. J'invite aussi vos trois amis, bien entendu… reprit Collet.

— Je ne dis pas non, mais il faut quand même que je les joigne.

— Vous arriveriez le samedi en fin de matinée. Je prévois le casse-croûte pour le midi, et après on prend les flingots ! Bien entendu, je vous garde à dormir, et le dimanche, si ça vous dit, on remet ça.

Renoir souriait, amusé par la bonhomie naïve du paysan faouëtais.

— Et les chiens ? Vous avez pensé aux chiens ? Sinon, les goupils, ils sont pas assez idiots pour pointer leur museau ?

— J'en ai deux, de sacrés fumiers ! De ce côté-là, il y aura pas de problèmes.

— Allez, je vais essayer de convaincre mes compagnons. S'ils sont d'accord, nous serons quatre. Ça vous va ?

— Parfait… La semaine prochaine. Qu'en dites-vous ?

— Cela me convient tout à fait.

Quand il raccrocha, Renoir était tout sourire.

— Une bonne nouvelle ? demanda la secrétaire.

— Oui et non, Françoise… Une corvée pas trop… désagréable. Mais de temps en temps, il faut savoir se sacrifier pour faire plaisir.

Au niveau du couple Renoir, ce n'était pas le grand amour. Depuis le mariage, Adeline faisait la gueule : elle qui avait réussi à contraindre le Gilbert à l'épouser, elle ne se pardonnait pas d'avoir laissé son fils s'acoquiner avec une fille de la campagne. Refusant de porter seule le chapeau, elle estimait que son mari avait une fois de plus fait preuve d'une incapacité notoire. Et elle ne lui parlait plus. C'était aussi pour cette raison que le coup de fil de Collet était une éclaircie pour le médecin. Quelques jours à bambocher avec ses trois complices lui feraient le plus grand bien. Et puis, ça lui servirait de leçon, à l'autre pimbêche… Il ne lui dirait pas où il allait, et elle penserait qu'il avait quitté le domaine conjugal ; une éventualité qu'il envisageait de plus en plus. Sa secrétaire était jolie, et bien foutue, toujours de bonne humeur, elle, et certains signes ne trompaient pas : à la moindre avance, il était à peu près certain qu'elle lui tomberait dans les bras.

Avant toute chose, il convenait de réunir les trois amis. Renoir leur téléphona sur-le-champ : il fallait se rencontrer, mais il ne leur en expliqua pas la raison.

— Tu verras, tu ne seras pas déçu, les allécha-t-il l'un après l'autre. Ce soir, à la Rotonde ; si ça vous dit, on ira manger un morceau quelque part. Comme ça, on aura le temps de causer.

68

Les amis de Renoir étaient eux aussi sur des charbons ardents depuis le mariage. Bien qu'un seul eût violé Korrig, ils se sentaient coupables tous les quatre. Quand la voix du médecin avait retenti au bout du fil, chacun avait cru que le piège se refermait. Cependant, le toubib avait l'air enjoué, ce ne devait pas être pour annoncer une mauvaise nouvelle qu'il souhaitait les réunir…

Renoir les attendait sur la place devant le café de la Rotonde, un des établissements les plus chics de Lorient, celui où se retrouvaient les intellectuels, et ceux qui désiraient se montrer. Ceux aussi qui avaient des sous dans le porte-monnaie. Les amis commandèrent à boire, une bouteille de sancerre et quatre verres.

— Et bien fraîche, s'il vous plaît !

— Bien entendu, messieurs. Comme d'habitude.

Une fois que le garçon les eut servis, le médecin n'eut pas la cruauté de laisser ses camarades mariner plus longtemps.

— Je suppose que vous avez passé quelques mauvaises nuits, comme moi, depuis l'incident du mariage.

Hormis Pernet, les deux autres admirent s'être fait des cheveux.

— Je suis en mesure de vous annoncer que notre problème est définitivement réglé.

Renoir parlait à voix basse pour ne pas être entendu des tables voisines.

— Vous vous souvenez, l'autre soir, quand qui vous savez a disparu dans la nuit ?

Les trois bourgeois tendaient le cou pour mieux entendre.

— Disparu, disparu... On sait pas ce qu'elle est devenue.

— Elle est partie.

— Où donc ?

— Loin, très loin. Pour un très long voyage, dont elle ne reviendra pas.

— Tu veux dire que quand elle est tombée... ?

— Tout à fait. Morte et bien morte.

— Tu es sûr qu'elle a parlé à personne avant de clamser ?

— Sûr et certain, c'est cette andouille de Collet, vous savez le beau-père de mon fils, qui m'a téléphoné pour m'apprendre la bonne nouvelle.

— Pour lui aussi, c'est une bonne nouvelle ?

— Non... Il m'a appelé pour autre chose. Il veut nous inviter tous les quatre à une battue au renard sur son territoire.

— Au Faouët ?

— Oui, dans les bois où nous avions fait cette fâcheuse rencontre.

Renoir affichait un sourire énigmatique.

— Tu perds la tête ! s'écria Paul.

— Chut, pas si fort. On pourrait nous entendre.

— Têtard a raison, fit Coudier. A quoi ça sert de provoquer le destin ?

— Puisqu'on risque plus rien, je vous dis... Collet a envie que lui et moi, on se voie un peu plus. Il sait rien à propos de la naine, personne ne saura plus jamais rien. J'aurais eu mauvaise grâce de refuser.

— De toute façon, intervint Pernet, je suppose que tu as déjà accepté.

— A une seule condition : que vous m'accompagniez.

Coudier hésitait...

— C'est vrai qu'on ne risque plus rien, surtout si longtemps après. En termes de loi, on dit qu'il y a prescription. Mais tout de même...

— Comme dans le bon vieux temps, insista Renoir. Il y a si longtemps qu'on n'est pas partis ensemble.

Ils bougonnèrent encore un peu, mais le docteur paraissait si sûr de lui... Tous trois finirent par accepter. Renoir se réjouissait :

— On prendra ma voiture. En ce qui me concerne, j'ai décidé de ne pas dire à Adeline où on va. Je vous propose d'en faire de même de votre côté : personne n'a besoin de connaître le but de notre expédition.

Les quatre compères dînèrent sur le cours de la Bôve. En gobant chacun une douzaine d'huîtres, ils fixèrent les modalités de leur singulier pèlerinage. Ils se retrouveraient le samedi matin sur le quai des Indes où Gilbert les embarquerait.

— Discrets avec les fusils, hein ? La chasse n'est pas encore ouverte. Neuf heures, ce n'est pas trop tôt ?

A mesure que se précisait le projet, et le vin aidant, les regards s'allumaient. C'était comme une exaltation morbide de revenir sur les lieux de cette triste affaire, peut-être la catharsis nécessaire afin de laver définitivement les consciences.

Renoir rappela Collet pour lui dire que c'était d'accord. Celui-ci en fut enchanté. En revanche, le médecin fut étonné que le riche paysan ne lui donnât pas rendez-vous à la ferme de Coat-Pales.

— C'est pour gagner du temps, répondit Louis-Marie. Je vous retrouverai dans le chemin avant le Grand-Pont, là-bas on sera à pied d'œuvre. C'est pas difficile à trouver : quand vous arrivez de Lorient, vous prenez la direction de Priziac. C'est à quelques kilomètres. Dame attention ! Il y a des virages.

Le samedi suivant, les trois compagnons furent ponctuels au rendez-vous fixé par le médecin. Le cœur léger, ils ne pouvaient cependant se départir d'une certaine appréhension. Vingt ans auparavant s'était mise en route une expédition similaire. Cette fois-là, ils étaient partis la veille ; les parents avaient prêté la calèche, que Gilbert adorait conduire. A l'arrière, dans une caisse grillagée pleurnichaient les quatre épagneuls ; ils en possédaient chacun un ; de bons chiens qui avaient appris à chasser ensemble, mais pas à courre.

Vingt ans plus jeunes… Pernet affirmait qu'il y avait un chevreuil dans les bois de Sainte-Barbe, au Faouët. A l'époque, les lurons étaient plus fougueux, ils n'avaient pas hésité. Ils avaient dormi dans un hôtel sur la place des Halles, après un repas copieux et bien arrosé dans le restaurant au rez-de-chaussée. Le lendemain matin, au réveil, des korrigans leur trottaient dans la tête, mais un café bien serré les avait fait s'évanouir.

Renoir avait mené l'attelage jusqu'aux premières marches du chemin des pèlerins. Il avait hésité à laisser les chevaux du père sans surveillance, mais c'étaient de robustes bestiaux qui sauraient se défendre si quelque animal en maraude ou un chien venaient les importuner.

Les bois étaient giboyeux, et avant midi, ils avaient tiré trois garennes, cinq perdrix et levé deux bécasses qui avaient filé dans la volée de plombs. Les gibecières déjà bien garnies, ils étaient revenus déjeuner à la calèche. Les chevaux étaient paisibles.

Les quatre compagnons éprouvaient un sentiment de liberté qui les émoustillait. Celui qui les avait renseignés ne leur avait pas menti : les bois du Faouët constituaient un terrain de chasse fort agréable avec un dédale de chemins creux où c'était bonheur de se faufiler.

Le jeune médecin avait subtilisé quelques bouteilles dans la cave du père, couvertes d'une poussière prometteuse, et ses trois amis avaient aussi dans leur musette de quoi ne pas mourir de soif. Une terrine de pâté, un saucisson à l'ail, une miche de pain sur le ventre de laquelle Têtard fit une croix avant d'y trancher d'épaisses tartines : ce fut un repas de princes, entre hommes, où l'on rotait sans fausse honte, où l'on pissait dans le fourré voisin en échangeant de grasses plaisanteries. Ils s'apprêtaient à faire une petite sieste quand les chiens s'étaient mis à tempêter en tirant leur laisse vers le sous-bois un peu plus haut.

— Laisse-les donc aller, Paul. Ils ont senti quelque chose.

C'est à ce moment-là qu'ils avaient vu le chevreuil, planté au milieu du chemin sur la gauche. Leur informateur n'avait pas menti. Le cervidé ne paraissait pas sauvage, et il ne prit la poudre d'escampette que lorsque la meute fila dans sa direction en aboyant comme une légion de forcenés. Les chasseurs s'étaient lancés à sa poursuite.

69

Les Lorientais arrivèrent à l'heure convenue à l'endroit fixé par le paysan de Coat-Pales. Renoir conduisait ; la route se tortillait vers la rivière Ellé comme un lacet de montagne, et il n'allait pas trop vite. Au bas de la descente existait une courbe en épingle à cheveux qu'on appelait le « Tournant brusque » et dans laquelle il prit un malin plaisir à faire couiner les pneus.

Venu à pied avec ses deux chiens, Collet guettait ses invités en retrait de l'entrée du chemin. A sa mine cordiale, on devinait son plaisir d'accueillir des hôtes de cette importance, précédés de surcroît de la réputation d'être des gâchettes chevronnées. Il leur conseilla de garer leur véhicule dans un renfoncement, à l'abri des regards.

— C'est pas la peine que tout le monde soit au courant de la battue. On ferait des envieux. Avant tout, on va aller manger, il est bientôt midi.

Les invités sourirent en échangeant des regards entendus, brûlant de se moquer du paysan… Manger d'accord, mais quoi ?… Le brave homme n'avait avec lui aucun panier.

— Je suppose, ironisa Coudier, que nous allons tirer quelques pigeons en cours de route. Nous les ferons cuire sur un feu de bois.

— Vous inquiétez pas, j'ai tout prévu. On va quand même pas casser la croûte dehors… J'ai trouvé de quoi s'abriter au cas où il se mettrait à pleuvoir, et j'y ai déjà déposé ce qu'il faut.

Les cinq hommes s'enfoncèrent dans le bois. Il faisait beau, et à défaut de renards, c'était une belle balade. A travers les branches agitées par le vent, la lumière dentelait le sentier de lucioles évanescentes. Lors de leur première partie de chasse, Renoir et ses trois acolytes n'étaient pas arrivés de ce côté-ci de la colline. Ce lieu leur créait cependant la sensation étrange que des esprits mystérieux les espionnaient, tapis derrière les buissons. Un seul fantôme en fait, dont la petite silhouette douloureuse allait surgir d'un moment à l'autre.

— Vous êtes sûr qu'il y a tant que ça de renards ? fit l'avocat pour dissiper le malaise. Pour l'instant on n'en a vu aucun.

— Ils sont malins, vous savez, souvent bien plus que nous. Faut pas se fier, eux ils doivent nous voir. Mais ils perdent rien pour attendre. Tout à l'heure, vous verrez, quand je vais lancer mes deux champions à leurs trousses.

Louis-Marie essayait de coller au portrait que lui dressaient ces prétentieux citadins. Ils voulaient un plouc faouëtais ? Pas de problème… C'était un répertoire facile à interpréter…

— C'est encore loin, votre restaurant ? ronchonna Pernet.

— Plus tellement. On y est presque.

Face à la chaumière, les quatre Lorientais s'immobilisèrent. Cette fois, ils reconnaissaient l'endroit.

— C'est pas là… balbutia Têtard.

— Ici on sera tranquilles, fit Collet. La propriétaire risque pas de nous déranger.

Ni Renoir ni ses amis ne pipaient mot, mais ils étaient blêmes, et Louis-Marie était maintenant certain que le fils de la naine n'avait pas menti. Il insistait.

— Vous vous souvenez, Gilbert, quand j'ai téléphoné l'autre jour ?

Bien sûr que Renoir se souvenait...

— Oui, c'était pour nous inviter.

— Sans doute, mais je vous ai parlé aussi de la triste mésaventure qui s'était produite à la fin de la noce.

— Ah oui !... Quelqu'un qui s'était blessé...

— Blessé, non. La pauvre est morte. Vous savez bien, une naine, à peine plus grande qu'une enfant.

Renoir respirait mal, et ses trois amis n'étaient guère plus à l'aise.

— En effet, ça me revient maintenant, articula-t-il avec peine.

— Eh bien, figurez-vous que c'est ici qu'elle habitait. C'était une brave personne, et je suis certain qu'elle verrait aucun inconvénient qu'on utilise son logis, maintenant qu'elle est plus là.

Les quatre complices étaient aux abois. Le paysan paraissait si naïf que ce ne pouvait être un coup monté, mais il les fourrait quand même dans une situation plutôt désagréable.

— Venez, restons pas plantés là, dit Collet, on finirait par prendre racine. Ce matin, j'ai apporté dans la grange de quoi se caler l'estomac.

Il poussa la barrière en croisillons de bois et fit signe à ses compagnons de le suivre.

La grange... Le piège se refermait, et Renoir et ses amis frémirent à l'idée d'y pénétrer à nouveau. Mais ils n'avaient plus le choix.

Louis-Marie Collet avait en effet prévu large : un panier débordait de victuailles, et d'un autre dépassaient cinq ou six goulots. Il avait traîné deux bottes de paille face à face afin de s'asseoir pour casser la croûte.

— Installez-vous. Faites comme chez vous.

Collet sortit cinq verres et déboucha une bouteille de vin blanc.

— Vous allez me goûter ce citoyen-ci. Je le fais venir direct de la propriété.

Malgré les images sordides qui les assaillaient, les invités commençaient à calmer leur angoisse. De toute évidence, Collet ne se doutait de rien, et ce n'était qu'un mauvais moment à passer. Le paysan emplit les verres, et les invita à trinquer.

— Hein ? Qu'est-ce que vous en dites ?

De par son métier, Coudier était celui qui avait les nerfs les plus solides, et il convint que le vin était bon, un peu aigrelet peut-être.

— Le blanc, c'est toujours comme ça, le coupa Collet. Mais vous verrez, le rouge de tout à l'heure, il est pas aigrelet du tout.

Il déballa un saucisson et une andouille qu'il débita en épaisses tranches. L'odeur fit japper les deux chiens attachés dans le jardin devant.

— Ecoutez-les, ces salopards ! Toujours en train de réclamer à bouffer ! Tout à l'heure ! Quand on aura fini !

Ils commencèrent à manger, et même de bon appétit malgré l'émotion qui leur nouait la gorge. Collet déboucha une bouteille de bordeaux et intima en riant de « torcher le vin blanc ». Il hochait la tête d'un air entendu.

— Vous allez voir.

Tout en jouant l'idiot, le paysan observait ses voisins. Ceux-ci étaient moins bons comédiens que lui, et leur gêne était manifeste. Qu'il était plaisant de torturer ces salauds dans l'endroit même où ils avaient abusé de la naine ! Alors vint à Collet l'idée de trinquer à la mémoire de la malheureuse.

— Pauvre Korrig... Si elle avait pu se douter qu'un jour sa misérable chaumière accueillerait des personnes aussi prestigieuses...

Les Lorientais levèrent leur verre en tremblant, mais aucun n'eut l'aplomb de parler.

Le casse-croûte dura encore une bonne demi-heure ; du pâté de campagne, du lard, et même du fromage et une tarte aux pommes, le paysan avait tout prévu. A mesure qu'approchait la fin du supplice, l'atmosphère se détendait. Le repas était terminé ; Collet se leva ; il ramassa les couennes et les reliefs du casse-croûte.

— Si on veut qu'ils dénichent les renards, il faut nourrir les chiens. Je reviens. Gilbert, en attendant, servez donc un verre à vos amis.

Un détail aurait dû intriguer ces derniers : Collet avait pris son fusil en bandoulière. Il sortit. Aussitôt la porte de la grange se referma, puis un raclement sourd : le solide chevron venait de s'encastrer entre les mors de métal fixés à l'extérieur dans les deux épais battants.

Louis-Marie s'essuya le front d'un revers de manche. A bout de nerfs, il était parvenu à maîtriser son émotion, mais il était trempé de sueur.

— Voilà, dit-il à voix basse au Justin qui venait de refermer le piège. J'ai fait ma part. A toi de décider maintenant ce que tu veux faire de ces misérables.

Il dénoua les laisses de ses chiens, et fila sans se retourner, bouleversé, mais cependant la conscience tranquille de participer à une action de justice.

La grange était plongée dans l'obscurité. Les quatre hommes se dirigèrent à tâtons vers la porte encadrée d'un liseré de lumière. Ils unirent leurs forces pour la pousser, mais les battants ne bougèrent pas d'un pouce.

— Bien ! fit Renoir d'une voix ferme. Maintenant que vos chiens ont mangé, je vous prie de revenir, Louis-Marie.

Le frère rejoignit Justin ; lui portait le fusil du défunt parrain, Mathurin Le Floch.

70

Les quatre hommes attendaient, frappés de stupeur. Quelle lubie avait frappé le paysan ? Quelques minutes auparavant, il se montrait l'hôte le plus cordial, un peu rustre certes, mais si soucieux de faire plaisir.

— Il nous fait une blague, expliqua Renoir en riant jaune. Tout le monde le sait, les paysans sont malicieux, c'est tout ce qu'ils ont pour se faire valoir.

Les trois autres l'écoutaient, réticents à la plaisanterie. Pour l'instant, ils ne disaient encore rien, mais s'il ne pouvait croiser leur regard dans l'obscurité, Renoir sentait sourdre leur colère d'avoir été embarqués dans ce qui ressemblait de plus en plus à un guet-apens.

— Collet, reprit le docteur. Maintenant, ça suffit. Ouvrez-nous, nous avons passé l'âge de jouer à cache-cache.

Le silence, un silence inquiétant.

— A tous les coups, ce con-là est parti, fit encore Renoir.

— Il va revenir ? demanda Pernet.

— Mais oui. Il n'y a pas de raison... A mon avis, il aura vu quelque chose dans les bois en face, un renard peut-être. C'est une affaire de cinq minutes. Quand on saura ce qui s'est passé, on sera les premiers à en rire.

L'explication ne convainquait personne. Coudier s'efforçait de rester pragmatique.

— A mon avis, ce n'est pas une blague…

— Mais quoi donc alors ?

La voix excédée de Pernet avait claqué dans le silence.

— Il veut sans doute nous donner une leçon. Il n'a certainement pas apprécié notre attitude lors du mariage, expliqua Coudier.

— On n'a quand même pas de comptes à rendre à des bouseux, répliqua Pernet.

De plus en plus embarrassé, le médecin se serait raccroché à n'importe quelle hypothèse.

— C'est vrai qu'on n'a pas fait preuve de beaucoup de savoir-vivre. Mais on n'est pas obligé non plus de faire semblant. Et puis, je n'avais pas envie de vous imposer la mascarade du second jour.

Coudier comprit qu'il tentait de se dédouaner.

— Allons, Gilbert, un peu de tact. Tu vas quand même pas insinuer que c'est pour nous ménager que tu nous as demandé de ne pas aller au retour de noce.

— J'essaie de comprendre, c'est tout.

— Nous aussi ! répliqua Pernet. Après tout, c'est toi qui nous as amenés ici. Trouve une solution pour nous sortir de cette grange. Si ça continue, on va attraper des rhumatismes.

Renoir retourna à la porte. Il colla l'oreille contre les battants. Dehors régnait le silence total.

— Louis-Marie. Je sais que vous êtes là. Qu'est-ce que vous voulez ? Qu'est-ce que vous attendez ? Qu'on vous présente des excuses ?

— Il veut nous rabaisser, fit Pernet. Depuis le début, j'ai compris que c'est un cul-terreux qui crève de jalousie. On n'aurait jamais dû accepter son invitation.

Têtard était le plus angoissé.

— C'est vrai. Qu'est-ce qu'on fout là ?

Renoir sentait monter l'animosité.

— Je pouvais pas deviner. Je n'avais aucune raison de refuser, c'est quand même le beau-père de mon fils.

— Alors, débrouille-toi avec lui. Sors-nous de là, dis-lui de nous ouvrir maintenant.

— Collet ? Si vous m'entendez, ça suffit comme ça. On est prêts à vous présenter toutes les excuses que vous voulez, mais laissez-nous sortir. Collet !

— Ce n'est pas la peine de t'égosiller, fit l'avocat. Tu vois bien qu'il n'y a plus personne.

Les jumeaux écoutaient. L'un surveillait en même temps le chemin de crainte que ne s'y profilât quelque promeneur.

— Ces paysans sont imbibés d'alcool. Il aura perdu la tête, fit encore Coudier. Il faut trouver une solution pour sortir par nous-mêmes.

— Tu as raison, répondit Têtard. Cette grange n'est quand même pas la prison d'une forteresse. Il doit bien y avoir une solution.

— Sans doute, la Grenouille, répondit Pernet. Tu as vu une fenêtre ? La seule issue, c'est cette porte en bois épais qui ouvre sur l'extérieur, et elle est bloquée. A moins que tu veuilles creuser un souterrain ?

— Ça sert à rien de se disputer, intervint Renoir. Il faut réfléchir.

— Mais on fait que ça, réfléchir ! A force, on va attraper des ampoules au cerveau, et on sera toujours enfermés comme des rats !

— Ça suffit, Maurice. Arrête de rouspéter à tort et à travers. Gilbert a raison : ça ne nous avancera pas de nous chamailler.

Coudier avait assez de charisme pour calmer ses compagnons, et la tension baissa d'un cran.

— Qu'est-ce qui lui a pris à ce vieil imbécile ? se lamenta Têtard.

— Difficile à dire. Une chose est certaine : que ce soit pour se payer notre tête ou pour une autre raison, il nous a amenés jusqu'ici pour nous faire tomber dans le piège.

La remarque jeta un froid.

— Ce qui veut dire... gémit Paul Têtard.

— Que nous sommes prisonniers, conclut Pernet à la place de Coudier.

— N'exagérons pas... fit Renoir. Nous sommes enfermés, pour l'instant, c'est vrai. Mais nous ne sommes pas encore prisonniers.

— Mon cher docteur, Esculape a dû vous apprendre l'art de la nuance. Au bout de combien de temps, mon pauvre Gilbert, estimeras-tu que nous pouvons nous considérer comme des prisonniers ?

Renoir ne répondit pas tout de suite à l'avocat.

— Arrêtez de gémir... Il va revenir. Je suis sûr qu'il va revenir ; il faut être patient, c'est tout.

Ils s'assirent sur les bottes de paille, hormis Pernet qui inspectait toujours la porte, mais c'était du solide. Dans l'obscurité, il fouilla la grange ; rien qui pût servir de levier, les jumeaux avaient pris le soin d'en ôter tous les outils. Dépité, il rejoignit ses compagnons.

— Je sais ce qu'on va faire ! s'exclama soudain le toubib.

— A la bonne heure, c'est pas trop tôt.

— On va se mettre à hurler. Il finira bien par passer quelqu'un dans le secteur. Celui qui nous entendra viendra nous ouvrir.

— Tu as raison, fit Coudier en se levant. C'est ce qu'il faut faire.

Aux premiers « holà », un coup sourd ébranla la porte.

Les quatre hommes reculèrent en tremblant.

— Il est toujours là, bredouilla Têtard d'un ton pleurnichard.

— Collet, je vous en prie, recommença Renoir. Ouvrez-nous tout de suite ! C'est un ordre.

Les jumeaux se gardèrent bien de répondre.

— Ecoutez-moi, monsieur Collet, intervint Coudier. Vous savez que je suis avocat. Je connais bien la loi. Ce que vous êtes en train de faire s'appelle une séquestration, et c'est très grave. Vous risquez de sérieux ennuis, et ce sera à votre tour de vous retrouver emprisonné. Il est encore temps de vous reprendre. Vous nous ouvrez, et mes amis et moi, nous sommes disposés à ne pas donner de suite. Vous m'entendez, Collet ? Il n'est pas encore trop tard.

Le discours était convaincant, c'était ce qu'il fallait dire, et les trois autres se prirent de nouveau à espérer.

— Si c'est une plaisanterie, elle est de mauvais goût, et elle a largement assez duré, reprit Coudier.

Le silence, toujours le même silence, encore plus angoissant de savoir qu'il y avait quelqu'un derrière la porte. Etait-ce Collet ?

71

Loin de se résigner, les prisonniers se tenaient tranquilles, à court d'idées, à bout d'arguments. A mesure que défilaient les heures croissait leur angoisse. Ils avaient renoncé à crier, comme si l'inconnu derrière la porte leur dictait sa volonté.

La lumière autour de la porte s'estompa. Ils ne pouvaient voir le cadran de leurs montres, mais voilà plus de cinq heures qu'ils étaient enfermés là, dans cette grange qui empestait le moisi et le pâté de campagne. Pernet avait demandé à ses compagnons de vérifier leurs fusils et de les garder à portée de main.

— Tu crois quand même pas que ce salaud-là va essayer de nous tuer ? s'était aussitôt alarmé Têtard.

— Maurice a raison ; il faut parer à toute éventualité, fit Coudier. Il a qu'à venir, il va trouver à qui parler.

Réfugié à l'autre bout de la grange, Renoir se taisait. Tout cela était de sa faute, et il avait été bien imprudent de revenir au Faouët, car même si aucun ne l'avait encore formulé, comment ne pas penser à la terrible histoire qui s'était déroulée en ce lieu maudit vingt ans auparavant ?

Chacun ruminait dans son coin, un silence pesant entrecoupé de soupirs. Une conjoncture idéale pour révéler leur véritable tempérament. De temps à autre, Pernet poussait un juron :

— Nom de Dieu de merde, qu'est-ce qu'on fout ici !

Personne, et surtout pas Renoir, ne répondait.

Les soupirs de Têtard ressemblaient plutôt à des gémissements. Il songeait à son épouse… Si sa pauvre Yvette pouvait savoir dans quel foutu merdier l'autre imbécile de médecin les avait fourrés !

Coudier n'était pas loin de penser la même chose :

— Et dire qu'on a été assez idiots pour ne dire à personne où on se rendait.

— La faute à qui… insinua Pernet d'un ton perfide.

— Bon Dieu ! Foutez-moi la paix ! explosa Renoir. On avait envie d'être tranquilles et vous étiez d'accord avec moi, tous les trois !

— Depuis le début, tu nous as roulés dans la farine, continua le marchand de fusils. On pourrait même se demander si t'es pas de mèche avec l'autre enfoiré de paysan.

— C'est la meilleure ! Quelle raison aurais-je de me prêter à une pareille mascarade ?

— Tu crois pas que c'est plutôt à nous de te poser la question ?

Le ton montait, et Pernet colleta Renoir dans l'obscurité.

— C'est ça, hein, espèce de salaud ? Tu es complice avec l'autre ivrogne qui est caché derrière la porte ? Qu'est-ce tu veux ? Des sous ? T'en as pas assez ?

— Ta gueule, Maurice ! Tu perds la tête.

Coudier trouva encore le sang-froid de s'interposer.

— Arrête, Pernet. Ton histoire ne tient pas debout. Je suis d'accord avec toi, c'est une bêtise de la part de Gilbert de nous avoir fait venir ici, mais il n'a aucune raison d'être complice avec l'autre idiot.

Maurice lâcha le docteur ; bouleversé, celui-ci se laissa tomber assis sur la botte de paille, et il débita les paroles qui depuis le début hantaient l'esprit des misérables.

— C'est la naine.

La naine, le mot avait résonné lugubrement dans le silence ; accablés, les quatre énergumènes se taisaient, et chacun revivait la scène à sa façon. Le filet de lumière avait disparu autour de la porte. La naine, oui, ils la revoyaient dans les ténèbres de la grange.

C'était de sa faute aussi, elle n'avait qu'à dire où était passé le chevreuil. Oui, c'était de sa faute, mais quand même… Quand même quoi ? Ils l'avaient poussée dans la grange sans savoir ce qu'ils allaient lui faire. C'était un enchaînement, un concours de circonstances… Un jeu, oui, c'était ça, un jeu qui avait mal tourné. Un jeu sordide néanmoins, ils la voyaient encore à quatre pattes sur le sol de terre battue jonché de paille. Ils ne savaient plus lequel d'entre eux avait retroussé la jupe, mais jamais ne les avait quittés l'image des hanches dénudées dans la pénombre. Un corps d'enfant, d'adolescente du moins. S'ils n'avaient pas bu ce jour-là, aucun n'aurait eu la cruauté de la forcer. Car il ne faut pas oublier ce détail : ils avaient trop bu, et quand on est ivre, on ne sait plus ce qu'on fait, c'est bien connu. Mais de là à abuser d'une naine… Elle était petite, c'est vrai, mais jolie comme une femme normale, et parmi tous les gens bien-pensants férus de morale, combien n'avaient pas rêvé de faire l'amour à une adolescente ? Hein, combien ? A une enfant, non bien sûr, mais à une adolescente ? Surtout que celle-ci en avait les charmes tout en étant une adulte.

Combien de fois chacun n'avait-il pas ressassé cette plaidoirie pitoyable ?… Jamais aucun n'avait réussi à se disculper complètement.

— Oui, ce doit être la naine qui nous joue un tour à sa façon, reprit douloureusement Renoir.

— A nous ? A toi, tu veux dire.

— Ta gueule, Pernet, je te dis. Pourquoi tu dis ça ?

— Parce que c'est toi qui l'as baisée, mon salaud.

Renoir eut du mal à déglutir.

— On avait convenu de jamais en parler.

— Trop facile…

— Vous étiez prêts à faire pareil. Si elle avait pas trouvé une fourche pour se défendre, vous l'auriez fourrée vous aussi.

— Oui, fit Têtard, mais on l'a pas fait. C'est toi le vrai coupable, le seul coupable.

En quelques secondes s'était ressourcée la hargne à l'égard du médecin. Celui-ci était effondré. C'était la première fois que ses compagnons lui jetaient à la figure qu'il était le principal fautif. A vrai dire, jusque-là ils n'avaient parlé de cette sinistre affaire que par de vagues allusions, en taisant le nom du violeur, comme s'ils avaient peur d'être entendus.

— Vous ne croyez quand même pas aux fantômes… fit Coudier.

— Non bien sûr, répondirent les autres.

— Alors, puisque ce n'est pas elle, c'est quelqu'un qui agit à sa place.

Du coup, la situation paraissait limpide. La naine avait tout raconté à ce vieux con de Collet, et celui-ci avait entrepris de la venger.

— Ils devaient être amis, fit Renoir.

— Merci d'y penser maintenant… Tu aurais pu t'en inquiéter avant.

— Vous avez vu Collet comme moi depuis ce matin. Avez-vous remarqué quelque chose dans son attitude qui laissait supposer qu'il voulait nous faire un mauvais sort ?

— C'est toi qui le connais, pas nous ! aboya encore Pernet.

— Quelle idée aussi de laisser son fils se marier avec une fille de paysans… Du Faouët, en plus. Les paysans sont de vraies fouines, ils sont au courant de tout. T'avais pas compris que tu te jetais dans la gueule du loup ?

— L'avocat a raison, fit Pernet. Cette fichue naine a dû raconter à tout le monde ce qui s'est passé.

— Mais bon Dieu ! Quand est-ce que vous allez réfléchir un peu ? S'il était au courant, Collet n'aurait jamais permis à sa fille de se marier avec mon fils.

— Peut-être qu'il a pas pu l'empêcher…

— Ça tient pas debout… Vous racontez n'importe quoi. Tout le monde aurait été au courant de notre histoire, et personne n'aurait rien dit le jour du mariage ? Il y en aurait bien eu un pour nous cracher à la figure ce qu'on avait fait à cette pauvre fille.

— Gilbert a raison, tempéra Coudier. Souvenez-vous comme la naine a eu l'air surprise quand elle nous a vus. Elle ne savait pas qu'il était le père du marié, c'est évident. C'est même pour ça qu'elle est morte. Elle a eu peur de nous, et elle a voulu s'enfuir. Non, croyez-moi, il faut chercher dans une autre direction.

La nuit fut longue à élucubrer de la sorte, à essayer de deviner qui était le geôlier derrière la porte, pour quelle raison celui-là les tenait enfermés depuis le début de l'après-midi, sans un mot, sans un début d'explication.

La pièce commençait à sentir l'urine, car ils avaient été obligés de se soulager contre le mur du fond. Ils étaient laminés par l'angoisse… Combien de temps allait encore durer le supplice ? Et surtout, et surtout…. Quelle en serait l'issue ?…

72

Les jumeaux avaient eux aussi passé une drôle de nuit. Ils s'étaient relayés pour monter la garde, prenant à tour de rôle quelques heures de repos dans la chaumière de la mère. Korrig… Elle ne les quitta pas une seconde, et ils se remémoraient pas à pas les vingt années de tendresse et d'abnégation. Par quels miracles d'ingéniosité avaient-ils réussi tous les trois à préserver le secret ? Et au bout du compte à quoi cela leur avait-il servi, sinon à se créer des souffrances inutiles ? La fierté, la façade des petites gens… La parole. « Juste un », avait dit Korrig pour minimiser sa faute, parce que c'était honteux d'être une fille-mère. Deux mots qu'on avait crus être un prénom et qui l'avaient condamnée au silence pour le reste de ses jours. Des mots, des paroles, qui engageaient les gens d'honneur, comme le serment des deux frères de taire leur gémellité après la mort de la mère, comme celui de la venger.

Le jour se levait. Les misérables étaient toujours enfermés dans la grange ; de temps en temps, les deux frères percevaient le brouhaha de leurs voix, sans pouvoir comprendre ce qu'ils disaient. Qu'allaient-ils faire d'eux ? Depuis les premières lueurs, ils criaient par intermittence, comme ces chiens qui aboient pour attirer l'attention, qui écoutent et qui aboient de nouveau. Un promeneur finirait par remarquer qu'il se passait quelque chose d'anormal. Il fallait agir maintenant. L'un de ces hommes avait forcé la mère. C'était lui le vrai coupable, mais il était leur père.

Les prisonniers se remirent à hurler afin d'ameuter le voisinage ; les jumeaux s'approchèrent de la porte.

— Ce n'est pas la peine de crier, fit l'un d'entre eux.

— Enfin, quelqu'un… C'est pas trop tôt !

C'était Maurice Pernet, dont la hargne ne faiblissait pas.

— Ouvrez-nous. Nous avons été enfermés depuis hier par une espèce de forcené. Il doit y avoir une barre de bois en travers de la porte.

— Il avait peut-être ses raisons de vous enfermer.

— Lesquelles ? On lui a rien fait, nous ! On était en train de déjeuner avec lui. A un moment il est sorti, et il nous a enfermés. Il a dû être frappé par un accès de folie.

Les jumeaux se regardaient, et chacun à tour de rôle prenait la parole.

— Vous étiez déjà venus ici ?

— Nous ? Jamais.

— Vous êtes sûrs ?

— Puisqu'on vous le dit.

Coudier prit la parole, en usant de l'éloquence acquise dans les prétoires.

— Nous sommes de Lorient. Je suis avocat, mon ami Renoir est médecin, et nos deux compagnons tiennent un restaurant et un magasin. Nous sommes des gens bien, et je vous assure que nous ne comprenons rien à ce qui nous arrive.

— Cherchez encore… Vous n'êtes pas venus dans cette maison il y a une vingtaine d'années ?

Les quatre hommes sentirent leur sang se glacer : la menace se précisait. Celui qui était derrière la porte, ce n'était pas Collet, et il était au courant...

— A l'époque, reprit Justin, c'était une naine qui habitait ici. Une naine, cela ne vous rappelle rien ?

Ils se taisaient.

— Je vois que la mémoire vous revient...

Les détenus devinaient que le moment était venu de régler la dette.

— Essayez de vous souvenir, reprit la voix de l'inconnu. Il ne s'est rien passé ?

Ce fut Renoir qui répondit, la gorge nouée par l'émotion.

— Non... Il ne s'est rien passé...

— Vous en êtes bien certains ? Vous pourchassiez un chevreuil, et c'étaient cette femme et sa mère qui l'avaient élevé. Vous ne le saviez pas, mais c'est pour cette raison que la pauvre bête était venue se réfugier ici. La naine n'a pas voulu vous dire où elle l'avait cachée.

Les misérables n'osaient bouger. Le soleil donnait sur la porte close, et la faible lueur sur le pourtour éclairait faiblement leurs visages épouvantés.

— La suite, reprit Justin, vous l'avez oubliée aussi, peut-être ?

Les chasseurs se regardaient, pétrifiés.

— Elle refusait de trahir son ami. Alors, l'un de vous l'a violée.

Paul, Robert et Maurice dévisageaient Renoir, estimant que c'était à lui de résoudre le problème. Celui-ci était décomposé.

— Qui êtes-vous pour raconter une histoire aussi stupide ? balbutia-t-il.

— Vous êtes partis comme des assassins, et vous avez laissé cette pauvre femme après l'avoir blessée, souillée, déshonorée. Plus jamais, vous ne vous êtes souciés d'elle. Sinon, vous auriez appris un détail qui a son importance.

Les Justin ménageaient leurs effets, non sans un certain plaisir sadique de faire souffrir ces crapules qui avaient tourmenté leur mère.

— Figurez-vous que le salaud qui l'avait forcée l'avait mise enceinte.

Les prisonniers reculèrent de quelques pas.

— Et vous êtes… bredouilla Coudier.

— Le fils de Korrig, la naine.

Cette fois, ils comprenaient, mais la terrible vérité allumait aussi une lueur d'espoir ; si l'homme derrière la porte était le fils du médecin, tout n'était peut-être pas perdu.

— Qu'est-ce que vous voulez ? demanda l'avocat.

Les deux frères se regardèrent, et d'un signe, ils convinrent de ne pas parler.

Dans la grange, on attendait la réponse.

— Qu'est-ce que tu veux si longtemps après ? s'insurgea Pernet. Qu'est-ce qui nous prouve d'ailleurs que tu n'es pas en train de nous raconter des histoires ?

— C'est vrai, intervint Têtard. Vous n'allez pas nous faire croire qu'une naine, ça peut avoir des gosses.

Coudier interrogea Renoir du regard. Forcément, le médecin s'était intéressé à la question ; d'un hochement de tête, il confirma que c'était possible. Il était atterré, un fils qui réclamait des comptes vingt ans après… Coudier continuait à se faire le porte-parole de ses compagnons.

— Si ce que vous dites est vrai, c'est une histoire regrettable, nous en convenons. Vous pensez bien que si nous avions été au courant, nous serions venus en aide à cette pauvre femme.

— C'est vrai, fit Têtard, pourquoi elle nous a rien dit aussi ?

Ecœurés, les jumeaux rompirent le silence.

— Espèces de salauds, elle ne savait pas qui vous étiez. Vous avez détalé comme des voleurs et plus jamais vous n'avez donné signe de vie.

Il laissa s'installer un long silence.

— J'aimerais savoir lequel de vous a violé ma mère. Je vous laisse une heure pour vous décider.

Renoir s'avança vers la porte, Coudier l'attrapa par le bras et, d'un regard impérieux, lui intima de se taire.

73

— C'est normal qu'il veuille savoir. On ferait pareil à sa place.

Têtard pensait la même chose que Pernet.

— T'as qu'à te dénoncer, Gilbert. Après tout, c'est toi qui nous as foutus dans ce bordel.

— Vous avez raison. Vous savez bien que ce n'est pas mon genre de fuir mes responsabilités. Je vais lui dire que c'est moi.

— Ce serait signer notre arrêt de mort à tous les trois.

Sans lever les yeux, Coudier avait parlé d'une voix calme.

— Qu'est-ce tu veux dire ? s'étonna le marchand de fusils. Il veut savoir qui est son père. Renoir se dénonce, et l'affaire est bouclée.

— Vous avez déjà vu un fils trucider son père ?

Les trois autres se demandaient où l'avocat voulait en venir.

— Le jeune homme qui est derrière la porte veut savoir lequel d'entre nous est son père, d'accord... Mais vous n'avez pas compris que c'est afin de l'épargner. Par contre, il n'a aucune raison de pardonner aux trois autres.

La pertinence de l'analyse jeta un froid.

— Tant qu'il ne sait pas qui est son père, reprit Coudier, nous ne courons aucun risque.

— Tu as raison, Robert, fit Têtard. Faut pas lui dire, il finira bien par nous laisser sortir.

— Le problème, c'est que ça peut durer longtemps.

Les jumeaux surveillaient leur montre. Quand l'ultimatum fut écoulé, ils revinrent aux nouvelles.

— Alors ? Vous êtes décidés à raconter la vérité ?

Coudier fit signe à ses compagnons de le laisser parler.

— Quand vous saurez qui est votre père, qu'est-ce que vous ferez ?

— Vous verrez bien.

— Vous nous relâcherez tous les quatre sans nous faire de mal ?

Les Justin ne répondirent pas.

— Vous voyez, fit l'avocat à voix basse. Je vous l'avais dit, il veut se venger, mais il n'ira quand même pas jusqu'à tuer son propre père.

Renoir se taisait, mais il tournait le problème dans sa tête.

— Si on ne lui avoue pas ce qu'il nous demande, nous courons un autre danger. L'avocat a raison, il ne renoncera pas à sa vengeance. C'est de notre faute si sa mère a souffert toute sa vie, c'est un peu aussi de notre faute si elle a eu un accident le soir du mariage et si elle est morte. Je vais lui dire que c'est moi, que ce qui s'est passé avec sa mère, ce n'était qu'un jeu qui a mal tourné. Il va me laisser sortir pour m'expliquer. Je vais le regarder en face, droit dans les yeux, et je vais le raisonner. Je suis quand même son père !

Il se pencha en avant et baissa encore la voix.

— Si ça ne marche pas, je vais lui proposer du fric, beaucoup d'argent. C'est un miséreux, je suis sûr que l'argument du pognon ne le laissera pas insensible.

Coudier soupira ; le docteur avait peut-être raison... De toute façon, la situation ne pouvait s'éterniser. Leur geôlier paraissait déterminé, et si on ne lui disait pas la vérité, il était capable de mettre le feu à la grange.

— On peut toujours essayer... Qu'est-ce que vous en pensez, vous deux ?

— C'est peut-être la meilleure solution, convint Pernet.

— De toute façon, on va pas rester là à rien faire... fit Têtard.

C'était décidé, Renoir se présenta face à la porte. Il respira un grand coup.

— Vous m'entendez ?

— Je vous entends, répondit Justin.

— Je suis votre père. Voilà ce que je propose, vous allez me laisser sortir pour que nous puissions discuter un peu.

Les jumeaux se regardèrent et ils hochèrent la tête en signe d'acquiescement.

— Je suis d'accord, mais seul.

— Je serai seul, assura Renoir. Il faut que nous parlions tous les deux. Il y a des choses que vous ne savez pas.

Les deux frères étaient profondément émus ; au moment de découvrir la vérité, ils tremblaient comme des enfants.

— Je vais ouvrir la porte, mais je vous préviens, je suis armé. Si vos complices essaient de forcer le passage, tant pis pour eux. Et vous, vous laissez votre fusil où il est.

Les chasseurs se regardèrent ; la voix du jeune homme ne trahissait aucune émotion, il semblait déterminé.

— Il faut faire comme il dit, fit Coudier en aparté. Sinon, il va nous tirer dessus.

— Je suis prêt, annonça Renoir.

Les jumeaux se mirent en place. Celui qui tenait le fusil de Mathurin Le Floch se dissimula dans le sous-bois de l'autre côté du chemin, et son frère s'apprêta à ôter le chevron qui bloquait les deux battants.

Au moment où la porte fut libérée, il se produisit alors quelque chose d'incroyable : Pernet bouscula le médecin sur le côté en criant à Justin de ne pas tirer, que c'était lui, son père. Il avait pris son fusil, et avant que ses compagnons aient le temps de réagir, il sortit en courant et pressa la gâchette de son arme sans viser ; la décharge atteignit le jeune homme en pleine poitrine, Justin s'effondra en arrière. Le frère n'hésita pas une seule seconde, il fit feu lui aussi de l'autre côté du sentier. Coupé dans son élan, Pernet lâcha son arme et s'affala à son tour comme une masse. Justin se précipita ; il comprit aussitôt que pour son frère c'était grave. Il eut cependant le réflexe de refermer la porte de la grange et de replacer la barre de bois en travers des mors.

74

Justin se laissa tomber à genoux près de son frère. Celui-ci avait déjà la poitrine auréolée d'une large tache de sang qui s'agrandissait à vue d'œil. Il lui souleva la tête et glissa un genou sous sa nuque. Il était muet d'effroi, et plus qu'une impression, il sentait sa propre vie s'enfuir entre les lèvres exsangues de son jumeau. Le regard du blessé était incrédule : l'un pouvait-il mourir sans l'autre ? Il essaya de parler, mais de sa bouche ne sortirent que quelques borborygmes où naissaient des bulles rosâtres. Alors sa main se crispa sur le poignet de son frère ; Justin comprenait ce qu'il voulait lui dire, et il secouait la tête comme s'il refusait de le laisser partir. Un spasme tétanisa le malheureux, et la supplication s'intensifia dans ses yeux en passe de chavirer. Il n'avait pas besoin de mots pour demander à son jumeau de tuer ces misérables à cause desquels ils avaient tant souffert, eux et la pauvre Korrig, et qui avaient trouvé la seule façon de les séparer.

— Oui, murmura le rescapé. Je te vengerai, toi et notre mère.

Un vague sourire éclaira le visage du moribond ; il essaya de déglutir, et un râle rauque manqua de l'étouffer. Ses ongles s'enfoncèrent dans la chair de son frère, puis soudain, son corps se relâcha, et sa tête se pencha sur le côté.

En une seconde, l'espace se désagrégea. Son frère était mort, et lui aussi était en train de mourir. Tout s'embrouillait dans son esprit. Il n'avait plus le droit de s'appeler Justin, puisqu'il n'existait plus. Il resta ainsi immobile de longues minutes, vidé de toute sensation, un corps déserté de son âme. Les yeux de son frère devenaient vitreux, et machinalement, ses doigts abaissèrent les paupières, éteignirent les dernières lueurs de la vie. Puis un vague souvenir le ramena à la réalité... Il lui restait quelque chose à faire avant de partir avec son frère. A quelques mètres gisait la dépouille du meurtrier. Etait-ce son père ? C'était ce que le misérable avait crié en sortant, mais c'était sans doute une diversion afin de commettre son forfait. Plus loin, la porte de la grange derrière laquelle se terraient les trois autres salauds. Des images qui flottaient dans un brouillard épais. Ceux-là aussi n'avaient plus le droit de vivre, mais il fallait faire vite avant que n'arrivât quelqu'un alerté par les coups de feu.

Justin se rappela alors le premier serment : préserver à tout prix le secret de Korrig. La lutte farouche de toute une vie. Ce serait trop injuste que ses bourreaux découvrent la vérité à l'ultime seconde... Personne ne devait savoir, et surtout pas eux. Titubant comme un homme ivre, il saisit la dépouille de son frère par les épaules et la traîna dans le sous-bois en face de la chaumière. Puis il récupéra son fusil à deux coups et rechargea le canon qui avait servi.

Les trois survivants étaient épouvantés. Puisque la porte de leur prison s'était refermée, c'est que leur compagnon s'était fait descendre ; leur geôlier était donc encore vivant, peut-être blessé si Pernet avait atteint sa cible, mais toujours aussi dangereux. En précipitant les événements, l'armurier venait de les condamner. Ils se regardaient en tremblant, le fils de la naine était armé, et il n'hésiterait pas à les tirer comme de vulgaires lapins pour aller au bout de la vengeance.

Combien de temps durerait encore la séquestration ? Ils n'entrevoyaient plus de solution pour s'extirper du piège. Têtard était effondré à même le sol, adossé contre une des bottes de paille. Renoir n'était guère plus vaillant, et Coudier avait perdu sa faconde. Aucun n'essayait plus de dissimuler son angoisse.

— Notre dernière chance, fit quand même l'avocat, c'est que quelqu'un ait entendu les coups de fusil.

— Il ne passe personne dans la campagne, se lamenta le cuisinier.

— C'est quand même pas le désert ! fit Renoir. On a nos fusils, on va pas se laisser faire. Si ce salaud-là s'acharne contre nous, on va le descendre.

— C'est ton fils, laissa tomber Coudier d'un ton sentencieux.

— Et alors, il a bien abattu Pernet, alors que celui-ci venait de lui annoncer qu'il était son père.

— C'est cet imbécile de Maurice qui a tiré le premier ; ton fils n'a fait que se défendre.

— Ton fils, ton fils… Arrêtez ! Rien ne prouve que c'est moi qui ai mis la naine enceinte ! D'ailleurs, je suis même pas sûr qu'elle était vierge.

A bout de nerfs, le médecin étalait maintenant sa lâcheté sans aucune dignité. Coudier lui recommanda de parler moins fort : malgré l'épaisseur de la porte, l'autre allait les entendre.

Le raclement du chevron de bois. Un des battants pivota. Ils pointèrent leurs armes vers l'ouverture. Ils retenaient leur souffle, mais aucune silhouette ne se dessina dans la clarté.

Au bout de quelques minutes s'éleva la voix chevrotante de Têtard :

— Il a eu pitié de nous. Il nous laisse partir.

Ce n'était pas impossible. Peut-être le fils de Korrig se contentait-il d'une proie...

Les prisonniers n'osaient encore bouger : c'était trop inespéré pour être vrai. Coudier s'approcha de la porte en se courbant ; il écouta. Plus un bruit au-dehors, sinon le gazouillis des oiseaux. Tout semblait normal à présent. Il revint lentement vers ses deux camarades, et leur fit signe d'écouter.

— On va attendre encore un peu. Je crois qu'il est parti. On va tenter une sortie tous les trois. S'il est embusqué, il va être surpris, et il n'aura pas le réflexe de tirer, mais je ne pense pas que ce soit son intention.

— Si on l'appelait, fit Renoir. Il vient de tuer un homme, il est peut-être encore temps de le raisonner.

— On peut toujours essayer.

Par l'espace entre les deux battants, le médecin appela leur geôlier, lui redit qu'il était son père, qu'il fallait arrêter avant qu'il ne fût trop tard. A l'affût dans le sous-bois, Justin ne broncha pas.

— Vous voyez, fit Coudier. Il a renoncé, il est parti. Prenez vos fusils, on y va.

Il se précipita, suivi de Paul Têtard. Au dernier moment, Renoir ne franchit pas le seuil de la grange.

Les deux fuyards n'eurent pas le temps d'aller bien loin. Coudier reçut la première décharge de chevrotines en pleine poitrine ; la seconde atteignit Têtard au ventre et le plia en deux. Ils s'effondrèrent près du cadavre de leur camarade. Déjà Justin avait rechargé son arme.

75

Il ne manquait plus qu'un pour que la vengeance fût complète. Justin avait le visage impassible ; l'esprit toujours vidé, il n'était plus qu'un corps auquel était soudée une arme, l'instrument d'une volonté farouche qui lui échappait, celle de la gémellité anéantie, mais qui agissait en dehors de sa conscience. Il gardait les yeux rivés sur la porte béante, le doigt sur la détente. Il n'éprouvait même plus de haine, le dénouement était inéluctable pour que les choses soient en règle, pour que Korrig et son frère puissent reposer en paix. Ensuite, il disparaîtrait.

Par l'embrasure, Renoir voyait les corps de ses trois camarades. Pernet, le premier à avoir été exécuté ; Coudier avait été tué sur le coup ; Têtard avait agonisé quelques minutes en se tenant l'abdomen et en gémissant, puis son corps s'était raidi avant de s'affaisser. A présent, le médecin était le seul survivant. Sans doute pas pour longtemps, se disait-il. Il serrait son arme. Lui ne commettrait pas la bêtise de s'aventurer à l'extérieur.

Justin attendait, toujours obnubilé par le besoin de tuer qui emplissait la vacuité de son esprit. Il avait perdu la notion du temps, les aboiements d'un chien dans le lointain le ramenèrent à la réalité. C'était miracle que personne ne fût encore passé dans le chemin. Il fallait maintenant achever la mission ; la voix de Korrig le lui rappelait, celle de son frère aussi, qu'il croyait être la sienne. Puisque le quatrième salaud ne voulait pas sortir, il allait le débusquer.

Renoir vit la silhouette s'avancer. Le médecin tenait toujours son arme. En tremblant, il la pointa dans la direction de son fils, mais il était même trop lâche pour presser la détente. En gémissant, il abaissa lentement le canon.

Justin mit quelques secondes à s'accommoder à l'obscurité. Puis il distingua la silhouette rencognée entre les ballots de paille ; ce fut à son tour de lever son fusil, et le médecin comprit que sa dernière heure était venue.

— Tire pas. Je suis ton père.

Justin avait le regard fixe des êtres en proie à l'obnubilation. Les paroles flottaient jusqu'à lui comme des bourdonnements inintelligibles. Qui était cet homme ? Que voulait-il à gémir de la sorte ?

— Je suis riche, tu sais, très riche, fit Renoir en avançant à genoux. Je n'ai plus d'autre fils, puisque Jacques-Edouard s'est acoquiné avec une sauvage et que c'est son père qui nous a conduits ici.

Recouvrant un peu de lucidité, Justin regardait le misérable avec dégoût.

— Je suis ton père, je vais te reconnaître, et c'est toi qui hériteras de ma fortune. Toi et toi seul.

Renoir se tordait les mains. Justin savait maintenant que cet homme-là était vraiment son père, celui qui avait fait souffrir Korrig et qui les avait précipités tous les trois dans une vie de malheur. Le visage déformé d'une grimace épouvantable, il leva son arme, mais le doigt tremblait sur la détente.

76

— Fous le camp.

A la dernière seconde, Justin n'eut pas la force de tirer. Parce que c'était son père ? Certes non… Plutôt mû par la pitié que l'on éprouve à l'égard de la bête répugnante au moment de l'écraser. En lui s'agitaient pourtant les silhouettes de sa mère et de son frère, et il avait les yeux emplis de larmes.

— Fous le camp…

Plus une supplication qu'un cri.

Renoir avait fermé les yeux, attendant la déflagration fatale ; à ces mots, il se prit à trembler, n'osant croire qu'il était épargné. Il se leva lentement, tendit la main à son fils, la laissa retomber ; il tituba vers la porte. Craignant de recevoir au dernier moment une décharge dans le dos, il s'enfuit à toutes jambes en serrant son arme, dont il n'avait pas eu le courage de se servir.

Justin lâcha son fusil en pleurant, déjà assailli par les remords de ne pas avoir eu la force de venger les deux disparus. Mais il n'était plus rien, persuadé d'être mort en même temps que son jumeau. Il sortit de la grange à pas lents. Préserver le secret, c'était le moins qu'il devait aux deux défunts afin de les rassurer. Il traîna un à un les trois cadavres dans la grange, y jeta leurs fusils, puis il plaça le sien à côté de la dépouille de son frère, dans le bois de l'autre côté du chemin, ainsi que les cartouches vides. Une dernière fois, il entra dans la chaumière où il avait été élevé ; il vérifia si tout était en ordre. Il prit la boîte d'allumettes à côté de la cuisinière. Puis il revint dans la grange, enflamma une feuille de journal et la lança parmi les bottes de paille.

Le lendemain, les Allemands envahissaient la Bretagne.

La mort des trois notables lorientais ne provoqua pas l'effervescence à laquelle on pouvait s'attendre. Avec l'arrivée de l'occupant, il est vrai que la police avait d'autres chats à fouetter. La grange et la chaumière avaient été dévastées par l'incendie. On y découvrit les trois corps à moitié calcinés, et l'on parvint, non sans mal, à les identifier. Interrogé, Renoir soutint dur comme fer ne pas être au courant de l'expédition de ses compagnons au Faouët ; il n'y avait aucune raison de ne pas le croire. Plusieurs détails ne furent jamais élucidés… Ainsi, aucun véhicule ne fut découvert dans les parages : comment les malheureux avaient-ils effectué le trajet depuis Lorient ? Quelqu'un avait dû les y conduire. Les gendarmes avaient retrouvé le corps du fils Lescoët lui-même blessé à mort lors de l'échauffourée, ainsi que des traces de sang dans le jardin en façade ; le jeune homme avait eu la force de traîner les dépouilles dans la grange avant d'y mettre le feu. Sans doute avait-il voulu ensuite rejoindre le bourg, mais la gravité de sa blessure ne lui avait pas permis d'aller plus loin. Mais pourquoi avait-il sauvagement exécuté ces bourgeois venus d'un autre monde ? Des points d'ombre que l'enquête ne s'acharna pas à éclairer : les victimes et l'assassin étaient décédés, l'affaire était close.

Finalement, avec le jumeau rescapé, Louis-Marie Collet était le seul à détenir une partie de la vérité. Il s'attendait à avoir des ennuis, puisque le beau-père de sa fille était sorti du piège. Refusant une fois de plus d'affronter une vérité qui l'accuserait, Renoir ne l'impliqua pas dans la sordide histoire. Collet en déduisit au bout de quelques semaines que celui-ci était le père de Justin, ce qui lui avait valu d'être épargné ; il regretta alors que le fils de la naine ne lui eût pas réglé son compte... Il va sans dire que le médecin et le paysan évitèrent farouchement de se revoir. Jacques-Edouard et Mélanie en furent surpris, puis avec le temps, eux aussi s'accommodèrent de la situation.

Gilbert en resta « bizarre ». On le serait à moins... Adeline le quitta quelques semaines plus tard, ne parvenant à s'habituer à son mutisme, à ses longues phases de prostration, et encore moins aux cris déchirants qu'il poussait dans son sommeil. Ne le supportant plus en fait. Elle devinait que ces perturbations étaient en rapport avec la disparition de ses trois compagnons, que son mari devait être de l'expédition qui leur avait coûté la vie, mais elle ne chercha pas à en découvrir davantage et garda secrètes ses suspicions.

Les gens du Faouët ne tardèrent pas à échafauder une explication rationnelle au carnage, et ils n'étaient pas loin de la vérité : personne n'avait oublié que Korrig n'avait jamais voulu avouer qui l'avait engrossée. Ce devait être l'une des trois victimes. Ayant découvert le secret, le fils avait exécuté ceux qui avaient tourmenté sa pauvre mère. Mais la vengeance lui avait aussi coûté la vie.

L'après-midi du drame, un homme s'en était allé, que personne n'avait vu. Celui-là ne savait plus qui il était, et encore moins ce qu'il deviendrait. Le secret de Korrig avait été préservé.

Le frère fut inhumé dans la tombe des Lescoët, où reposaient déjà la mère et la grand-mère. Il n'y eut pas grand monde aux obsèques, mais il paraît que lorsque le cercueil vint se poser sur celui de Korrig, les personnes présentes entendirent un long murmure dans le cimetière. Elles pensèrent au vent, alors que c'était la naine qui souhaitait à son deuxième garçon d'être heureux.

77

La Wehrmacht s'incrustait avec pugnacité dans la péninsule armoricaine, aussi solidement que les berniques fixées aux rochers de la côte. Au bout de quelques mois, l'armée nazie renonça à ses velléités de civilité et fit peser son joug sur les populations locales. Celles-ci commencèrent cependant à relever l'échine, et les véritables personnalités se révélèrent alors ; beaucoup se cantonnèrent dans une prudente neutralité proche de la lâcheté, quelques-uns firent les yeux doux à l'occupant et acceptèrent même de l'aider. D'autres enfin se rebellèrent avec héroïsme, et ceux-là durent alors subir les pires atrocités quand ils étaient capturés, souvent d'avoir été dénoncés par leurs compatriotes. Au début, la sédition se résuma à des actions sporadiques, et la Résistance ne s'organisa vraiment qu'au cours de l'année 1943.

Autour de Lorient se constituèrent plusieurs réseaux, du côté de Caudan, de Quéven, de Guidel. Il faut dire que la ville portuaire abritait un des fers de lance de la force allemande : la base des sous-marins.

Jacques-Edouard Renoir avait choisi son camp depuis le début. L'architecte était toujours marié avec Mélanie Collet, et ils avaient eu une jolie petite fille. Il s'était laissé pousser la barbe, ce qui le vieillissait en lui donnant un air plus sérieux, et le rendait méconnaissable. Le jeune couple rendait visite régulièrement aux paysans du Faouët, et ils évitaient de leur parler du médecin, dont Louis-Marie ne demandait d'ailleurs jamais de nouvelles. Dans les bois de Sainte-Barbe et du côté de Priziac et Langonnet, la Résistance se mettait aussi en place, et le père Collet fut un des premiers à y participer. Ce fut lui qui convainquit son gendre de rejoindre les FTP de Lorient.

— Tu es un garçon courageux. Ils ont besoin d'hommes comme toi.

Jacques-Edouard suivit les conseils du beau-père, et il devint très vite un des éléments les plus actifs du réseau qu'il intégra. A l'automne 1943, il fut nommé chef d'une phalange d'une dizaine d'hommes, issus de milieux sociaux différents, mais tous animés de la même bravoure. C'était une promotion d'autant plus méritoire que son père développait des convictions radicalement opposées.

Gilbert Renoir exerçait toujours le métier de médecin sur le cours de la Bôve, et il fréquentait volontiers les salons de la Kommandantur. On le soupçonnait même de se livrer avec eux à un drôle de trafic. En un mot, il passait pour un collaborateur notoire qui avait dénoncé un certain nombre de suspects. De façon anonyme, cela va sans dire. Coupables ou non, aucun n'en avait réchappé. Rien n'était donc prouvé, mais le fils savait à quoi s'en tenir au sujet de son père. Quelque temps après le divorce, il l'avait revu une fois ou deux ; à la suite de ces fâcheuses rumeurs, il avait décidé de couper les ponts.

Début décembre, le fils Renoir, alias Jean Duval, reçut l'information qu'un homme voulait rejoindre le réseau. Prudence… Il ne s'agissait pas de se faire infiltrer par un collabo. Lui et quelques camarades le convoquèrent de nuit dans la campagne de Caudan, et les yeux bandés, celui-ci fut conduit dans une ferme à une dizaine de kilomètres plus loin.

Maxime Violet ne fut pas long à convaincre les maquisards qui le questionnèrent. Il installa d'emblée une impression de droiture et une force de caractère hors du commun qui feraient de lui un élément précieux. En cette conjoncture douloureuse, on avait besoin d'hommes de sa trempe. Les recruteurs ne s'étaient pas trompés, et bientôt on lui confia des actions plus délicates. Un jour, Violet fit équipe avec Duval. Il s'agissait de récupérer des croquis de plans de l'arsenal, copiés par un membre du réseau qui y travaillait en qualité de charpentier de marine.

Le rendez-vous était fixé sur le quai des Indes à la tombée de la nuit, à l'heure où débrayaient les ouvriers. Maxime était chargé de réceptionner discrètement l'enveloppe, pendant que son compagnon montait le guet un peu plus loin.

Il s'était placé au bout de la cale Ory qui descendait jusqu'à l'eau, et il attendait, collé contre le mur. Une pluie fine noyait le paysage et empêchait de voir à dix pas. Une chance pour ce genre d'opération : il n'y avait pas un chat dans les rues. Mais l'ouvrier n'arrivait toujours pas.

Maxime pensa que leur contact avait eu un contretemps, ou qu'il n'avait pas pu mener à bien sa mission. Les Allemands devenaient de plus en plus suspicieux et se faire prendre pour fait d'espionnage, c'était le peloton d'exécution sans coup férir, après d'abominables tortures pour faire avouer le nom des complices.

Si dans cinq minutes il n'est pas là, se dit le jeune homme, je rejoins Duval et on lève le camp.

Soudain, à travers le rideau de pluie qui s'épaississait, apparurent en haut du quai trois silhouettes qui se dirigeaient vers lui ; deux d'entre elles portaient un chapeau mou au-dessus d'un imperméable qui leur descendait à mi-mollet. Maxime frémit, des membres de la Gestapo, ou des miliciens, ce qui n'était guère plus rassurant. Il était trop tard pour s'enfuir, et c'eût été donner l'alerte alors qu'il n'avait peut-être rien à craindre.

— Qu'est-ce que vous faites là ?

L'homme avait parlé en français, sans accent : c'étaient deux miliciens, mais qui était le troisième ? Ils avancèrent encore de quelques pas, et le résistant vit alors son visage. Il faillit tomber à la renverse : Gilbert Renoir !

Le médecin se crut face à un fantôme : il avait appris que le fils de la naine avait été retrouvé mort dans les bois de Sainte-Barbe… De quelle façon ? Il ne le savait pas, mais son visage était imprimé à tout jamais dans sa mémoire, et l'individu dans la pénombre en bas de la jetée, c'était lui à n'en point douter.

Justin sut que son père l'avait reconnu.

— Arrêtez-le, ordonna Renoir à ses acolytes d'une voix glaciale. Cet homme est un terroriste de la pire espèce.

Cette fois, Justin fonça tête baissée entre les deux miliciens et il détala avant qu'ils aient le temps de réagir ; il avait assez d'avance pour ne pas être rattrapé par les deux salauds lancés à sa poursuite.

Resté seul, Renoir prit le chemin du retour. Soudain, il sentit une présence dans son dos ; il se retourna : Jacques-Edouard, qu'il n'avait pas vu depuis plus de deux ans et qui de loin avait assisté à la scène.

— Qu'est-ce que tu fabriques dehors à cette heure-ci ? se permit-il de l'apostropher comme s'il en avait encore le droit.

Il remarqua alors le pistolet braqué sur lui.

— Qu'est-ce qui te prend ? Arrête de faire l'idiot !

— C'est donc vrai ce qu'on raconte sur toi…

La morgue du toubib baissa d'un cran, pas sa hargne à l'égard des résistants.

— Tu as mal choisi ton camp, mon pauvre garçon. Toi et ta fermière, vous finirez entre les mains des Allemands avec la racaille qui déshonore le peuple français. Je t'aurai assez mis en garde, et ce n'est pas moi qui lèverai le petit doigt pour vous tirer de leurs griffes.

La main de Jacques-Edouard tremblait.

— Il y a bien longtemps que je ne compte plus sur ton aide.

Sans sourciller, il appuya sur la détente. Une balle au milieu du front, Gilbert Renoir bascula en arrière dans l'eau, sans un cri.

Le fils légitime avait achevé la vengeance du bâtard de Korrig.

Epilogue

La guerre s'est achevée. A la Libération, Maxime Violet, recommandé par son ancien chef de réseau, a été embauché à l'Arsenal de Lorient. Libéré de la gémellité, il a réussi à mener enfin une existence à peu près normale. Il a même trouvé à se marier, une jeune femme dont les traits ne sont pas sans rappeler ceux de la fille des boulangers, la petite Juliette qu'il n'avait pas eu l'audace d'honorer afin de ne pas trahir son jumeau. Le couple a eu une petite fille ; Justin a vécu la grossesse de son épouse dans une angoisse atroce, celle qu'elle mette au monde une paire de bébés. Qu'ils soient des nains. Le destin n'a pas poussé la cruauté jusqu'à reconduire la même histoire. Ils l'ont appelée Justine.

Chaque année, sans prévenir personne, Justin Lescoët effectue le déplacement jusqu'au Faouët ; il se rend incognito au cimetière et se recueille sur la tombe de sa mère et de son frère, le jour de l'anniversaire de l'enterrement de ce dernier. De nuit toutefois, de peur d'être reconnu. Le lendemain, le fossoyeur s'étonne que le tertre de terre ait été désherbé avec une méticulosité remarquable. Superstitieux de par sa funèbre fonction, il évite cependant de se poser trop de questions, et pour rien au monde il ne resterait veiller cette nuit-là dans le jardin dont il a la garde, de crainte d'être surpris par les fées de la nuit qui s'occupent si bien de la sépulture de Korrig, la naine, et de son fils.

Remerciements au docteur Gaëlle Cario pour le regard de spécialiste en gynécologie et obstétrique qu'elle a accepté de porter sur ce roman.

FSC
www.fsc.org
MIXTE
Papier issu de
sources responsables
FSC® C003309

Composition et mise en pages
Nord Compo à Villeneuve-d'Ascq

Imprimé en Espagne chez Cayfosa
Dépôt légal : mars 2015